本书系湖南省社科基金项目"改革开放以来高校'三进'工作发展历程及经验研究"成果

湖南师范大学
2023年大学生暑期社会调研
报告荟萃

主 编／谭吉华　陈天嵩

副主编／杨 果　胡 滢

湖南师范大学出版社

·长沙·

图书在版编目（CIP）数据

湖南师范大学 2023 年大学生暑期社会调研报告荟萃／谭吉华，陈天嵩主编. --长沙:湖南师范大学出版社，2025.5. --ISBN 978 - 7 - 5648 - 5766 - 0

Ⅰ. G642. 45

中国国家版本馆 CIP 数据核字第 2025FG1218 号

湖南师范大学 2023 年大学生暑期社会调研报告荟萃

Hunan Shifan Daxue 2023 Nian Daxuesheng Shuqi Shehui Diaoyan Baogao Huicui

谭吉华　陈天嵩　主编

◇出 版 人：吴真文
◇责任编辑：吕超颖
◇责任校对：孟　欣
◇出版发行：湖南师范大学出版社
　　　　　地址/长沙市岳麓区　邮编/410081
　　　　　电话/0731 - 88873071　88873070
　　　　　网址/https：//press. hunnu. edu. cn
◇经销：新华书店
◇印刷：长沙印通印刷有限公司
◇开本：710 mm×1000 mm　1/16
◇印张：20. 5
◇字数：360 千字
◇版次：2025 年 5 月第 1 版
◇印次：2025 年 5 月第 1 次印刷
◇书号：ISBN 978 - 7 - 5648 - 5766 - 0
◇定价：68. 00 元

凡购本书，如有缺页、倒页、脱页，由本社发行部调换。

前言

　　调查研究是中国共产党人的传家宝，为进一步深入学习贯彻习近平新时代中国特色社会主义思想和党的二十大精神，促进大学生了解社会、了解国情、增长才干、奉献社会，锻炼毅力、培养品格，充分发挥实践育人在学生综合素质培养中的积极作用，激励和引领广大青年学生不忘初心，牢记使命，勇担青年责任，坚定跟党走，与祖国共奋进，与时代同发展，积极投身于实现中国特色社会主义伟大胜利的新征程。我们以"喜迎二十大、永远跟党走、奋进新征程"为主题，精心组织了湖南师范大学2023年大学生暑期社会实践调研活动。

　　一是以科学精神彰显人文关怀。没有科学精神为支撑的人文关怀是缥缈的空想，没有人文关怀为底蕴的科学精神是冷血的机器。调研以乡村振兴、乡村研究为中心，选题涵盖科技伦理、社会心理、基层治理、文旅融合、生态保护、非遗传承、农业生产等多个方面，关爱妇女儿童、留守老人等弱势群体，以科学严谨的调研态度、前沿创新的调研手段，剖析问题，找准方法，探究路径，展示乡村发展的中国速度，传递基层治理的中国温度。

　　二是以典型经验揭示普遍规律。调研通过对典型案例精准"把脉"，把握整体发展规律，以娄底中院驻桤子村帮扶工作为例研究干部驻村与乡村治理的关系，以浏阳市道源湖村棕业赋能乡村振兴为例研究非遗传承的现实困境与突破，以湖南省沅江市为例研究红色资源应用。从先进典型中总结经验、从落后典型中解析症结、从一般典型中了解动态。

三是以调研结果反哺实际工作。调查研究是一个收集问题、分析症结、提出方向、明确举措的过程，调查研究的过程就是科学决策的过程，最终目的在于应用。调研产出的报告，既全面深刻地探析了问题发展现状，又提出了富有针对性的思路和方法，为实际工作中的决策和执行提供了有效参考。

四是以青年力量焕活社会建设。"江山代有人才出，各领风骚数百年。"青年是时代的受益者，也是贡献者，社会建设与发展离不开青年。青春的视角让思维更活跃，青春的活力让乡村更生动。调研中广大青年学生勇挑重担，用实际行动展示了青年担当，将青年的朝气、锐气、才气渗透到了乡村发展与基层治理中，为社会发展注入了青春活力，为乡村振兴提供了青春力量。

我们广泛征求调研选题，深入开展实践调研，组织专家进行专题指导，反复讨论修改，最后形成了呈现在大家面前的这本调研成果《湖南师范大学大学生 2023 年暑期社会调研报告荟萃》。

第三部分　文化发展篇

第四部分　社会发展篇

第五部分　生态文明发展篇

第一部分　政治发展篇

农村全过程人民民主治理与老年人参与研究

课题组成员：安绘颖，彭汝佳，潘奕彤，王海婧，
　　　　　　罗俊祺
指导老师：谷玉良，杨　果

摘要： 全过程人民民主，是中国共产党在中国特色社会主义事业建设中将"人民民主"的民主价值理念贯彻落实的伟大实践，落实全过程人民民主理念是农村基层治理现代化的内在要求，是农村治理有效的政治保障。老年人的参与对于农村全过程人民民主治理具有重要意义。研究发现，农村老年人大致通过党建统合、公共事务承接和群团组织吸纳三条路径参与全过程人民民主治理，在民主选举、民主协商等五个环节中发挥着重要作用。在老年人的民主实践中，也出现了参与平台搭建不完善、基层公共信任缺失、外界舆论观念束缚和参与主体自身能力欠缺而造成的部分老年人全过程性参与行为较少的情况。为此，提出针对性的对策建议，切实提高老年人民主参与水平，以促进国家治理体系现代化，加快以治理有效为基础和保障的乡村振兴进程。

关键词： 全过程人民民主；民主治理；老年参与；路径研究

一、前言

（一）研究背景

民主是全人类的共同价值，中国的人民民主不止于一张选票，而具体地、生动地体现在人民当家作主的全过程、各环节。全过程人民民主是习近平总书记对中国式民主的生动诠释，揭示了人民当家作主制度体系的根本特征和我国社会主义民主的显著优势。党的二十大报告指出："全面建设社会主义现代化国家，最艰巨最繁重的任务仍然在农村。"在当前人口老龄化趋势加剧及农村"空心化"背景下，有相当一部分老年人在农村地区的秩序维护、

民主监督等乡村治理过程中发挥着重要作用，担任着顾问、监督者和调解者等多元角色，为农村基层治理落实全过程人民民主注入了新力量。

农村空心化背景下，老年人是农村基层民主治理的重要主体，引起了学者们的极大兴趣。回顾以往研究，主要包括以下内容：第一，农村老年人的社会治理参与模式。乡村治理有效性的发挥主要受制于相关主体间的资源互动关系，老年人通过参与不同互动关系，完成对民主治理的参与。基层治理主体间关系可分为"差序—协同"关系、以说服和情感互动为基础的身体实践，以及在此过程中国家与村庄社会共同卷入、交互作用的关系，而老年人可通过资本、政治、文化三维嵌入逻辑来重塑乡村治理格局。第二，影响老年人基层民主治理参与的因素。一是促进因素，包括自身能力、实力强弱、社会环境，以及政治效能感、激励和保障机制。政治效能感高的精英老年群体更有意愿参与治理活动，大部分老年人具有对通过制度性参与渠道参与社会、维护权益和实现自我价值的依赖。二是阻碍因素，包括老年人形象固化、代际间矛盾和经济状况，以及个人素质不齐、参与途径少、宣传力度小和保障机制不完善等。第三，老年人社会参与的具体路径。老年人的社会参与在一定程度上具有组织依赖性，大多通过相同的路径参与民主治理，大致可归纳出三条路径，包括参与社会组织、担任老年领袖和参与治理岗位。

对已有文献梳理可知，现有研究对老年人民主治理参与进行了较多的关注，但研究主体仍以城市老年群体为主，较少将主体聚焦在农村老人身上。而老年人参与民主治理是基于村庄熟人社会发展起来，这是用于提高村庄人口自治效能的一种重要的治理模式，其参与可以看作是农村老人这一群体在工具理性下的一种合作行为，而这种合作行为又会受到内嵌于村庄内全过程人民民主制度的影响。目前学界已开始关注全过程人民民主治理与老年人参与的关系，但主要是理论层面的阐释，尚缺乏对其进行的实证检验和路径建构。

（二）研究意义

1. 理论意义

全过程人民民主制度致力于集中人民力量，并辅之以相应的硬件设施等，使老年力量凝聚起来，提高老年人在农村全过程人民民主治理中的积极性和政治素养。只有深入了解老年人在全过程人民民主治理中的参与现状、动力机制和阻碍因素，才能在实践的基础上不断完善全过程人民民主制度。而全过程人民民主制度的建立健全，又有利于集中老年人的智慧，推进决策科学化、民主化，形成良性的治理闭环。

2. 实践意义

长期以来，老年群体特别是老年人才，受党教育多年，政治立场坚定，工作经验丰富，社会影响广泛，在群众中具有极高的威信，在推进乡村振兴战略中具有独特优势。老年群体作为现代乡村人口的主要力量，他们的参与对发展全过程人民民主视角下的社会治理至关重要。老年人、基层党建与全过程人民民主制度三者有效联动、有机结合，使全过程人民民主在农村社会实践中不断得到落实和加强。

（三）研究思路和方法

1. 研究对象

调研地西堰村、铁树村在发展全过程人民民主治理、促进以老年人为主的多元主体参与治理方面取得一定成效。本研究选取了群众村民、党员村民、村民小组组长、村民代表、村支书等群体为调研对象，累计收集 68 份访谈记录。

表1　访谈对象信息节选（$n = 12/68$）

访谈对象编号	性别	年龄	身份	备注
ZS01	男	57	西堰村村支书	村支书兼村主任
GB01	男	62	西堰村综治专干	从事社会综合治理工作
ZS03	男	82	铁树村前村支书	
ZZ02	女	69	西堰村六组组长	
ZM01	男	75	铁树村"知名人士"	因公道正直等品质而被当地民众信任的老年精英
GB03	男	80	铁树村财务监督员	
CM22	女	79	西堰村普通村民	
CM23	男	61	西堰村普通村民	退伍军人，后外出务工
CM32	男	78	铁树村普通村民	
CM38	女	62	铁树村普通村民	假期返乡暂住（隔代抚养）
CM65	男	67	铁树村普通村民	因结婚从邻村移居至本村
CM67	女	89	铁树村普通村民	听力不好

2. 研究方法

访谈提纲根据社会参与和全过程人民民主理论提炼得出，主要包括：被访者基本情况、在全过程人民民主治理中的参与现状、途径与机制等方面，并于 2023 年 7 月 3 日—7 月 17 日，按计划前往西堰村、铁树村开展实地访谈。访谈结束后，基于扎根理论，运用类属分析法对资料进行逐级登录，发展理论性概念并进行编码，从中提炼出符合实地情况的调研结论。

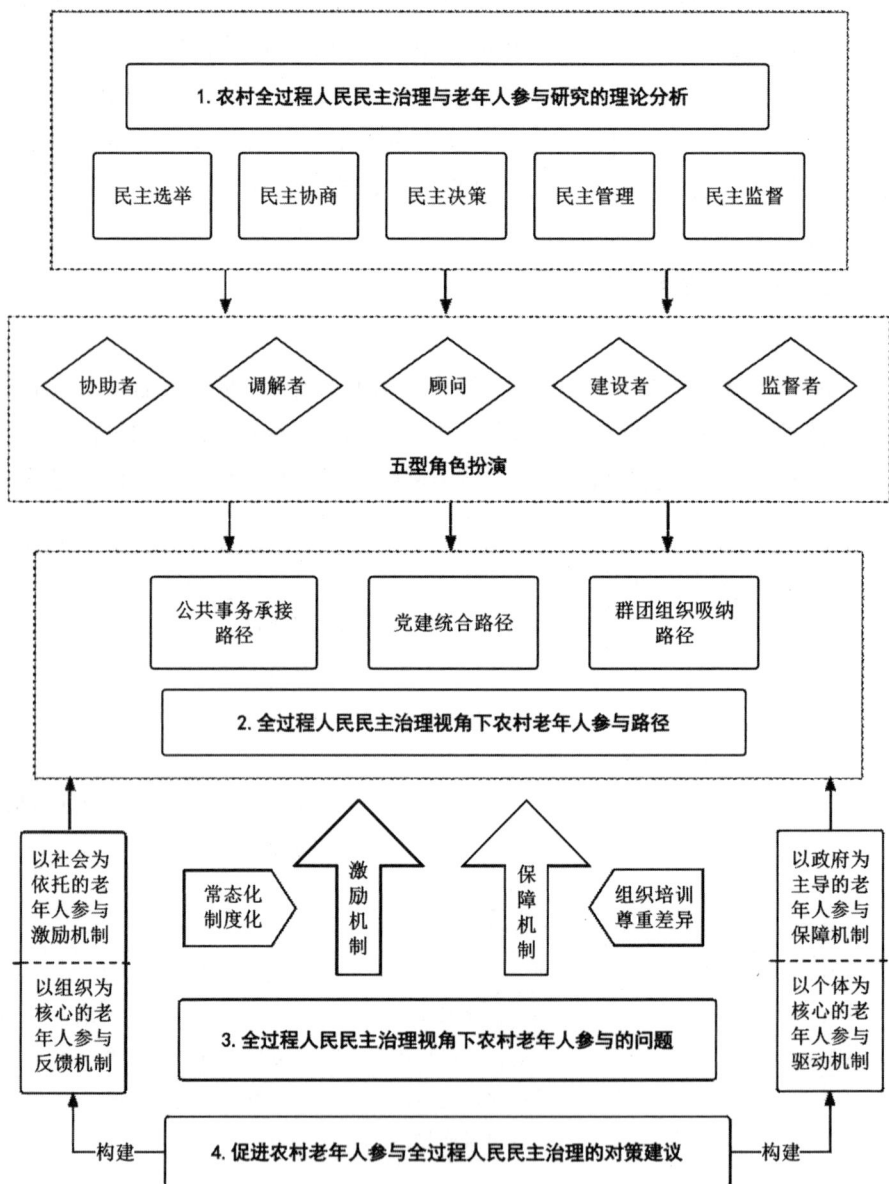

图 1　研究内容

二、农村老年人全过程人民民主治理参与路径

（一）党建统合路径

基层党组织是团结带领党员干部群众贯彻党的理论和路线方针政策、落实党的任务的战斗堡垒，担负推动发展、服务群众、凝聚人心、促进和谐的重要责任。乡村振兴离不开农村基层党组织，农村基层党组织是联系党与群众的纽带，更是推进乡村振兴战略走好"最后一公里"的关键。可以说，在农村社区中，上传下达、村务监督、民主选举等各项公共事务都离不开党组织的凝聚与统合作用。

1. 民主管理：上传下达，促进有序参与

当地农村地区普遍会定期开展党员大会，该会议除履行支部党员大会职责外，也会同时履行支部组织生活会、支部民主生活会的职责，召开频率一般为每月一次。值得注意的是，当地在召开会议时，会一并召集各村民小组组长、村民代表①、"知名人士"② 等，形成村务讨论性质的会议，参与人数一般为 30 人左右。会议上，由各组长、村民代表汇报各组情况，党员、"知名人士"等进行建议补充，内容多为对村内事务的看法与反馈。组长等人回到各组后，可单独召开各村民小组会议，或通过发微信、打电话等形式，向全体村民传达会议内容，收集村民意见再回传村支两委，以完成乡村治理机制的闭环。农村基层党组织通过该机制搭建老年人的政治参与平台，完成对党员与非党员的统合，将党员、村小组组长、村民代表、"知名人士"等充分调动起来，有序参与乡村治理。

2. 民主选举：公平公正，协助选举实施

当地村支两委换届选举均是依照五年一届的规定，采用普选方式。在民主选举过程中，村选举委员会由部分热心于村务、不担任行政职务的农村老年人组成，主要负责选举后的唱票、监票工作，在全员参与的农村民主选举中，农村老年人发挥着"协助者"的作用，协助选举顺利开展，尽可能保证选举工作公平公正、全员参与。

同时，村委会选举、村民投票的依据主要来源于村民的信任、良好的声

---

① 除村民小组组长外，各村民小组另外选举出的村民代表，以代表民意，往往根据各小组人数决定名额，人数较多的小组村民代表名额相对较多，大多由留守在乡村中的老年人担任。

② 因说话公道、为人正直等而被当地民众信任的老年精英群体。

望和个人品质，在人口加速流动的背景下，农村地区的年轻群体大多会选择外出务工，无法及时返乡人员将拜托其他村民代票参加选举，农村老年人则是年轻群体拜托代票的主要对象。

（二）公共事务承接路径

农村社区中，老年人可通过两条组织化路径参与民主治理，一是通过担任村干部、组长、财务监督员等职务参与行政治理体系，二是通过承接专项政治性任务参与乡村治理。近年来广大农村地区呈现出"人口外流，老人守村"的情况，老年人成为农村社区现有人口主体，在治理方面承担起相较于外出务工的年轻人更多的责任。此外，当地多数老年村民具有年轻时外出务工的经历，对基层治理等政策有所了解，有较为强烈的民主参与意识。二者的结合直接影响了当地农村社区的治理结构，即村组治理干部主要由老年人出任。除了直接担任干部，还有一部分老年人成为治理中的"机动"主体，即在开展专项行动、宣传重大政策方针等时期，乡政府、村支两委等会通过召开会议或个别通知的形式，动员乡、村离退休干部党支部成员、"知名人士"等，以政策宣讲、民意反馈、村务协助等主要工作形式参与治理工作。

1. 民主决策：建言献策，协助政策落地

公民参与民主决策有助于充分反映民意，体现决策的民主性。当地开展"厕所革命"时，采用了"村干部＋党员或'知名人士'"的形式，由村支书、综治专干等村干部领头，党员、"知名人士"等协助，共同开展入户访问及摸底工作，针对一些对政策有疑惑、有意见的村民，党员和"知名人士"等则会利用其个人威信，在群众信任的基础上为其答疑解惑、消除顾虑，协助活动开展。在通过村民大会、村民议事会的形式进行集体经济年度发展计划、土地流转等村集体事宜的民主决策时，农村老年人在长期生产、生活之中积累的宝贵经验在其中发挥了重要作用，在各类事件中起着"顾问"的作用，包括参谋集体经济中农作物种植计划、村集体经济所得收益的使用、村集体土地承包和租赁等。同时，此举增强了重大事项决策的透明度，参与民主决策环节的老年人则对各项方案与措施有了更加深刻的理解，曾经因为没有参与决策过程而对其"不满意""挑毛病"的老年人，成了公共秩序的维护者、民主实践的带头人，有利于推动决策实施。

2. 民主监督：发挥余热，提高治理成效

除了设置村民监督会以外，当地各村还分别设置村财务监督员以组织对

村集体资产和财务的专项审计监督工作，每月村集体支出要接受监督员的监督并得到其签字，才能上交乡政府进行报备，而财务监督员多由曾经担任过财务工作而现无其他职务、为人正直诚实、现常住于村中的村民担任，符合条件的则多为老年人。财务流程完成后，要按照财务公开程序进行公开，接受包括农村老年人在内的群众监督，征集包括农村老年人在内的村民对集体资产管理的意见和建议，不断改进管理方法。农村老年人在民主监督中发挥着"监督者"的作用。

（三）群团组织吸纳路径

随着基层社会发展进入转型期，社会事务日益复杂，传统的"一元主动制"基层治理模式已不足以应对日益增长的社会治理需求，老年精英、群团组织深入参与基层治理，是促使基层全过程人民民主实践迸发崭新活力的"治理机智"。当地农村自 2019 年起，以创建"州域社会治理现代化试点"为契机，因地制宜，打造"五治、两评、两奖一创"综合治理模式，以民主协商为核心，汇聚民意，化解矛盾，坚持"大家的事，大家商量着办"，组建了村民议事会、监督委员会、红白理事会、老年协会、道德讲堂等群团组织，以其为载体开展村民自治。实际上，部分老年人在参与乡村治理前的顾虑大多是"怕得罪人""怕人家说我们多管闲事"，自治性群团组织的出现可有效改善这种情况，让村庄里相当一部分身体状况良好、政治觉悟较高、热心村庄事务的老年人有信心、有组织地参与民主治理。

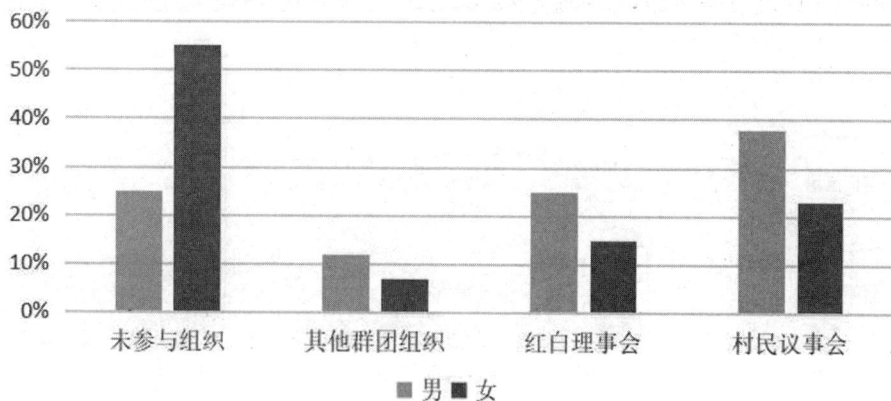

图 2　不同性别参与群团组织情况统计

1. 民主协商：参事议事，凝聚治理合力

2019 年 7 月，中共中央办公厅、国务院办公厅印发《关于加强和改进乡

村治理的指导意见》，明确提出全面推行移风易俗，整治农村婚丧大操大办、高额彩礼、铺张浪费、厚葬薄养等不良习俗。红白理事会是推进该项行动的重要组织。在农村，红白理事会的成员也大多由村中德高望重、公平公正、为人热心的老年人组成。当有村民去世时，红白理事会成员会上门向家属表示慰问，并宣讲政策、劝说其简办丧事，村民也大多会表示理解、支持。真正以"身边人讲身边事、身边事教身边人"的形式引导广大村民破除陈规陋习，强化群众自我教育、自我管理。

随着乡风文明、义务教育事业不断发展，农村居民素质显著改善，人居和谐社会已初步形成。目前，农村内部的主要问题基本有土地划分问题、邻里小型矛盾等。"村里不行找乡亲，实在不行就报警"，大多数村民会听取村委会调解意见，特别是当地德高望重的老人的意见，仍对当地广大村民有着引导、制约作用。农村老年人既是本地村民，熟悉村规民约、村民习惯、人际关系渊源，又是主动调解员，化解纠纷于萌芽。在民主协商中，老年人扮演着"调解者"的角色。通过诸如此类的群团组织，许多对乡村治理有热情、有能力、有想法的老年人可以有序参与治理，在民主管理、民主协商等方面发挥重要作用，并通过自身的率带作用，在村民中凝聚强大合力，助力全过程人民民主治理。

表 2　我国不同农村地区群团组织形式

分类/地区	湖南省湘西州大安乡	湖南省邵阳市马头桥镇	湖南省岳阳市	江苏省泰兴市滨江镇	吉林省延吉市朝阳川镇	云南省腾冲市清水乡
地理位置	华中地区	华中地区	华中地区	华东地区	东北地区	西南地区
群团组织	村民议事会、红白理事会	老年协会、民主议事会	老年协会、居家养老服务中心	老年协会、居家养老服务中心	老年协会	老年协会、妇女之家
特色工作	民主治理、参事议事、移风易俗等治理工作	适老化改革	特色节庆活动	以居家养老中心为载体，开展为老服务	吸纳各民族成员，维护民族团结	照看留守儿童，带领群众脱贫致富、创业

三、老年人参与农村全过程人民民主治理的问题

（一）参与平台搭建不完善

目前，受政治面貌等因素影响，老年人大多通过公共事务承接路径参与

民主治理，反映出参与平台不够完善的问题。部分老年人反映，其既不是党员，又没有被吸纳进群团组织，似乎"没有资格""没有必要"参与到民主治理过程之中。在通知方式上，随着信息化发展，社区一些信息会采取线上的方式通知，而老年人对智能手机的使用大多不够熟练，有时只能通过邻里交流获取信息。此外，因各户较为分散，村民服务大厅张贴的通知很少有人驻足观看。参与平台不健全、渠道不丰富导致老年人对民主治理信息了解不多、不明确，且参与模式单一，多为在村委会听取工作人员召开的会议并提出建议，导致会议参与率不高、老年人获得感不够强等，都是现实问题。

（二）基层公共信任缺失

无论是党建统合路径，还是公共事务承接和群团组织吸纳路径，老年人参与都需要老年人在自愿的基础上发挥主观能动性，才能通过以上渠道进行民主参与。老年人曾经亲身经历了社会沧桑，强烈感受到新中国给自己和社会带来的巨变。这种极具时代特征的成长和生活经历，使这一群体愿意用实际行动履行社会责任，积极参与社区治理。但部分老年人受历史遗留因素影响，经历或知晓村中曾经存在的"任人唯亲""裙带关系"等不公事件，形成了"我们说了也没人会听"，即自身意见不会得到重视的固有认知，参与热情被极大削弱，对政府领导班子持消极态度，漠视乡村事务，秉持利己主义，认为"事不关己高高挂起"，管好自己的事情就足够了，事情自有"专人"管理，从而不愿通过各种可行性路径进行民主参与。

（三）外在舆论观念束缚

乡村治理曾出现过"漠视"老年人作用的过程，加之社会始终没有形成大规模重视老年人作用、鼓励老年人发挥余热的舆论风气，多数声音认为"年老就该颐养天年"，导致老年人表现出"自我否定"的消极评价，认为自己"老了就没想法了""不如年轻人"，老年人施展才能的社会空间被挤压。

此外，一些农村老年人也存在着"矛盾心理"，其受生命历程、成长环境等多重因素影响，持有"为社会做贡献""说句公道话"等思想，因此主观上存在较强的民主监督积极性。但其思想又不可避免地受传统思想束缚，"人民民主"的主人翁意识较为淡薄，对于政府、村支两委等，即所谓的"官"，往往有着"不敢监督""不知道监督什么"的思想。其次，中国传统农村"差序格局"长期存在，在"熟人社会""大事化小，小事化了"等传统思想影响下，村民的民主监督往往要冒着被评论为"出风头""讲闲话""得罪人"的风险，这无疑从环境上打击了民主实践的主体积极性。

（四）参与主体自身能力欠缺

老年人的参与意愿是行动的前提和基础，但意愿并不必然转化为实际参与行动。部分老年群体有参与社区治理的意愿，但全过程参与性不强，只围绕全过程人民民主中的个别环节进行参与。针对这种现象，知识水平、身体状态等无疑是重要的影响因素。比如部分老年人反映，村内没有像其他社区开展的"登门议事""串门议事""进门议事"的协商机制，村委没有主动征求村民意见，无论是政府邀请参与公共事务决策，还是参与群团组织，都需要自己"亲力亲为""自行前往"，而自己又年事已高，即便有意愿建言献策，也受制于客观因素，"心有余而力不足"。再者，其所属县域龙山县仍为湖南省乡村振兴重点帮扶县之一，当地村级组织经济承担能力较弱，在缺少相关物质补贴和支持的情况下，老年村民只能更倾向于将精力放在做农活维持自家生计、抚养家中未成年人成员等生活琐事上，客观条件不易满足老年村民广泛参与主体对民主管理的现实要求。

四、对老年人参与农村全过程人民民主治理的建议

老年人生于乡村、长于乡村，在长年累月的生产和生活过程中积累了深厚的信誉和威望，相较于年轻人，老年人具备更多的治理经验，对于乡村治理有自己独到的见解和独特的优势。同时伴随着农村"空心化"现象加剧，老年人逐渐成为乡村治理的主体，从某种程度上来说，老年人民主参与直接关乎乡村治理成效。农村老年人在参与全过程人民民主治理过程中出现的问题，需要政府、社会、群体、个人四个方面齐发力，构建老年人参与民主治理的社会支持体系。

图3　老年人民主参与的社会支持（Social Support）体系

（一）畅通参与渠道，破除环境阻碍

针对参与平台搭建不完善的问题，一是要大力普及手机等智能设备的运用，通过开展培训活动、号召子女"技术反哺"，切实帮助老年人学习使用手机等电子设备，提高其民主参与可能。二是根据农村老年人的特点，丰富消息获取途径。除村中已有的通过小组长、村委会到户通知，邻里互相通知还有播音喇叭播报等渠道外，也可以开展定期的培训班，由专人负责授课，教授智能设备使用技能，让老年人有更多的方式了解村中民主治理信息。村委会教育活动也应进行创新性改变，可以学习其他社区的经验，将对老年人的教育活动融入娱乐活动中，邀请表演团队进行以老年人教育为目的的公益表演。三是拓宽老年人参与民主治理渠道，提供切合实际的、制度性的全过程人民民主治理平台。如成立老年协会等群团组织，涉及村民切身利益的事情，让群团组织全程参与讨论，加强老年人的参与度。

（二）提高基层公信，增强参与信心

信任危机是基层政权面临的极其严重、危险的问题，提升公信力，才能够激发老年群体参与热情，使其积极参与农村社区治理。一是要提高村干部业务素质，强化干部队伍建设。村干部是基层政务的直接参与者、组织者与实施者，其自身能力的大小及素质的高低或多或少地影响着基层工作的开展。通过培训提高村干部教育程度、专业知识和经验等方面的素质，并让村民切身参与到选拔村干部的过程中，共同选出领导队伍，提高村民对村级管理和领导层的信任。二是加强权力的监管，推行权力制约机制。政府和党组织应建立更加严密的制度和机制，加强对村干部用权的监督和管理，有效防止腐败和"任人唯亲""裙带关系"等不公事件的出现，让权力的行使符合村民的期待。三是建立健全村民监督体制，加强信息公开透明，通过消息的及时公开让村民能够及时准确地把握政策。鼓励村民积极参与监督，积极维护自身合法权益。同时，充分发挥媒体的监督作用，对腐败行为进行曝光，增强社会舆论的监督力度。

（三）破除舆论束缚，培育集体意识

针对社会舆论束缚的问题，一是可以积极利用短视频等新兴媒体宣传、表彰村中老人参与民主治理的积极效应，让更多人特别是老年群体自身更加了解老年人参与民主治理的功能等内核，营造尊重老年人才、理解老年群体的社会氛围。二是引导老年人参与脱贫攻坚、产业发展、环境整治等乡村日

常集体工作，给老年人提供更多可参与的项目和机会，培养其社区认同、群体认同，使老年群体真正认同其主人翁身份。此外，可以在村中各处增设匿名建议箱，并向公众保证建议箱的绝对私密性，保证建议箱的信任度，定期收集并及时反馈建议箱内容，在一定程度上可以消解村中老人"怕得罪人"的顾虑。

（四）注重村民利益，提高参与能力

参与能力是老年人参与民主治理的保障因素。一是针对老年人年龄较大、健康欠佳问题，应着力完善相关的医疗保障制度，为老年人参与乡村治理奠定身心素质基础，并提供车辆接送、道路修缮等服务，方便老年人到村部参会等。二是要发展社区老年教育，开展老年教育活动。可在村中开办老年大学，设立多元课程，让村中老人能够学习新技能新知识，提升知识水平。老年人自身要树立"终身学习"理念，主动参与集体学习生活，积极进行社会交往，做好再社会化准备。

此外，对于村中本身参与民主治理意愿较强的老年人，可以授予相关荣誉和奖励，并结合相关制度，采取行政吸纳的方式将其纳入治理体系，让其担任村干部、村民小组组长等职务，使其名正言顺地参与到乡村治理中。对于有突出贡献的老人，应对其进行宣传和报道，鼓励其他老年人向其学习，或给予物质上的奖励。对于村中民主治理意愿较低的老年人，应从其真正关心的问题入手，切实解决其迫切需求，提高其对农村社区行政治理效率的信任度，并考虑到民主参与的各种现实性问题，完善保障机制。

综上，我国的民主作为全过程的人民民主，其中的关键一点就体现在对民主的全方位落实上。应对农村社区老年人全过程性参与度较低的重要问题，应以老年人为中心，因时而变，随事而制，全面促进老年人参与到全过程人民民主治理的进程中。

参考文献

[1] 滕玉成，臧文杰. "差序—协同"：基层治理主体间关系的意涵与逻辑 [J]. 求索，2022（1）：184 – 195.

[2] 李祖佩. 村级治理视域中的农民参与——兼议农村社会治理共同体的实现 [J]. 求索，2022（6）：131 – 138.

[3] 何植民，蔡静. 嵌入到共生：乡村振兴视域下新乡贤参与乡村治理的发展图景 [J]. 学术界，2022（7）：134 – 144.

[4] 胡文琦,裴晓梅. 生产性老龄化背景下"老年精英"社会参与的实证研究——以北京市离退休老干部为例 [J]. 老龄科学研究, 2014, 2 (12): 36 – 44.

[5] 董亭月. 中国老年人的政治参与及其影响因素研究——基于 2010 年 CGSS 调查数据的实证分析 [J]. 人口与发展, 2016, 22 (5): 81 – 89 + 80.

[6] 许言方. 城市社区关工委"五老"队伍建设问题和对策研究——以长沙市天心区为例 [D]. 长沙:国防科学技术大学, 2016.

[7] 马倩,张术松. 老年人社会参与困境及政府责任研究 [J]. 江淮论坛, 2015 (2): 129 – 131 + 161.

[8] 郭浩,罗洁玲,刘斯琪. 城市老年人社会参与状况及影响因素研究——以广东省为例 [J]. 统计与管理, 2020, 35 (1): 64 – 69.

[9] 高畅畅,胡萱婷,黄明辉. 积极老龄化视角下老年人社会参与的路径分析 [J]. 劳动保障世界, 2019 (17): 52 + 54.

[10] 王春光. 乡村振兴背景下农村"民主"与"有效"治理的匹配问题 [J]. 社会学评论, 2020, 8 (6): 34 – 45.

[11] 蒋天贵,王浩斌. 党的领导与农民主体地位相统一——建党百年来我国农村社会治理主体演进的历史考察 [J]. 南京农业大学学报(社会科学版), 2022, 22 (1): 56 – 66.

干部驻村何以助推
乡村治理有效性？
——基于娄底中院驻桅子村帮扶工作的案例调查

课题组成员：杨粞蜓，尹　婷，段呈祥，李明慧，
　　　　　　肖珂欣
指 导 老 师：陈红桂

摘要： 在脱贫攻坚转向乡村振兴的衔接期，干部驻村制度对于巩固脱贫攻坚成果、提升乡村治理有效性和促进乡村振兴具有重要作用。湖南省娄底市中级人民法院驻村工作队于 2021 年进驻涟源市石马山街道桅子村，为其乡村发展提供了关键助力。本研究以娄底中院驻桅子村帮扶工作为研究案例，综合实地访谈资料和问卷调查数据，从融入机制、引导机制、参与机制和培育机制对桅子村干部驻村的运作模式和提升桅子村治理有效性的路径进行深入分析。研究发现，娄底中院驻桅子村帮扶工作在具体运作中仍存在融入阻滞、引导错位、参与不足和培育制约等问题，为此，本研究从政策、人才、文化等角度提出综合举措，以实现健全干部驻村机制、助力乡村振兴的目标。

关键词： 干部驻村；治理有效性；乡村振兴

一、绪论

（一）问题的提出

1. 研究背景

党的二十大明确提出全面建设社会主义现代化国家最艰巨最繁重的任务仍然在农村，新时代下要坚持全面推进乡村振兴战略。在脱贫攻坚转向乡村振兴的衔接期，中共中央办公厅印发了《关于向重点乡村持续选派驻村第一书记和工作队的意见》，党中央对持续选派驻村干部作出工作部署，明确建立常态化的驻村工作机制。乡村治理有效性的提升对推进乡村振兴，巩固脱

贫攻坚成果具有重要作用，如何提升乡村治理有效性，促进乡村治理现代化是党和国家高度重视的问题。

2021年，娄底中院乡村振兴驻村工作队开始在涟源市石马山街道桅子村开展驻村帮扶工作。自驻村以来，工作队在市委、市政府和娄底中院党组的正确领导下，从经济、文化、社会、法治和生态等多方面提升桅子村的乡村治理有效性，但目前干部驻村制度的具体运行过程仍存在着融入受阻、引导错位等问题。本研究通过实地调研娄底中院驻桅子村帮扶工作，深入分析干部驻村内在机理，探究干部驻村提升乡村治理有效性的综合实现路径，以期为驻村工作提出可行性建议，助力乡村振兴。

2. 研究意义

在理论意义上，本研究能够丰富干部驻村制度的相关理论。国内许多对干部驻村制度的研究停留于精准扶贫的时态语境，未能使有关干部驻村的具体考察紧跟乡村振兴的时代步伐。本研究聚焦乡村振兴阶段的干部驻村机制，对新形势下的干部驻村机制进行分析，可为乡村振兴阶段干部驻村机制的研究提供新的思路与实证素材。

在现实意义上，本研究能够助力调研地区提升乡村治理有效性。本研究针对目前驻村干部的融入阻滞、引导错位、参与不足和培育制约等问题，从融入机制、引导机制、参与机制、培育机制四方面为干部驻村机制的完善和乡村治理有效性的提升提出可行性发展路径。

（二）研究设计

1. 概念界定

（1）干部驻村

2021年中共中央办公厅印发的《关于向重点乡村持续选派驻村第一书记和工作队的意见》指出，对脱贫村、易地扶贫搬迁安置村（社区），继续选派第一书记和工作队，将乡村振兴重点帮扶县的脱贫村作为重点，加大选派力度。

（2）乡村治理有效性

乡村治理的有效性是指政府的政策、措施和行动能够有效地解决乡村发展中存在的问题，客观地借助治理机制的不断创设来适应日新月异的群众生产生活，将"以人民为中心"的发展思想落到实处，促进乡村和谐稳定、充满活力，实现乡村振兴。

2. 研究方法

（1）个案研究法

本文以湖南省娄底市涟源市石马山街道桅子村为个案，深入了解桅子村干部驻村治理现状与其提升乡村治理有效性的运作机制，研究该村干部驻村机制可能存在的问题与对应举措，为促进基层治理进一步发展提供建议。

（2）深度访谈法

本研究以涟源市石马山街道桅子村村支书和驻村干部、本村村民，以及熟悉当地情况的街道政府工作人员为访谈对象。调研团队根据不同的主体进行分层抽样，将个体访谈与小组访谈混合进行。

（3）问卷调查法

调研团队对桅子村当地村民采用随机抽样法进行问卷调查，问卷所收集的数据采用 IBM SPSS Statistics24. 0 和 Excel 2019 进行分析处理。

二、案例情况描述

（一）桅子村基本情况概述

1. 区位

桅子村地处涟源市东部，为石马山街道下辖的行政村。全村面积 2. 5 平方千米，耕地面积 1216 亩，林地 1288 亩。

2. 产业

绿色农业是桅子村的支柱产业，驻村干部带动村民发展集体经济，调研时，其正在计划集资建设黑牛养殖基地和钓鱼基地，打造更富特色的休闲生态农业。

（二）娄底中院驻桅子村帮扶工作基本概述

1. 娄底中院驻桅子村帮扶工作发展历程

2021 年 4 月，由于内生型资源流失、造血能力短缺，桅子村被确定为湖南省乡村振兴重点帮扶村。同年 5 月 25 日，娄底中院乡村振兴驻村工作队开始在桅子村驻村帮扶。在两年一度的驻村帮扶轮换中，村支两委希望中院继续驻扎桅子村的申请取得上级部门批准。

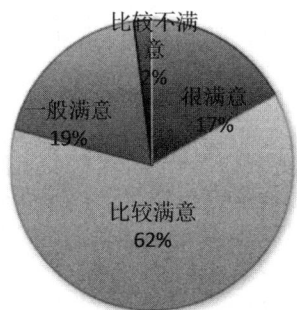

图1　村民对驻村干部帮扶工作的满意程度调查统计图

由上图可知，驻村干部基本满足了村民对其的角色期待。

2023年5月22日，中院新一轮驻村工作队入驻椆子村，新老工作队进行工作交接。

2. 娄底中院驻椆子村帮扶工作治理成果概览

2021年5月到2023年7月两年多的时间里，中院驻村干部的系列帮扶有力地推动了椆子村乡村治理有效性的提升。具体可从以下五个维度展开分析。

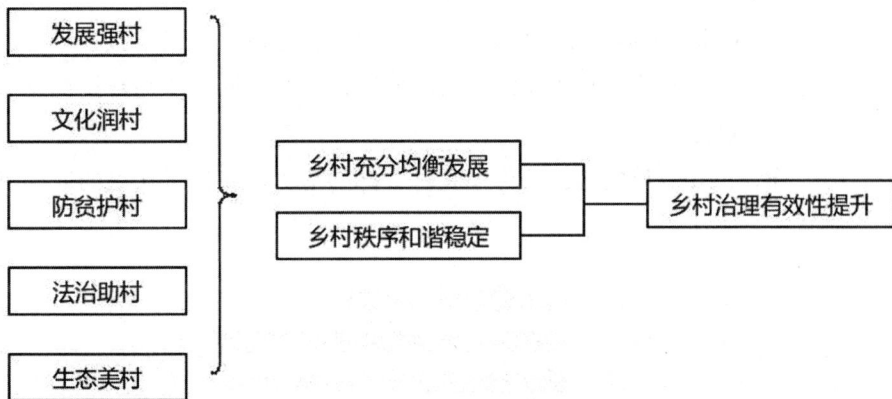

图2　"五维"发展分析图

（1）发展强村

丘陵地形局限了农用机械的投入，却促进了绿色农业的发展，也为杉木的大面积种植提供了适宜空间。中院驻村干部基于充分调研，联合村两委、广大村民同心协力扩展绿色农作物的外销渠道，黑牛养殖基地的建设也在稳步推进——中院投入资金，运用社会资源联系涟源市交通管理部门进行村路整修。

椆子村离城区近的地理位置优势和山塘多的资源优势被驻村工作队队长

彭灿然发掘，为探索农旅融合的发展富强之路打下基础。

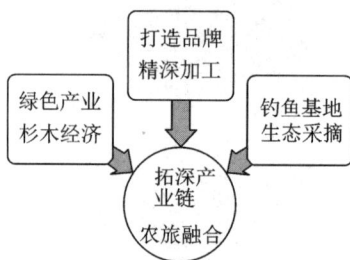

图 3 椇子村发展强村规划图

（2）文化润村

椇子村党群服务中心旁是文体广场。"百姓大舞台"见证村民们喜气洋洋的广场舞，台前的乒乓球台、篮球架来自文体局和福彩机构的捐赠，由中院调动社会资本争取得来。

此外，驻村工作队还结合单位特色，规划新建法治文化广场，让法治文化无声润泽民心。

（3）防贫护村

3 位驻村干部作为监测帮扶联系人对 13 户建档监测户定向对接、动态监测；为监测户普及政策，提供教育、就业帮扶，助力防返贫监测帮扶机制长效运行，护卫脱贫战果。

在访谈中，20 位村民普遍认可了驻村干部的努力，我们对认可的原因进行了归类。

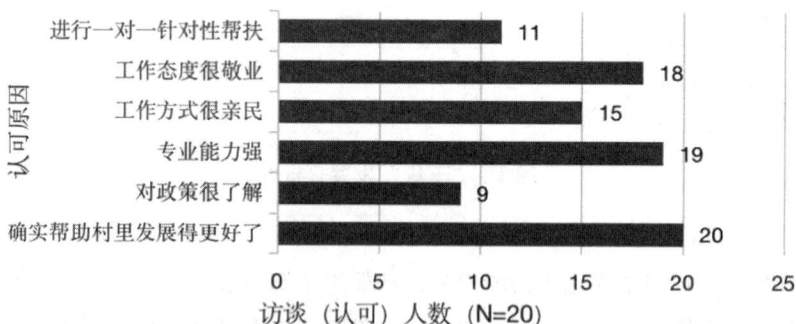

图 4 村民认可帮扶工作的原因统计图

（4）法治助村

诉讼流程科普册小而精细、反性侵防电诈宣讲视听结合；针对林木补偿不到位、宅基地范围争议等常见问题，法治屋场会提供了解决方案，村民们表示："有矛盾愿意到法治屋场会去。"

我们进一步询问参加过法治屋场会的村民的感受时，村民表示内容都听得懂，其中89.36%的村民认为"问题得到了比较周到的解决"。

表1　法治屋场会参与感受表（$N = 47$）

感受	人数	频率
屋场会的内容都能听明白	47	100.00%
参加完自己也有一定收获	44	93.62%
最终矛盾双方对结果都比较满意	39	82.98%
问题得到了比较周到的解决	42	89.36%
屋场会的组织方式比较有趣、亲切	27	57.45%

十余场法治屋场会，为制定新版村规民约提建议，解答村民的法律咨询。驻村干部打通基层法治"最后一公里"，助力椅子村从"机械团结"的传统村落转变为"情理交融"的现代化法治乡村。

表2　新旧村规民约对比表

旧版村规民约	新版村规民约
无法律依据	依据《中华人民共和国村民委员会组织法》制定
各规定较为分散，不成体系	分为总则、遵纪守法、乡风文明等八部分
以促进村民和谐相处为目的	以发扬社会主义民主，健全社会主义法治，实现村民自治，建设社会主义新农村为目的
未制定违反处理制度	具备违反处理制度
未提及党员力量	重视党员干部的带头作用

（5）生态美村

村路整洁，绿荫环绕，这一切也离不开驻村工作队的系列生态帮扶。调研团队整理资料后制作的分析图可以体现其相关工作。

三、案例综合分析

（一）干部驻村助推乡村治理有效性基本逻辑分析

乡村治理的本质是实现乡村充分均衡发展，维护乡村秩序和谐稳定，经济、文化、生态等方面的建设是衡量乡村治理有效性的具体指标。干部驻村机制在内部运作中表现为融入、引导、参与、培育四重机制。基于此，桄子村驻村干部通过深化制度认知、加强党建引领、明确乡村治理主体权责边界、重建乡村公共性四条综合路径，分别实现四重机制的现实运作，在路径和运作机制的综合作用下达成提升乡村治理有效性的目标。

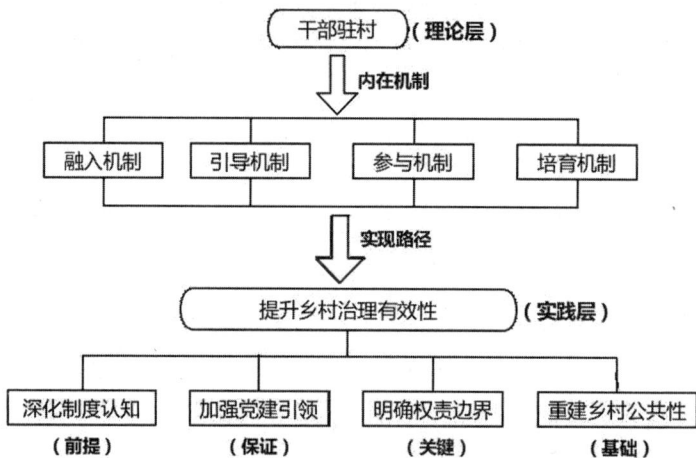

图 5　基本逻辑总览

（二）干部驻村助推乡村治理有效性内在运作机制分析

1. 融入机制：科层逻辑向乡土逻辑的转换

融入机制是指驻村干部以柔性的价值情感、社会生态为纽带，采用正式沟通与非正式沟通相结合的交流方式，进入乡村社会关系网络的方法。融入机制强调驻村干部实现从制度上的"嵌入"到心理上的"融入"。

中国的村庄不仅是乡村治理开展的基层场域，也是农民生命活动开展的基本场所。生活领域与治理场域的高度叠合，决定了乡村内部权力运行往往深嵌于繁密的人情网络和深厚的历史沿革，形成了独特的乡土逻辑，因此，驻村干部需要实现从原先机关单位的科层逻辑向乡土逻辑的转换。综合访谈材料来看，由点及面、走进家门是桄子村驻村干部迅速融入乡村社会的两个妙招。由点及面是指驻村干部以村支书为支点融入村级党组织，继而借助村内党员的关系网联结群众。发展关系网络的同时，驻村干部也通过屋场会、上门走访等多种形式，走入群众家门，提升与村民的熟悉感、亲密感，成为村民的"自家人"，乡村治理也成了"自家事"。

2. 引导机制：干部乡贤领军"雁阵"的建设

引导机制是指引导者通过思想教育与行为示范，影响被引导者的思维和行动，强调激发被引导者的内在动力。梿子村驻村干部通过对村两委干部、乡贤和村民的三重引导，形成干部乡贤领军的"雁阵"。首先，驻村干部引导村两委班子素质，激活乡村持续发展的核心动力。驻村干部通过政策解读与宣传，帮助村两委干部理解国家政策，提高干部的思想觉悟。此外，驻村干部深入挖掘老干部、老教师等乡贤的力量，借助他们的影响力主持村庄工作；同时，积极培养新乡贤，鼓励村里的致富能手、志愿者在村庄工作中发光发热。最后，驻村干部引导村民形成发展共识。借助村民大会、屋场会，驻村干部全面挖掘村民对村庄发展的期望，并通过分享典型案例，启发村民的致富思路。

3. 参与机制：多元主体协同治理的助力

本文的"参与"是指各利益相关主体依据法律法规平等、和谐地表达自己的合理诉求，共同协商相关决策的制定、执行与监督。乡村治理中，参与机制的表现形式是多元主体协同治理。

根据协同理论中的协同效应，任何复杂系统，当在外来能量的作用下或物质的聚集态达到某种临界值时，子系统之间就会产生协同作用。乡村治理是由村干部、村民、社会组织等治理主体共同构成的复杂系统，借助协同效应是乡村治理有效性全面、持续提升的关键步骤。参与机制可以从两个方面展开剖析：驻村干部参与机制与其他主体参与机制。驻村干部参与机制的核心是"克制"。梿子村驻村干部在工作中始终坚持"帮办不替代，到位不越位"的工作原则，对村庄治理提出建议和帮助，但不干涉村两委管理村庄日常事务。其他主体参与机制的核心是"激活"。梿子村驻村干部通过多种方式激活多元主体，推动共同参与。首先，驻村干部不断提高村庄治理主体的治理能力，潜移默化地将科学治理观念融入村两委干部的思想中，并举办屋场会、政策宣传会等活动，提高村民对村庄治理的认知水平。其次，驻村干部注重优化多元主体协同治理的技术，利用微信等互联网科技，为多元主体协同治理搭建平台。通过促成多元主体的深度参与，村庄的持续发展有了更加强大的内生动力。

4. 培育机制：乡村公共性萎缩问题的施救

培育机制是指驻村干部针对乡村公共性萎缩问题，采取措施重建乡村公共性。公共空间和公共参与是衡量乡村公共性的两个基本指标。公共空间包括其可达性和社会功能的强弱，公共参与则包括公共参与主体数量、质量，以及参与意愿。梿子村的乡村公共性趋于公共空间窄且公共参与度低的"双低"模式。由于年轻人大量流入城市，留守村庄的老人、儿童也无心无力参与公共事务，导致了公共参与主体的缺失。因为人口流失，乡村经济萎靡，村庄建设滞后，加上留守的村民不易聚集，公共空间不断缩窄。面对乡村公共性的急剧萎缩，驻村干部从公共参与主体培育和公共空间建设两方面进行施救。公共参与主体培育主要是增强村民参与公共活动意愿。桅子村通过举行广场舞比赛等趣味活动，吸引村民关注。在公共空间建设方面，桅子村结合村里老年人较多的人口特征，修建老年活动室、百姓大舞台，满足村民对公共空间的需求。同时，村里不断完善公共交通网络，提高公共空间的可达性，延伸公共空间服务范围。

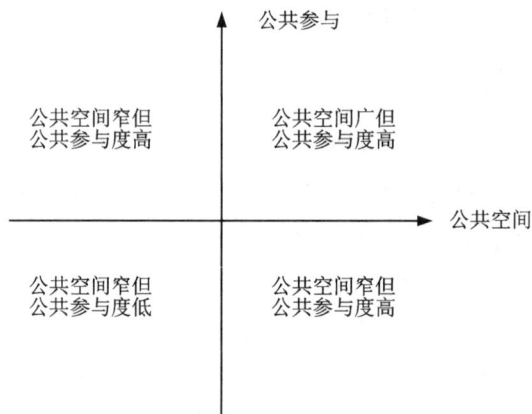

图 6 乡村公共性类型划分

（三）干部驻村助推乡村治理有效性综合实现路径分析

1. 融入机制层面：深化制度认识，促进干部融入

内化于心的制度意识是制度优势转化为治理效能的重要前提。各主体深化对于干部驻村制度的认识，能加强驻村干部与乡村之间的联结。一方面，驻村工作落实有了政策保障；另一方面，村民因对国家的信任而认可驻村干部。双方共同作用下，驻村干部得以更好地融入乡村。

桅子村能在娄底中院的帮助下在乡村治理工作中做出不错的成绩，离不开各个主体对干部驻村制度认识的不断深化。娄底市中级人民法院贯彻中央政策精神，严格把关驻村干部人选，同时给予驻村干部科学有效的管理和考评，从源头上避免制度走样。村两委干部积极配合驻村干部的工作，主动牵头召开党员见面会等活动，帮助驻村干部了解村子的情况，协助他们融入村庄。村民在政策宣传过程中深入了解干部驻村制度，与驻村干部双向互动。

深化制度认识是推动乡村治理进入良性发展轨道，提升乡村治理有效性的重要路径。

2. 引导机制层面：加强党建引领，落实方针政策

党建引领是提高乡村治理有效性的有力保证。有效的党建引领不仅能使得党的组织和工作在乡村全面覆盖，而且能通过组织动员和模范引领激发乡村治理的协同共治动力，实现高效治理。

为做好党建引领，桄子村村支委在各类村级组织中发展党员，推动党组织嵌入各类村级组织，实现基层党组织全覆盖；同时高度重视党建的质量，通过不断学习，提高党员素养。另外，村里还重视发挥党员带头参与村民自治、维护乡村秩序的模范引领作用。乡村发展的"雁阵"根本上离不开党员、党组织的引领。党通过组织与工作覆盖，发挥党组织的倡导、整合及协调作用来提升乡村治理有效性，是党建引领在乡村治理领域中的现实意义。

3. 参与机制层面：明确权责边界，协调各方利益

清晰明确的权责边界是多元主体有序参与乡村治理、提升治理有效性的关键。当前我国乡村治理格局正由"一元管理"向"多元共治"演进，但各类主体利益诉求多元，因此，要实现多元主体协同治理，需要保证其良性互动、利益协调。首先，需要对不同主体的权责作出明确的规定，确保治理主体依法履行自身职责。2022 年，中共中央办公厅、国务院办公厅印发了《乡村振兴责任制实施办法》，对不同主体的责任进行了明确划分。桄子村结合实际情况具体落实文件精神，村两委干部在上级部门指导下自主管理村庄日常事务，做到权力不让位。

4. 培育机制层面：重建乡村公共性，实现有效治理

重建乡村公共性对乡村有效治理具有基础性功用。乡村公共性的重建不仅能激活乡村内生动力的源头活水，而且能加固政社均衡互动的底座根基。重建乡村公共性的着力点在于培育公共精神，可以从两方面入手。第一，挖掘乡村优秀文化。例如，桄子村得名于古时朝廷对一位孝顺读书人的嘉奖，村庄借助源远流长的孝道文化，打造"孝贤示范村"。除了孝道文化，桄子村还不断挖掘村内其他优秀文化，以文润村，增强乡村居民对乡村的认同感和自豪感，培育乡村公共精神。第二，营造公共氛围，桄子村村两委干部、驻村干部在日常工作中注重为村民谋福利，成为村里愿意带头增进社群福祉的中坚主体，进而营造了关心公共过程、参与公共对话的社会氛围，带动公共性重建。

四、干部驻村机制存在问题及相关对策分析

（一）存在问题分析

1. 融入机制方面：驻村干部"乡土化"转换依旧存在阻滞

驻村工作队作为一种嵌入乡村的外部组织力量，其"乡土化"转换依旧存在阻滞，在乡村的"熟人社会"中难以避免地呈现出一种异质性。大量村民对参与乡村治理不感兴趣，也不清楚驻村干部在乡村治理中所起作用，难以由衷地接受和认可这群"外乡人"。

2. 引导机制方面："缺位越位"问题仍需进一步关注

观察椇子村现实政治运作，发现村干部对驻村干部存在着过多的角色期待，在许多治理方面完全依赖驻村干部，同时由于驻村干部"帮扶度"难以把握，出现村干部没发挥好"当家"作用、驻村干部没发挥好"帮家"作用的局面。

3. 参与机制方面：缺乏推动协同治理的制度化建设

在椇子村多元主体协同治理的系统中，四个子系统的权责关系没有明了。驻村干部与村干部缺乏界限严明的分工；村民的监督局限，主人翁作用丢失；社会公益组织过多体现出对村委会的依附性，迷失自身功能定位。

4. 培育机制方面：培育主体与客观物质条件存在制约

在椇子村，尽管有驻村干部与村干部的引领和激励，但受留村村民主体能力欠缺的影响，其内生活力的激发仍是一大难题。同时因村民居住地分散、村中交通网络不健全等客观约束，村民参与村庄治理的成本高，在治理活动中"缺席"现象严重。

（二）可行对策分析

1. 针对融入机制方面：密切联系，精细服务

依托椇子村现有的信息，以系统的方式强化干群联系，通过分户管理的形式，在实现"信息多跑路，干群少跑路"的同时，加强情感信任，促进驻村干部的融入。

2. 针对引导机制方面：互信互助，长效动员

驻村干部与村干部建立起长效动员互动机制：对于开展乡村振兴工作中遇到的矛盾，二者及时展开沟通，达成共识；对于较为重大的事件，双方分工明确，共同决策，强化驻村干部与村干部间的凝聚力和向心力。

3. 针对参与机制方面：各司其职，协力共进

驻村干部带头建立联动管理机制，厘清乡村治理领域中四方主体的职能，对各子系统边界进行科学设计，通过构建多方联动和单线对接等多种互动方式，加强沟通对话，确保在治理的全过程和各环节都能实现协调联动。

4. 针对培育机制方面：弘扬公共参与文化价值

驻村干部利用单位的社会资本与经验积累，以村民熟悉的乡村文化为切口，定期主持开展系列主题活动，通过村民喜闻乐见的宣传方式，引导村民"主人翁意识"的觉醒，激发村民参与乡村文化建设的积极性。

五、小结

在乡村振兴战略的要求下，驻村干部是巩固脱贫攻坚成果、为乡村振兴注入新活力和新希望的重要力量。以娄底中院驻椐子村的帮扶工作为研究案例，深入剖析干部驻村治理成效，分析治理有效性提升条件下所面临的困境，从多方思考，提出可行举措。本研究通过实地调研的方法，从干部驻村提升乡村治理有效性角度出发，分析椐子村得到发展的成功经验，助力乡村振兴。因本文是质性研究，样本是否具有代表性，以及存在的问题与对策的分析尚需进行大规模统计实证的检验，故本文的研究也存在一定的局限。

参考文献

[1] 穆军全，赵延安. 动员逻辑与科层逻辑的互构：干部驻村机制的变迁审思 [J]. 宁夏社会科学，2022（4）：61-69.

[2] 谢治菊，卢荷英. 动员式治理与嵌入式交往：驻村干部工作艺术与乡村振兴 [J]. 湖北民族大学学报（哲学社会科学版），2022，40（2）：47-57.

[3] 李丹阳，张等文. 驻村干部和村两委的协同治理 [J]. 华南农业大学学报（社会科学版），2021，20（6）：98-107.

[4] 李全利. 从场域形塑到行为共生："场域—惯习"下的驻村干部治理转型——基于广西凌云县的跨度案例分析 [J]. 公共管理学报，2023，20（3）：115-130+173.

[5] 李丹阳，张等文. 驻村干部嵌入乡村贫困治理的结构与困境 [J]. 中共福建省委党校（福建行政学院）学报，2021（4）：121-129.

[6] 倪莉莉. 驻村干部考核困境与破解之道 [J]. 领导科学，2021（24）：113-116.

[7] 鲁萧萱，暨爱民. 乡村振兴背景下驻村干部的交往实践研究 [J]. 吉首大学学报（社会科学版），2023，44（2）：120-128.

中国式现代化新农村基层医疗建设情况的调查与分析

——以邵阳市大祥区为例

课题组成员：吴金金，亓宇轩，刘　熠，古湘粤，
　　　　　　黄　湘
指导老师：杨　果

摘要： 随着我国"健康中国"理念的提出，国家医疗体制改革逐渐深化，居民的健康需求在不断地提高，社会急需进一步加强基层医疗建设来满足时代发展的潮流。然而目前我国受到城乡发展不平衡、医疗专业人才短缺等多方面因素限制，农村医疗卫生的发展仍然存在较为显著的问题。本文基于此时代背景，首先对基层医疗建设、卫生服务行业等相关理论进行了一系列搜索和整理，通过发送问卷、实地考察及访问访谈等形式收集有效反馈，在此基础上运用 EpiData、SPSS 数据分析等研究方法，围绕基层医疗现存部分问题及附近居民的看法开展研究，并总结归纳，以此为当地医疗建设提出合理化的建议，进一步助力健康中国和乡村振兴的发展。

关键词： 基层医疗建设；健康中国；乡村振兴

一、前言

健康是促进人的全面发展的必然要求，是经济社会发展的基础条件，是实现国民健康长寿、国家富强、民族振兴的重要标志，也是全国各族人民的共同愿望。2022 年，党的二十大报告指出，推进健康中国建设、基层医疗建设和乡村振兴成为国家发展的重中之重。医疗和教育是国计民生的两件大事，是国之根本。随着"强基层"措施的推进，近年来中国基层医疗卫生专业人员的数量得到较大增长，但医务人员的素质水平和服务能力仍相对落后，此外，中国优质资源分布不均，各地基层医生医疗服务能力水平不一，基层医

疗建设存在知识结构老化、医疗技术能力低、医疗知识和技能发展不均衡等问题，导致居民对基层医生的素质水平和医疗服务能力信任度不足，基层医疗服务能力亟待提升，因此如何找出各地基层医疗服务能力的薄弱点，缩小医疗服务能力的区域性差异，实现人人享有基本医疗卫生服务值得高度关注。本文基于此问题，特借用暑期社会实践活动的机会，前往湖南省邵阳市大祥区进行实地调研，同时运用电子问卷对不同地区的基层医疗建设进行初步了解、调查，聚焦各地的基层医疗建设、基本医疗保险及卫生宣传等方面提出一些具有建设性的意见。

二、调查方法

（一）访谈调查

1. 访谈对象

（1）当地居民。通过与当地居民（多田村、丰盈村、檀江社区等）进行交流和问卷填写，了解他们对目前所处地区医疗建设的真实看法。

（2）基层医疗机构。医疗机构作为居民的就医机构，其服务水平及基础设施的好坏都会影响居民对医疗的看法。因此，通过与医疗机构负责人的交流，了解目前大祥区医疗机构的基本情况。

2. 访谈过程

（1）当地居民。在访谈过程中，我们发现大部分的受访者有一定的医疗意识，较多受访者对当地医疗建设持比较满意的态度，但仍有一部分受访者对当地基层医疗表示不满意。

（2）当地基层医疗机构。在实地调查的过程中，成员前往乡镇卫生院进行调研，对檀江街道卫生院的各项基本情况进行了深入了解。负责人表示，医疗人员都经过专业培训，他们的能力是值得信任的，但是由于目前检验和影像医疗设施的缺乏，医生更多依靠经验，但问题很快就会得到一定程度的解决，负责人表示卫生院将陆续引进医疗设施。关于政府方面，政府要求大祥区基层卫生院提供中医服务，而且要坚持医养结合。根据访谈得知，政府高度重视基础医疗建设，提供了大量资金助推大祥区基础医疗建设。

（二）问卷调查

本次发放问卷300份，有效问卷280份，有效问卷回收率93.3%。调研结束后，本组成员对所有的问卷及访谈内容进行了整理并完成了数据的录入及分析。

1. 调查对象的选取

本次调查纸质问卷样本主要为湖南省邵阳市大祥区的居民，电子问卷样本为其他地区居民，共计 300 份。

2. 问卷调查表的设计

问卷的设计环节首先参考了网上一些研究者设计的调查问卷，并在实地问卷调查的过程中发现问卷的漏洞，结合实际情况进行调整，围绕受访者基本情况、医疗建设基本情况、医保政策、医疗宣传情况与医疗意识、居民对当地基层医疗建设的看法五个方面展开题目设计。

3. 调查问卷的发放与回收

调查问卷的发放由团队成员共同完成，每完成一次问卷调查，团队都会对调研过程中发现的问题进行修正。

4. 调查问卷的数据处理

团队成员对填写完整的调查问卷进行审核，将符合逻辑的有效问卷保存，并分工运用 SPSS 进行数据处理。

三、调查结果及分析

团队在邵阳市大祥区进行了访谈和问卷调查，调研对象为当地居民和医护工作者，发放问卷地点包括六甲社区、檀江中学、新塘村、檀江街道等。同时，团队也通过网络调查了其他省份地区的基层医疗建设情况。共收集 300 份问卷，其中有效问卷 280 份，有效率为 93.3%。

（一）受访者基本情况

本次调查中，我们首先了解了被调查人员的基本情况，包括性别、年龄，受教育程度及健康状况水平。

大祥区问卷显示，受访者以青年人和中年人为主，男女比例约为 4∶5。其中，11.58% 是医疗工作人员，88.42% 不是。受教育程度方面，小学和初中的占比最高，分别为 22.11% 和 25.26%，硕士及以上的占比最少，为 2.11%。对于健康状况，81.05% 的人认为自己健康，12.63% 的人认为自己处于亚健康状态，6.32% 的人患有常见疾病（如高血压、高血糖等），也有居民患有肾结石、脑血栓等疾病。其他地区调查问卷数据来自湖南省、河北省等 10 个省份，其中超过半数来自湖南省。

（二）医疗建设基本情况

习近平总书记在党的二十大报告中指出：推进健康中国建设，要把保障人民健康放在优先发展的战略位置，完善人民健康促进政策，促进优质医疗资源扩容和区域均衡布局，提高基层防病治病和健康管理能力。本次调查了解了大祥区基层医疗建设情况，包括医疗基础设施配备和医护人员水平态度等。

根据数据，大祥区基层医疗建设情况整体乐观，58.68%的人认为医疗状况好或很好，88.42%的人对医院设施配备持积极态度，68%的人对医护人员服务态度持积极评价，69.48%的人对治疗比较或很放心，大部分人步行到最近的医疗卫生服务机构所需的时间小于30分钟。但仍有10%的人认为医疗状况不太好或很不好，11.58%的人对设施配备持消极态度，8.82%的人不太放心治疗，3.16%的人需要一小时以上的时间步行到达医疗卫生服务机构，影响紧急医疗救助。关于数据的分析如下：

1. 随着经济和科技的发展，乡镇地区医疗设施得到改善，大部分人对其持满意态度，乡村振兴战略促进基层医疗发展。人才引进政策完善，为青年返乡助力乡村振兴，提升技术水平提供了条件。国民素质增强，能更好地开展医护工作，便于基层医疗建设。

2. 部分村民对当地治疗持不信任态度，反映医务人员专业水平需提高。当地医院设施能满足小病治疗需求，但遇到严重病症时，多数人选择前往省市级医院。

3. 居民医疗意识待加强，应配合医疗机构开展医疗知识宣传，及时发现健康问题。然而，乡村居民受教育程度低、自我意识薄弱、社会认知结构简单，易受集体情绪、习俗等影响，导致生活习惯具有代际延续性，包括看病习惯。

4. 部分地区医疗知识宣传未落实，政府和医疗机构形式化完成任务，未发挥真正作用，宣传方式单一。当前时代下，部分人认识到学习医疗急救知识的重要性，但由于宣传途径单一，无法获取权威专业医学知识。

5. 老龄化程度加深，基层老人留守。因此，快速发展医疗以应对老龄化挑战至关重要。

根据数据可分析出，人们对医院设施满意度较高，但对设备和医疗人员技能不满意。2021 年国家卫健委数据显示，基层医疗卫生机构建设不完善，医疗设备落后问题仍存在。部分地区未达到"三个一"标准。调查和改进设施和医疗人员的状况，以提高附近医院的服务质量将对基层医疗建设起到重要作用。健康中国和人才强卫战略推动基层卫生事业发展，但人才引进政策不完善导致基层医疗机构人才难招难留问题严重。医疗人才对推动本地区基层医疗建设至关重要，需要多举措吸引和留住人才，更好地为基层服务。

总体来看，大祥区当地的基层医疗建设较为到位，并将《关于促进基层卫生健康事业高质量发展的意见》的总体要求贯彻落实，坚持以习近平新时代中国特色社会主义思想为指导，全面贯彻习近平总书记关于卫生健康工作的重要论述和对湖南重要讲话重要指示批示精神，坚持以人民为中心，坚持政府主导，坚持基本医疗卫生公益属性的精神并逐步贯彻到位。

（三）医保政策

1. 居民购买医保情况

数据显示，大祥区受访者中有 89.47% 的人购买了医疗保险，其他地区的受访者中有 86.67% 的人购买了医疗保险。大多数人认为购买医疗保险是必要的，有对健康的保障和风险防范的意识考虑。

2. 居民对医保政策的了解程度

对于现在的基本医疗保障制度，大祥区居民不太了解的人占比最高，达到 55.79%，而其他地区的居民对医保的了解程度整体上也较低，只有少数人对医疗保障制度有较深入的了解，大部分人对医疗保障制度的了解程度较为有限。这可能意味着需要政府和基层医疗机构加强对医疗保障制度的宣传和教育，提高公众对医疗保障制度的认知和理解，以便其更好地享受医疗保障的权益。

3. 居民对医保价格合理性的看法

大祥区问卷数据中，选择"合理"的占总填写人次的 50.53%。选"比较合理，但仍存在问题"的占 15.79%。在访谈的时候我们发现，这部分人认为医保有可报销项目过少等问题。选择"不合理"的占 33.68%。分析详细信息，其中大部分表示医保太贵了，也有人提出医保在有些地方有些情况下不能报销。

在其他地区的问卷数据中，认为合理的人数多于大祥区，在比较合理和不合理的详细信息里面我们发现大部分人认为医保价格过高，这与大祥地区数据中的详细信息一致。根据提供的数据和对大祥区当地居民的访谈我们了解到，目前的医保价格一年高过一年，对于部分居民来说，年年渐高的医保价格让他们觉得不是很合理，但通过采访基层医疗服务机构的管理人员发现，其实医保政策在很大程度上已采取最惠民的方式，以满足广大群众基本医疗卫生服务需求为目标，以建立优质高效的医疗卫生服务体系为重点，全面提升基层医疗卫生机构服务能力。如何平衡群众心理与制定合理政策显得尤为重要。

4. 医保对居民的看病帮助

大祥区大部分受访者表示医保在很大程度上（30.59%）和一定程度上（44.71%）解决了他们的看病问题。这意味着医保在解决一些人的看病问题上起到了积极的作用。然而，也有16.47%和8.24%的受访者分别表示医保对看病没有帮助、报销的范围太小且过程复杂。经进一步访谈发现，这部分受访者面临更高的医疗费用负担，对医保的报销范围和流程感到不满意。因此，需进一步优化医保政策，扩大报销范围，简化报销流程，提高广大民众对医保的满意度。

5. 居民对改善医保的建议

从数据可以分析出，不管是大祥区还是其他地区，被调查者普遍认为医保制度需要改进。其中，有较多的人认为能报销的医保项目过少，这意味着被调查者对医保的覆盖范围存在不满。其次，有一部分人认为医保申报流程复杂，对医保的操作和流程存在困扰。另外，也有一部分人认为承担不起医保费用，在支付医保费用方面有压力。根据数据分析结果，医保制度需要改进的方面包括扩大报销项目的范围、简化申报流程，以及减轻医保费用负担。这些改进将有助于提高医保制度的公平性和便利性，满足人们对医保制度的期望和需求。

据了解，邵阳将从强化医保调控、加强预算管理、提高医保待遇质量三个方面完善医保政策，发挥医保对医疗服务供需双方的引导作用，加大医保政策对基层倾斜力度。在完善门诊统筹管理的基础上，将规范化管理的高血压、糖尿病患者整体纳入保障范围，稳步提高普通门诊保障水平，完善特殊门诊管理细则，取消"两病"门诊用药保障资格申请和审核。

（四）医疗宣传与医疗意识

1. 医疗宣传

调查数据显示，在过去一年中，大祥区有 52.63% 的人接受过医疗卫生保健教育或宣传，而其他地区接受医疗知识宣传的占比略多。经过调查发现，政府与医疗机构需要加强医疗知识的宣传，提高医疗卫生保健教育或宣传的覆盖率，这对人们应对日常生活中的疾病等有重大帮助。

2. 居民医疗意识

通过数据我们发现，大祥区大多数人在身体轻微不适时倾向于寻求医院的治疗；不去医院治疗，但自服药物是第二常见的选择；一小部分人倾向于等待症状加重后再就医；但仍有少数人会尝试使用传统的土方法或偏方来缓解身体不适。对于居民自主了解医疗知识的情况，其中大祥区能主动了解相关医疗知识的人数略多于不了解的人数，其他地区主动了解医疗知识的人次明显多于大祥区，但不管是大祥区还是其余地区居民，还是需要提升自身医疗意识。

受访者的医疗意识对问卷调查各方面的结果有着重要的影响，从上述问题的分析结果来看，大部分人有着一定的医疗意识，但也有少数居民的医疗意识薄弱。

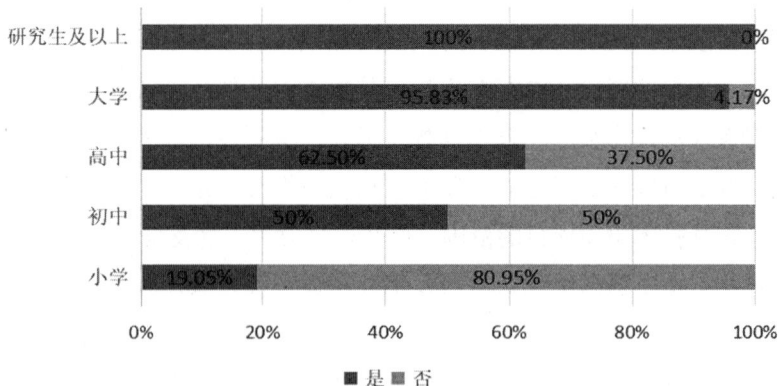

图 1　大祥区受访者中不同文化水平对主动了解医疗知识的影响

根据上图可知，不同文化水平对其是否会主动了解医疗知识的影响较大，主要体现为随着文化水平的提高，人们会更为主动地去了解相关医疗知识。而在农村，大多数人的文化水平停留在小学或初中，特别是年龄较大的人，受文化水平限制，其中较多人认为卫生保健宣传没必要，且不主动去了解医疗知识，但又患有或更易患高血糖、高血压等常见病。这说明在农村地区，针对老龄人需要开展特定的医疗宣传。

据与当地卫生院院长访谈可以得知，某些时候的医疗卫生宣传持续时间短，没有提前通知到位，导致出现人刚到，宣传讲座却已经结束的情况。而也有部分居民表示，并不会主动去看与医疗知识相关的讲座或者其他的宣传。宣传方式的多样化，积极和数字网络结合，做好信息化也是很有必要的。坚持正确的舆论导向，广泛宣传基层卫生健康事业高质量发展的重要意义、目标任务、政策措施和进展成效，充分调动和发挥各方面参与的积极性、主动性和创造性，对促进基层卫生健康事业高质量发展汇聚正能量、营造好氛围显得尤为重要。

（五）居民对当地基层医疗建设的看法

关于基层建设问题调查方面，大祥区受访者普遍认为基层医疗机构的基础设施和设备不够完善，需要加强建设；医保用药范围狭窄问题占比居第二；基层医疗卫生人才资源短缺是受访者认为需要解决的问题中第三普遍的；费用报销困难，步骤繁琐是受访者认为需要解决的问题中占比较高的。在其他地区数据中，医保用药范围狭窄、费用报销困难和步骤繁琐是最为突出的问题。

关于建议看法方面，大祥区数据中，扩大基本医疗保险保障范围和简化医疗报销手续是受访者最关注的两个方面；改善基础设施建设、完善医疗保障制度和提升医护人员专业水平也是受访者关注的重点。这反映了受访者对基层医疗设施的现状和医疗服务质量的期望。

这些数据说明，在基层医疗建设中，仍需加大对基层医疗卫生人才的培养和引进力度，并提供更好的基础设施和设备支持，以提高基层医疗服务的质量和水平，医保政策和费用报销流程需要进一步改进，以加强居民的医疗保障和报销便利性。这些问题的解决将有助于提高基层医疗服务的质量和效率。此外，医疗卫生资源合理分配也需要得到更多的关注和改善。

对于未来基层医疗建设的态度，大多数受访者持积极态度，只有9.47%（大祥区）和8.89%（其他）的受访者不看好，8.42%（大祥区）和0%（其他）的受访者表示不关心。

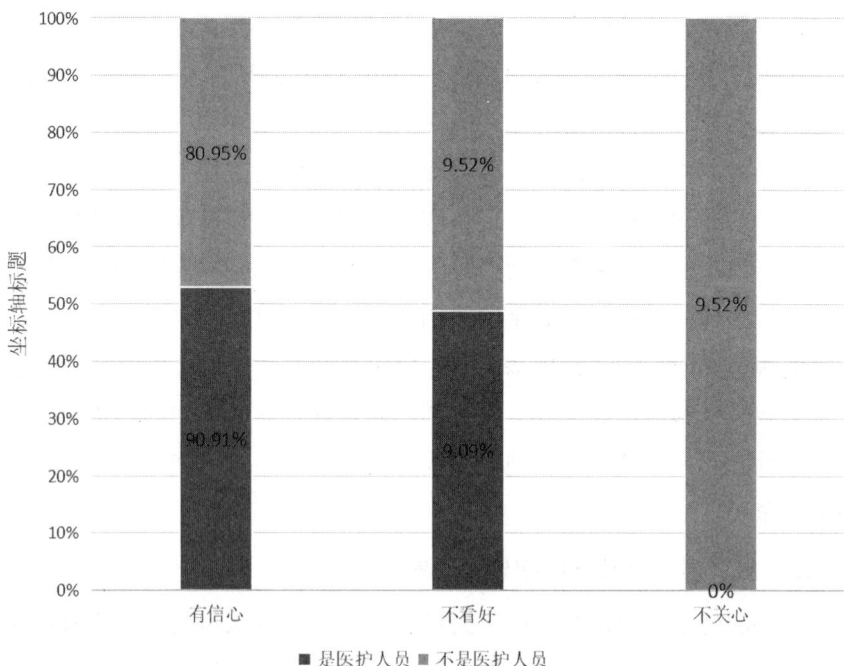

图2　大祥区受访者中是否为医护人员对未来基层医疗建设态度的影响

从上图我们可以看出不同职业对未来基层医疗建设态度的影响，总体来看，医护人员对未来的基层医疗建设更为关心且更有信心，充实人才储备将对未来基层医疗的发展有着极强的助推作用。

四、调研结论及建议

（一）调研结论

医疗是人类社会发展的重要组成部分，它关系到每个人的健康。医疗的现实意义在于它能够帮助人们预防疾病、治疗疾病、提高生活质量，从而促进社会的健康发展。助推乡村振兴，离不开乡村医疗建设。经过多途径实地调研，我们发现了以下问题：

1. 医疗设备不够完善

医疗器械设备在医疗领域中扮演着重要的角色，可以提高诊断的准确性，有效避免误诊和漏诊的发生。通过使用先进的设备，医生可以更准确地观察和分析患者的身体状况，更快速、安全和有效地治疗患者。乡镇地区医疗器械的缺乏，会增大医生的诊断难度和误诊风险，限制当地基础医疗水平，增大医疗隐患。

2. 居民就诊渠道不够便捷

据了解，当地存在部分居民就医路程耗时长的情况。部分居民居住地距医疗机构远，家中多为老人留守，就医较为困难，大部分居民需要花费一定的时间到达最近的医疗机构。部分居民遇突发恶疾时无法保证及时就医，其生命健康存在巨大隐患，这是当地医疗水平与资源落后的表现之一。

3. 乡村基层医疗机构人才匮乏

农村人口居住较为分散，医疗资源相对集中在城市地区。由于城乡发展不平衡，农村地区的医疗资源配置和人口需求不匹配，医疗资源供需矛盾较为突出。农村地区医疗待遇和发展空间有限，无法组建有更高医疗服务水平的基层医疗机构。

4. 参保人员对医保政策不够了解

由于参保人员所处的社会环境及自身的文化素质限制，其对医保政策不够了解，有拒绝参保的情况。部分居民在生病住院期间不懂使用医疗保险，从而认为医保的覆盖面狭窄，存在脱保、对流程不明白的问题。

5. 医疗知识宣传不够到位

据调查，当地的医疗知识宣传存在局限性，出现宣传内容不完善、宣传地点固定、宣传方式单一、宣传力度小等问题，无法做到有效的医疗知识普及。

（二）针对性建议

1. 完善医疗设备

解决当地医疗设备不够完善的问题，需要资金和人员的投入。既要保证设备的数量和质量，又要保证有会操作设备的人员。政府部门需要在政策上加大医疗设备的投入，立项一部分财政资金用于完善当地医疗设备并对操作人员进行培训。同时，医疗设备的完善需要注意该医疗设备的需求和必要性，不浪费资源。

2. 便捷就医通道

当地政府部门在规划医疗机构的选址时需注意考虑当地居民的就医距离，选择人口密度最大或者平均相对距离最近的位置作为医疗机构的选址。医疗机构可开放对老弱病残人群的绿色通道，省去多余且复杂的手续，为弱势群体提供便捷的就医途径。基层医疗机构应保证急诊电话的畅通，保证乡镇救护车随时有人开、随时能开走，为基层群众遇到突发疾病、突发重伤等情况做好应急方案。

3. 吸引医疗人才

湖南省基层卫生技术人才数量呈增加趋势，但增长速度较慢。从 2010 年到 2020 年，增加 10574 人，增长 7.5%。村卫生室人员数量减少，社区卫生服务中心与乡镇卫生院人员数量增加。同时，基层群众对医疗水平的需求增加，与基层卫生技术人才的缓慢增长相矛盾。可见，基层卫生技术人才分布更集中，区域化更明显，导致个别地区医疗卫生资源两极分化严重，部分偏远乡镇的卫生技术人才匮乏，医疗水平严重落后。政府部门应该提高基层卫生技术人才的工作待遇，吸引更多高学历的医卫人才到基层就业；同时，政府部门应该加大基层医疗机构的建设投入，为医卫人才提供施展拳脚的平台，也为基层群众提供具有一定水平的医疗环境。

4. 加强宣传，提升居民医疗意识

政府部门应加强对参保人员的医保政策宣传，特别是医保局等机构，可以通过多种方式进行宣传，如印发宣传手册、走访宣传、摆点宣传、新闻媒体宣传、社交网络宣传等，为参保人员提供更多关于医保政策的解释。在宣传过程中，应注意为参保人员讲解其最关心的地方，进行详细易懂的讲解，切实为人民着想。

参考文献

[1] 颜伟，王卓元，杨霞. 加大乡镇建设投入力度　助推乡村振兴 [J]. 中国集体经济，2022（12）：1-3.

[2] 高举中国特色社会主义伟大旗帜　为全面建设社会主义现代化国家而团结奋斗 [N]. 人民日报，2022-10-17（002）.

[3] 闵文洁. 乡村居民健康观念和健康意识的现状探析与对策思考 [J]. 黑河学刊，2021（6）：120-128.

[4] 孙玺艳. 医疗急救知识的科普和宣传 [J]. 家庭生活指南，2021，37（6）：193-194.

[5] 赵静. 提升农村基层医疗体系建设水平和脱贫群众自我保障能力 [J]. 农业发展与金融，2023（4）：56-58.

[6] 李俊田. 基层医疗机构人才队伍建设问题与对策 [J]. 办公室业务，2020（22）：176-177.

［7］邵阳市人民政府办公室印发《贯彻落实〈湖南省人民政府办公厅关于促进基层卫生健康事业高质量发展的意见〉工作方案》［EB/OL］．（2022 - 06 - 27）［2023 - 08 - 01］. https：//www. shaoyang. gov. cn/shaoyang/szfbwj/202207/e2f9978227e84c57838b38daef623b 88. shtml.

［8］平先秉. 湖南省基层卫生技术人才规模与结构及其优化策略［J］. 中国农村卫生, 2023, 15 （4）：43 - 46.

党建引路"菖"文化"蒲"新风

——以湘西州凤凰县廖家桥镇菖蒲塘村为例

课题组成员：宾骏豪，汪施影，张亚辉，姚莎莎，

黄尹莹，易　雨，向博慧

指导老师：陈　佳

摘要： 实施乡村振兴战略，是党的十九大作出的重大决策部署。文化振兴作为乡村振兴战略中的重要组成部分，是乡村振兴战略的重要支撑。党的二十大报告明确提出"坚持大抓基层的鲜明导向，抓党建促乡村振兴"的最新要求，为乡村文化建设发展指明了方向。通过对菖蒲塘村乡村文化建设的调查分析发现，菖蒲塘村坚持以党建为引领，打造出了乡村振兴战略下的"菖蒲品牌"志愿队伍，并与具体政策措施牢牢结合，做到常态化、循环化。通过对菖蒲塘村乡村治理模式新路径的探讨研究，总结凝练出乡村振兴战略下菖蒲塘村乡村文化建设取得创新性成果的内涵，助力推广可复制的、易落地的、高灵活度的乡村文化建设措施，助力基层党建工作创新性变革，助力乡村振兴的进一步发展。

关键词： 党建引领；乡村振兴；文化建设

《中共中央、国务院关于做好 2023 年全面推进乡村振兴重点工作的意见》中提到："我国发展进入战略机遇和风险挑战并存、不确定难预料因素增多的时期，守好'三农'基本盘至关重要、不容有失。"党中央对"三农"问题重要性的认识日渐深入，把乡村振兴战略作为全党工作的重中之重，并把能否做好乡村振兴工作作为对农村基层党组织的考验，要求以党建引领基层治理，努力实现乡村党建基层治理工作和乡村现代化建设的双赢，为乡村振兴工作注入新的活力。

菖蒲塘村是一个以土家族为主的少数民族聚居村落，位于湖南省湘西州凤凰县，曾经是一个贫困村。2013 年 11 月 3 日，习近平总书记来到菖蒲塘

村考察调研，为菖蒲塘村的脱贫攻坚指明了方向、提振了信心。十年来，菖蒲塘村牢记习近平总书记的嘱托，以党建为引领，以基层党组织带头、结对互助、示范带动等为抓手，凝人心聚合力，推动菖蒲塘村在全国乡村振兴中走在前列。

调研团队通过对菖蒲塘村基层治理模式现状进行调查，探究党建引领下菖蒲塘村乡村文化建设取得成果的内涵，研究总结基层党建创新范式，助力推广乡村文化建设典范，助力基层党建工作创新性变革，助力乡村振兴的进一步发展。

一、研究设计与实施

（一）研究方法

1. 文献研究法

调研小组成员通过阅读有关党建引领乡村文化振兴的各种学术期刊及相关文献，对其中的数据和理论进行二次分析。

2. 问卷调查法

经过团队成员与指导老师的共同商讨，拟定将调查问卷的调查对象分为党员和群众，分别设置问题并在湘西州凤凰县菖蒲塘村发放。

（二）数据分析

1. 党员

本次问卷调查的党员对象共计 61 位，收回有效问卷 61 份，有效率100%。从年龄分布情况看，20～30 岁 14 人，31～40 岁 18 人，41～50 岁 17人，51～60 岁 7 人，61～70 岁 5 人。从民族分布情况看，苗族 19 人，土家族 31 人，汉族 11 人。从性别分布情况看，男生 35 人，女生 26 人。从学历分布情况看，硕士 3 人，本科 14 人，专科 12 人，高中 7 人，初中 21 人，小学 4 人。从党员身份上看，普通党员为 49 人，干部党员为 12 人。

2. 群众

本次问卷调查的群众对象共计 70 位，收回有效问卷 70 份，有效率100%。从年龄分布情况看，16～30 岁 30 人，31～40 岁 19 人，41～60 岁 17人，61～80 岁 4 人。从民族分布情况看，苗族 18 人，土家族 32 人，汉族 20人。从性别分布情况看，男生 32 人，女生 38 人。从学历分布情况看，硕士 4人，本科 18 人，专科 2 人，高中 16 人，初中 15 人，小学 15 人。从家庭年收入情况看，2 万元至 5 万元 20 人，5 万元至 10 万元 29 人，10 万元至 15 万元 4 人，15 万元以上 17 人。

二、党建引领乡村文化振兴

（一）乡村文化振兴的重要性

文化是一个国家和民族的灵魂，是人们的精神家园。从乡村振兴的视角来说，"弘扬社会主义核心价值观，保护和传承农村优秀传统文化，加强农村公共文化建设，开展移风易俗，改善农民精神风貌，提高乡村社会文明程度"是乡风文明得以实现的重要实践基础，更是乡村振兴战略中其他振兴战略实现、延续的精神支柱。

实施乡村振兴战略是我国现代化发展战略布局上的一次重要战略调整。习近平总书记强调乡村振兴是全面协同的振兴，包含乡村产业振兴、人才振兴、文化振兴、生态振兴、组织振兴。要推动农业全面升级、农村全面进步、农民全面发展，乡村建设既要追求经济可持续发展，实现农村产业的进一步振兴，也要充分重视发展乡土文化，实现乡风文明的进一步发展。

乡村建设始终要紧跟党和国家方针政策、牢牢把握新时代背景下的机遇，才能发挥好乡村文化对乡村振兴的推动作用、党建对乡村文化建设的引领作用。文化作为乡村振兴战略中的重要组成部分，它的充分发展不仅有利于促进产业、生态等方面的振兴，还能够大力推进乡村振兴战略的整体进度。

（二）党建在乡村文化振兴中的作用

中共中央办公厅、国务院办公厅印发《关于加强和改进乡村治理的指导意见》，提出"坚持和加强党对乡村治理的集中统一领导，坚持把夯实基层基础作为固本之策，坚持把治理体系和治理能力建设作为主攻方向"，党建引领已然成为新时代中国乡村振兴战略中不可缺少的重大战略决策。

《中华人民共和国国民经济和社会发展第十四个五年规划和 2035 年远景目标纲要》中提出："把乡村建设摆在社会主义现代化的重要位置，优化生产生活生态空间，持续改善村容村貌和人居环境，建设美丽宜居乡村。"乡村治理是新时代实现乡村振兴，促进中国特色社会主义现代化的重要方法，同时也是在新时代实现共同富裕、促进国家政权建设的新视角。改革开放以来，虽然国家经济得到了迅速发展，农民生活质量得到了极大改善，但是仍然无法避免农村与城市之间区域发展不平衡不充分问题的存在。

近年来，农民群众物质生活水平得到显著提高。与此同时，农民群众的精神文化需求也在逐步上升，但乡村文化建设却没有跟上乡村整体发展的步伐，乡村文化建设的短板仍然存在。习近平总书记强调："乡村振兴，既要塑形，也要铸魂。"乡村文化建设关乎乡村振兴"铸魂"要义，而党建引领是乡村文化建设的政治保障。以党建引领乡村文化建设，引领新时代乡村振兴，既是促进乡村基层"文化振兴"从而推动乡村振兴的内在要求，也是大力缩短城乡发展差距，调和不平衡不充分发展的重要手段。

党的二十大报告明确提出"坚持大抓基层的鲜明导向，抓党建促乡村振兴"的最新要求，为乡村文化建设发展指明了方向。基层党组织是党联系广大群众的桥梁和纽带，是推进党在乡村各项事业发展的关键引擎。推进新时代乡村文化建设，最根本的一条就是，充分发挥党对乡村基层治理的全面领导，和农村基层党组织在引领乡村文化振兴中的战斗堡垒作用。

实施党建引领乡村文化建设有利于提高农民生活质量、美化乡村环境、实现乡村内部思想交互，形成紧跟党，手牵手的新时代中国特色乡风，促进乡村发展从追求量到追求质的提升，真正实现党建引领乡村文化建设的可持续发展。

三、党建引领菖蒲塘村乡村治理模式新路径

（一）党建引领下夯实基层治理政治基础

没有强有力的党建引领，基层治理建设便缺少了动力。为了让全村党员真正成为社会治理、经济建设的核心力量，菖蒲塘村构建完善 1+4+4+4 的党组织层级，全村在村党委的领导下，通过 16 个党支部或党小组，将党的领导覆盖全村自治组织、经济组织、群团组织、社会组织、监督组织等方方面面，让党的福音响彻田间地头、传播街坊村里。

近几年，菖蒲塘村党委以科技兴业为考场，把政治坚定、勤劳致富、乐于奉献的优秀乡土人才发展为党员，不断为基层阵地建设输入新鲜血液。如今，村党委新班子里多数是致富能人、技术能手，近一半是大学生。全村呈现出党群关系融洽、民主法制健全、管理创新有效的生动局面。

（二）党建引领下创新发展乡风文明建设

菖蒲塘村遵循"解放思想，敢为人先，依靠科技，耕读传家"的精神。在建设新时代文明实践站的过程中，菖蒲塘村以优良家风家训为依托，以身

边人身边事为榜样，让新时代文明实践之风浸润万家。

为满足人民群众的文化需求、丰富文化形式，从而提高广大群众的幸福感和获得感，菖蒲塘村在党建引领下组建了 11 支志愿服务队，先后开展政策宣讲、技术培训、法律咨询等各类志愿服务活动 480 场次。村里还建起了村史馆、农家书屋、乡村影院等"文化阵地"，篮球赛、广场舞、乡村春晚、送戏下乡等一系列文体活动轮番举办。这些人们喜闻乐见的形式，为菖蒲塘村营造了浓厚的文化氛围，也为乡村文化振兴注入了更多活力、延展了活动平台、拓宽了供给渠道、扩充了供给内容，让群众精神文化生活更加多姿多彩。

（三）党建引领下民族团结意识深入人心

菖蒲塘村是一个土家族、苗族、汉族等多民族聚居村，近年来，在党建引领下菖蒲塘村以铸牢中华民族共同体意识为主线，坚持民创聚力、科技创新、市场拓展，推动产业立体式、多元化、全链条、高融合发展。菖蒲塘村党委组织全村的党员干部及群众代表集中收看中央民族工作会议电视新闻，学习贯彻习近平总书记在会议上的重要讲话，并把学习所得落实到参与脱贫攻坚与乡村振兴等各项工作当中去，谱写土家族、苗族、汉族等多民族共同奋斗、共同繁荣发展的壮丽画卷。菖蒲塘村组织党员干部在党校上党课，定期召开民族团结进步创建工作会议，广泛宣传党的民族政策和相关政策法规，提高党员的民族团结进步理论素养，不断营造"中华民族一家亲，同心共筑中国梦"良好氛围，铸牢中华民族共同体意识。

四、党建引领菖蒲塘村文化传承保护与发展

（一）党建引领下菖蒲塘村文化建设的现状

1. 民族文化

菖蒲塘村辖 15 个自然寨 710 户 3000 余人，其中土家族占 70%、汉族占 19%、苗族占 11%，是典型的多民族嵌入式聚居村，文化呈现出绚烂多彩、丰富多样的特点。菖蒲塘村苗族银饰手工艺的保护与传承、苗服苗歌的与时俱进、土家族特色民俗的继承与发扬等，皆在展示着菖蒲塘村对少数民族文化保护的行动力。

2. 红色文化

红色文化对于菖蒲塘村而言，是发展的不竭动力，重走习近平总书记考

察之路、学习乡村振兴精神等，都是菖蒲塘村不可缺少的关键点。菖蒲塘村打造了一条"红色足迹"，发展了一条融红色精神、绿色果园、多彩农村为一体的特色道路，为菖蒲塘村红色文化添一抹亮色。

3. 绿色文化

在党建引领下，菖蒲塘村积极发挥基层党组织的战斗堡垒作用和党员的先锋模范作用，按照"农旅一体化，建设水果产业大庄园、美丽文明大花园、和谐幸福大家园"的思路，以惠农政策促绿色发展，同生态保护守绿水青山，建设美丽宜居宜旅新家园。

（二）党建引领下文化的传承与保护

十年来，菖蒲塘村牢记习近平总书记的嘱托，以铸牢中华民族共同体意识为主线，高举党建引领大旗，一手抓产业发展，一手抓民族团结进步创建工作，探索出了一条多民族团结奋斗、共同繁荣发展的脱贫致富特色路。

1. 加强宣传力度与政策执行

菖蒲塘村努力形成"村党委为领导核心，支部跟着党委走，小组跟着支部走"的工作格局，加强党的理论学习并利用宣讲方式，坚持党建领导，夯实民族团结的基础。对于优秀传统文化的宣讲，菖蒲塘村通过不同媒介进行传播，如电子设备和日常活动，与此同时，在对土家族和苗族的文化宣传上也下了大功夫：利用旧屋改造修建民族文化特色房屋，让更多人深入了解少数民族的文化内涵。并且在每年的民族宣讲日，党组织都会精心筹备规划，为村民们带来丰富的关于民族团结的宣讲。

2. 促进民族文化交流

在民族文化交流方面，由于少数民族之间存在着文化差异，菖蒲塘村在党建引领下利用民族与民族之间互利共赢的理念，通过村落占比人数最多的土家族来带动苗族，推广国家通用语言文字，宣传民族政策，让群众在产业开发、生产生活、文化活动等交往交流中增进共同性，少数民族互相尊重和包容，推动全村村民不断增强民族团结意识，促进民族文化交流。调研数据反映，菖蒲塘村村民与其他民族的人进行交往"不困难"占比为81.43%。由此可得，菖蒲塘村民族文化之间的交流成效显著。

（三）党建引领下文化的传播与发展

红色资源是我们党艰辛而辉煌奋斗历程的见证，是最宝贵的精神财富，一定要用心用情用力保护好、管理好、运用好。菖蒲塘村牢记习近平总书记的殷切嘱托，在做大做优水果产业基础上，围绕文旅融合想出路，打造菖蒲塘村红色农家院。在此基础上，村集体在红色农家院积极开发腊肉产业，专门收购村民饲养的土猪，熏制腊肉，通过线下线上销售到全国各地。仅 2023 年年前第一炕，销售腊肉就达 2000 余斤，给村集体经济增收近 15 万元。此外，菖蒲塘村依靠绿色景观文化，发展出了一条因地制宜的旅游之路，游客们可以花费比市场更低的价格收获最新鲜的果实，还能体验采摘的乐趣。与此同时，在菖蒲塘村的文旅一体化发展中，飞水谷景区开发和提质扩容成效显著。2021 年，飞水谷景区接待游客 30 万人，实现农副产品销售收入 200 多万元。

生活环境的改善、生活质量的提高、收入的增长等，都表明菖蒲塘村在党建引领下振兴有道，民众真正依靠"瓜果飘香"过上了"流糖淌蜜"的好日子。

五、菖蒲塘村党建引领下乡村文化振兴总体性成就

十年来，菖蒲塘村牢记习近平总书记嘱托，坚持党建引领、科技指路、市场铺路。菖蒲塘村在党建引领之下文化建设成就显著，不断改善村民群众的思想内涵、精神文明程度和农村精神风貌，为菖蒲塘村产业发展、社会治理、精准脱贫工作，以及乡村振兴建设注入了强大的精神动力。

（一）坚持党建引领，夯实民族团结

习近平总书记强调："中国共产党的领导是民族工作成功的根本保证，也是各民族大团结的根本保证。"唯有不断强化党建引领，各族同胞才会坚定共产主义信仰，朝着共同的追求方向和目标奋斗。

菖蒲塘村在全村范围内开展"民族团结知识进万家"宣讲活动，让民族团结知识进入每家每户，深入人心。举办农民丰收节、篮球赛、文艺表演等文体活动，加强各民族间交往交流交融，增进感情，凝聚民心，增进五十六个民族一家亲感情，生动展示了菖蒲塘人团结和谐、昂扬向上的精神风貌。此外，学校以唱响中华民族声音、传播中华民族技艺、融合中华民族文化"三个活动"为抓手，深化民族文化融合。办好双语教学课堂，让各民族学生共享中华民族优秀文化成果；将党建文化、校园文化和民族文化有机结合。不论是什么民族，学生们在学校都以身为中华儿女为荣，都是相亲相爱的一家人。

（二）坚持党建引领，文旅协同发展

在党建引领下，菖蒲塘村推动"两大文旅"产业——绿色景观文化、红色文化交织发展。绿色景观文化的发展，体现在对菖蒲塘村环境的美化与改造上。当地对菖蒲塘村进行了厕所革命、道路美化、乱象整治等行动，培养卫生习惯，倡导文明风尚，改善农村人居环境，对生产生活方式、村庄面貌和村民风貌皆带来巨大变化；积极开展相关行动，对各家私厕、村内公厕进行了全面摸盘，在确保卫生厕所群众接受、经济适用、维护方便的基础上进行改革，让群众打消顾虑，积极配合，实现现代化厕所建设全覆盖，朝新农村建设努力奋进。村里也根据党的方针，将红色基因与美丽乡村建设相结合，通过红色元素和农旅资源将苗寨闲置资源盘活，利用好闲置石屋，将其改造为红色农家院，将当地苗族文化、红色文化充分结合，在解决危房问题、盘活闲置资产变"活钱"的同时，既弘扬了红色文化与民族文化，也一定程度地带动了当地经济的发展，更深刻地表达了菖蒲塘村永远感恩党、听党话、跟党走的决心。

（三）坚持党建引领，续写乡风文明

菖蒲塘村始终坚持党建引领，牢牢把握党的方针政策，在乡村文化建设方面，大力推进新时代文明实践，培育践行社会主义核心价值观，丰富活跃群众文化生活，持续推进移风易俗，培育壮大党员志愿服务队、金喇叭志愿服务队、金剪刀志愿服务队等11支志愿服务队伍，让新时代文明实践工作在菖蒲塘落地生根、开花结果。此外，菖蒲塘村深入开展"身边好人""十佳致富能手""好婆婆、好儿媳"等评选表彰活动，选出一批优秀典型家庭和个人，通过一人激发一片，通过典型激发一村，让乡风文明之花开遍菖蒲塘村各个角落。与此同时，菖蒲塘村党委深入实施"四爱五讲"新型农民培育工程，深入挖掘区域地方文化、民间故事、村寨感人小故事，打造一路一风俗、一巷一故事、一户一家风。讲好村里文化，彰显时代精神，让良好村风民俗成为菖蒲塘村最深层、最美丽、最感人的人文景观。

六、菖蒲塘村党建引领下存在的问题及建议性措施

（一）菖蒲塘村党建引领乡村文化振兴下存在的问题

1. 人才流失方面

菖蒲塘村缺乏有力的技术人才和劳动力，目前村内大多数是妇女和老人，

青壮年为了养家糊口选择外出务工，调研小组通过调查得出其人才流失的原因。经济上，乡村基础设施不完善，缺乏就业岗位，大量的人力财力全都投在城镇化建设上，使得农村出现劳动力不足的现象。文化上，随着城镇化建设的不断推进，当地村民出现大幅度流动，大多数村民从农民变成城镇市民，思想观念也从原来的传统观念变得新颖。宣传上，对于基层少数民族群众来说，政策宣讲似乎并没有完全落实到每家每户，因此菖蒲塘村还需开拓多样且有效的政策宣传和传播途径。

2. 乡村文化振兴缺乏创新意识

乡村文化致力于乡土社会，菖蒲塘村凭借其纯朴的乡风民俗发展旅游业初见成效。但调研小组在调查中发现，当地的旅游业产品单一，同质化严重，除了观赏风景，在农家院享受休闲时光外，无其他具有参与感的项目。此外，因当地是民族聚居地，有些村民在与游客交流过程中会出现沟通障碍或与游客发生矛盾。以上是菖蒲塘村在发展旅游业时亟需解决的难题。

（二）菖蒲塘村党建引领乡村文化振兴发展举措

1. 吸引人才回流

人才回流是根本，增加劳动力是保障。首先，增加乡村的就业岗位，完善当地的福利机制，适当提高工资报酬，为在外务工人员搭建一个良好工作平台。其次，村里可引进技术性人才。据调查，当地村民很注重子女的教育，因此村里可以通过招聘户籍地合同制或事业编的方式，将村里的大学生招揽回来为家乡的文化振兴出力。再者，提高村民的法律意识，了解当下的市场情况等。最后，村部应积极参与其他村的相关培训，总结经验，汲取教训并加强宣传力度，使得村民在行为意识上得到熏陶和感染。

2. 提高村民文化素质

提高村民素质是乡村文化振兴的关键所在，村民的整体文化素质将会影响到乡村文化振兴的推进。因此，菖蒲塘村对于村民文化素养的培养应在平时的宣传和正规的培训实践中体现出来。菖蒲塘村作为民族聚居地，村党委加大对文化资源和文化知识的宣传力度是极为必要的。调研小组认为，菖蒲塘村可以利用院坝会等方式向当地村民宣传文化知识、普及国家政策、传播社会正能量。

参考文献

［1］习近平 . 高举中国特色社会主义伟大旗帜为全面建设社会主义现代化国家而团结奋斗
——在中国共产党第二十次全国代表大会上的报告（2022 年 10 月 16 日）［M］. 北
京：人民出版社，2022.

［2］中华人民共和国国民经济和社会发展第十四个五年规划和 2035 年远景目标纲要
［N］. 人民日报，2021 - 03 - 13（001）.

［3］顾海燕 . 乡村文化振兴的内生动力与外在激活力——日常生活方式的文化治理视角
［J］. 云南民族大学学报（哲学社会科学版），2020，37（1）：52 - 57.

［4］朱月 . 乡村振兴背景下凤凰县菖蒲塘村文化振兴路径研究［J］. 农村实用技术，
2023（3）：30 - 32.

小庭院，大作为：
党建引领美丽庭院建设的研究
——基于对湖南省邵阳市塘渡口镇蔡山团村的调查

课题组成员：韩琢玮，周昆慧，马毓敏，罗　娇，
　　　　　　罗国平，葛梓倩，娄曼淇
指导老师：邓　验

摘要： 乡村建设是实施乡村振兴战略的重要任务，也是国家现代化建设的重要内容，要把乡村建设摆在社会主义现代化建设的重要位置。在乡村振兴的战略背景下，湖南省邵阳市邵阳县塘渡口镇蔡山团村迅速发展，依托其独特的政策、环境、人文等优势，创造性开展"美丽庭院"建设工作。"美丽庭院"的建设进一步推动了当地的乡村环境美化、生活理念革新、乡风民俗文明、美丽产业培育等一系列乡村振兴工作，并取得了显著成效。然而，就目前来看，该地的"美丽庭院"建设工作距离其建成"景观优美、文化丰富、家庭和谐"庭院的既定目标仍存在一定差距。因此，本调研团队在对蔡山团村进行实地考察的基础上，将机理分析与实证研究相结合，以该地的美丽庭院建设为研究对象，重点探究党建引领美丽庭院建设的实施路径，以期在建设美丽乡村的道路上更好地发挥党建引领的示范作用，从而以乡村生态振兴赋能乡村全面振兴。

关键词： 乡村振兴；美丽庭院；党建引领；村居改造

一、引言

（一）调研背景

党的二十大报告提出要"全面推进乡村振兴"，以中国式现代化全面推进中华民族伟大复兴。在新时代全面推进乡村振兴的视域下，党建引领"美

丽庭院"建设是贯彻落实党的二十大精神、扎实稳妥推进美丽乡村建设的行动手段，也是充分调动广大农民群众参与乡村建设积极性、主动性、创造性的有效措施，对于完善农民参与农村建设机制、激发农民参与意愿、广泛依靠农民、教育引导农民、组织带动农民共建共治共享美好家园等方面具有重要作用。

（二）调研目的

美丽乡村建设是实施乡村振兴战略的重要任务，也是国家现代化建设的重要内容。经过近年来的快速发展，蔡山团村已摘掉贫困的帽子，着力建设美丽庭院，构筑美丽乡村。本调研团队旨在通过实地调研及访谈交流，深入了解该村美丽庭院的发展模式，并针对制约该地美丽庭院建设的困境，以党建引领为切入点提出针对性举措，以促进该村美丽庭院的长效发展，并为其他地区提供可借鉴的发展经验。

（三）调研方法

1. 文献分析法

本调研团队通过对美丽庭院建设、乡村振兴相关资料进行收集和整理，旨在对各地美丽庭院建设的理论成果和实践案例进行深入的剖析，为调研思路提供参考和借鉴。

2. 问卷调查法

本调研团队采取实地发放问卷的方法，将问卷调查与访谈调查相结合，从而对蔡山团村美丽庭院建设中的具体情况进行深度了解，以便针对现实情况有效提出建设性建议。

3. 个案访谈法

本调研团队多次实地走访邵阳县塘渡口镇镇政府与蔡山团村，与当地干部及村民等开展访谈交流，最终整理形成54份个案访谈记录。团队结合实地考察状况，多角度客观地对数据和资料进行统计和分析，为后期调研报告的撰写提供了扎实有效的支撑。

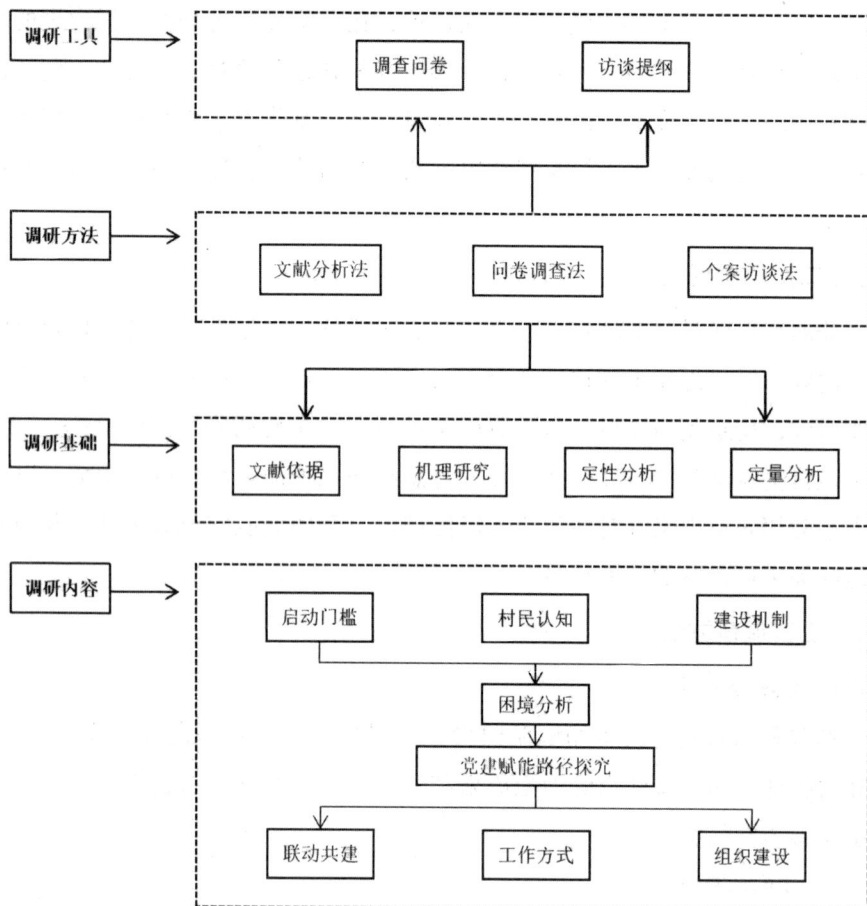

图 1   调研思路图

二、脚踏实地：蔡山团村美丽庭院建设的情况分析

（一）蔡山团村简介

湖南省邵阳市邵阳县塘渡口镇蔡山团村地处郝水河西岸，位于天子湖国家湿地公园中心地带，由原蔡山、双河、朝阳三村合并而成，辖区面积 8.2 平方公里，其中耕地 2700 亩（水田 1100 亩，旱土 1600 亩），山林 4100 亩。蔡山团村下辖 9 个自然院落、32 个村民小组，982 户 4071 人，党员 96 人。全村共有建档立卡贫困户 86 户 348 人，于 2020 年实现所有贫困户全部脱贫。近年来，蔡山团村先后被评为"全省美丽乡村示范村""全市先进基层党组织""全市社会治理创新示范村""全市人居环境卫生示范村""全市脱贫攻

坚示范村"。

（二）蔡山团村美丽庭院的建设条件

1. 地理区位条件，集聚发展动能

资江河畔的蔡山团村上有天子湖，中有练武基地、荷花基地、休闲鱼塘、旅游漫步道，下有侯王寨休闲度假中心，后有精品水果示范园和油茶基地，距县城中心约 5 公里，距二广高速邵阳县出口约 15 分钟车程。该村汇集着优质自然资源，地理位置优越，为统筹规划建设因地制宜、合理布局、功能完善、管理高效的优质美丽庭院提供了坚实的客观基础。

2. 经济产业条件，提供充足动力

蔡山团村围绕"三农"工作底线思维，2023 年共种植双季稻 260 余亩，退林还耕 43 亩。其升级改造完成 50 亩休闲鱼塘，预计增加村集体经济 5 万元；培育精品水果和油茶基地预计将增加集体经济收益 2 万余元；充分挖掘特色农产品深加工，与钦点公司合作开发"情糖坊"，预计年底增加集体经济 10 万余元。这些举措为该村美丽庭院的后期建设打下了较为坚实的经济基础。

3. 政治政策条件，激发各层动机

蔡山团村积极响应邵阳县政府制定的"以奖代投"激励政策，即由各村自主提交材料到县相关单位，经相关单位审查合格后进行村、镇、县三级奖补。在奖补标准方面，县级美丽庭院奖补为 90 万，镇级美丽庭院为 50 万，村级美丽庭院为 30 万。

4. 血缘文化条件，基层广泛动员

蔡山团村以"张"为大姓，具有大家庭带动小家庭开展各项建设的优良历史传统。分析问卷数据可得，64.3% 的被调查者为张姓，14.3% 的被调查者为唐姓，杨姓和孙姓分别占 9.5% 和 7.1%，仅有 4.8% 被调查者为其他姓氏。所以蔡山团村建设美丽庭院具有独特的血缘文化优势。一是在这个同姓居多的家族式联合体中，村民具有更强的凝聚力，二是在这个大村庄中，家族权威和个人权威相互联结，因此，当村内具有权威的领导者提出建设"美丽庭院"时，能够得到较多村民的支持，美丽庭院建设可获得广泛的群众基础。

（三）党建引领美丽庭院建设的优势

1. 广泛宣传动员，营造创建氛围

为建设"美丽庭院"，蔡山团村通过网格化管理模式，精准匹配党员和

帮扶对象，由党员为村民们普及相关知识，解读相关政策，宣讲关于"美丽庭院"的政策及项目信息，同时收集村民们的意见和建议，并统一反映至村委会，以保证村民们的意见得以传达、回应和解决。此外，蔡山团村依托志愿服务、自发性微组织等载体，营造农村人居环境整治提升工作的浓厚氛围，以及"人人参与、家家受益"的"美丽庭院"创建氛围。

2. 加强组织沟通，层层落实责任

目前，蔡山团村共有党员 96 名，分为 2 个党支部。该村党支部已形成较为健全的"党建＋微网格化"治理方式，由支部书记牵头，将村庄划分为片，再将片划分为户，层层落实，从而保证村支部与群众之间上传下达的实效性。在建设"美丽庭院"的过程中，该村党支部共召开 50 余次党员大会，针对村民反映的问题进行讨论，组织村民广泛参与。用有效沟通与明确责任等方式尽可能消除村民顾虑，充分保障群众合理利益。

3. 坚持示范引领，注重奖补维护

蔡山团村党员带头无偿献地，主动将自家房屋作为第一批示范房屋，为当地村民树立榜样。老党员、乡贤和村领导的带动作用，有效激发了村民积极参与的热情。同时，为激发村民的自觉性，党支部划定评比标准，实施奖补制度，用以监督村民自家美丽庭院的维护情况。蔡山团村设法通过党员的示范引领，带动村民建设生态宜居、兴业富民、文明和谐的美好乡村。

（四）蔡山团村美丽庭院建设的现状

1. 特色产业建设，多彩基地培养

自美丽乡村建设协会成立以来，村支部组织村民开展蔡山百亩荷花基地建设，同时启动了村级花坊建设项目；通过土地流转，成立"邵阳县务实种养专业合作社"，建设 220 亩油茶基地和 350 亩种有沃柑、黄金贡柚、冰糖柚等的精品水果基地。

2. 村居环境建设，人居环境改善

蔡山团村从 2021 年 10 月开始对渣滩湾、神鸡头两处的房前屋后、道路两侧杂草杂物进行集中清理；强力开展厕所革命、空心房整治工作，先后拆除空心房 84 座、旱厕 182 座、废弃猪牛栏 100 余座，彻底实现了旱厕、空心房清零，使村内的人居环境得到了极大改善。

3. 基础设施建设，发展条件优化

近年来该村共硬化村道 8 公里、机耕道 7.6 公里，流转和翻耕荒山 520

余亩，兴建村练武场、侯王亭和近 2000 米的旅游漫步道；村内主道两侧开展植绿美化，创建文化墙 10 余处，修建文化广场，总投入 400 余万元。2022 年 7 月，该村建设完成神鸡头、渣滩湾美丽庭院示范点，充分融入本土气息、地域文化元素符号，绘就一幅精致精美的乡村新画卷。

三、正心明道：蔡山团村美丽庭院建设的困境分析

（一）项目启动门槛高，振兴基础夯实难

1. 集体经济初建成，建设资金难保障

美丽庭院项目需要进行大量的工程建设，例如：拆除旱厕与空心房、搬运建筑垃圾、道路规划与建设、改造农村自建房等，建设耗资巨大；而在基本建设完成之后，庭院仍需开展常规的维护工作。因此，美丽庭院的建设需要依靠具体产业。然而，本调研团队经考察发现，蔡山团村的产业种类较少，仅茶油产业的发展较为凸出，集体经济规模较小，年均盈利为 50 万元左右。部分"美丽庭院"项目的建设资金难以保障，只能暂时搁置。

2. 人力支持存缺口，主体作用难发挥

目前，蔡山团村美丽庭院建设的人力支持存在一定缺口。一是缺少青壮年，村内大量青壮年劳动力流向周边城市，老龄化严重，严重缺乏劳动力。例如，在蔡山团村村委会，40 岁以下的工作人员仅占 15.6%。

二是缺少专业人才，该村在美丽庭院建设的过程中缺少专业的规划人才、建筑人才和设计人才，且蔡山团村村民的文化程度普遍不高，这也制约着该村美丽庭院建设的推进和落实。

3. 基础建设不配套，文旅产业难见效

蔡山团村原计划依托天子湖国家湿地公园发展文旅产业，为美丽庭院的后期建设提供产业支撑。经调研得知，除重大活动或节假日外，该地平时的客流量较少。其原因有三：一是目前天子湖景区的娱乐设施不丰富，自身吸引力有待提高。二是景区的影响力较小，宣传工作有待加强。三是当地基础设施仍不完善，交通方式种类少，目前仅有一条公共交通线路。村民的交通满意程度调查数据显示，"完全满意"和"比较满意"的比例分别为 7.1% 和 26.2%，说明有 33.3% 的被调查者的满意程度较高；"不太满意"的比例为 11.9%，"一般"的比例为 54.8%，由此可见，村民对当地的交通建设有较高的期望。

（二）村民认知存偏差，聚拢人心组织难

1. 美丽庭院初相见，村民理解较片面

与村民访谈得知，村民对美丽庭院及其建设标准的认识不够深入。在认知层面，部分村民并未认识到"美丽庭院"具有生活美、乡风美、服务美等更深层内涵。在范围层面，距离美丽庭院示范地较远的村民甚至不清楚项目的建设状况。在结构层面，党员及村干部对美丽庭院建设的认识比普通村民的认知更全面、科学。当地村民对美丽庭院建设的认识亟待提高。

2. 村民主体意识弱，抵触情绪阻建设

乡村是村民的乡村，庭院是村民的庭院。一方面，村民是乡村建设的主体，是美丽庭院建设过程中最主要的建设者；另一方面，村民也是美丽乡村建设过程中最大的利益攸关者。然而，调研团队发现，部分村民并不注重庭院环境的维护，且缺少垃圾分类、污水处理的意识。当地村民的建设参与度较低、责任意识淡薄等原因，非主动性地阻碍着美丽庭院建设进程。

3. 村民紧守眼前利，长效机制难落实

部分村民虽能理解美丽庭院建设的政策和具体实施标准，但当美丽庭院项目建设过程中出现触及自身利益的状况时，大多数村民依旧存在较大的抵触心理。例如，在蔡山团村建设半岛景区过程中，需要拆除某村民的自建房，该村民在初期存在抵触心理和抗拒行为，经过村支两委长时间的协调处理，工程得以继续。村民紧抓眼前利益，不肯放手探索，既影响了美丽庭院的长效发展机制，也阻碍着村庄的长远发展计划。

（三）建设机制不健全，发展成果维护难

1. 用地规划欠研商，建设标准不明确

建设用地方面，蔡山团村缺乏广场和停车场等基础设施用地，观光道路与村内道路较窄；居住用地方面，在建设过程中被占用房屋的部分村民目前无法获得新的房屋建筑用地，部分村民住房或成问题；空地、荒地方面，部分危房、旧房拆除后，土地长期处于闲置状态。蔡山团村的用地缺乏长期的发展规划，且与村民的沟通不到位，延缓后续工作进度。

2. 微组织管理松散，党建协同需提效

蔡山团村内的老年协会、妇女联合协会（姑娘会）等微组织历史悠久并传承至今，为协助开展美丽庭院建设做出了一定贡献。但近两年来，该村微组织作用发挥弱化，组织比较松散，成员分工模糊，且部分人员的专业素质

较低，缺乏组织协调经验，不善于处理村民之间的纠纷，存在召开会议和举办活动的成效弱化等问题。

3. 修缮制度不规范，后期维护监管难

在政策制定方面，蔡山团村在制定建设政策时，并未充分考虑后期修缮的规划，也未相应制定完善的监督办法来评判房屋是否需要修缮。在实际操作方面，前期建设美丽庭院试点时缺少明确的标准，导致前期建设不统一。例如，部分房屋为瓷砖装饰，部分房屋外饰仅作粉刷，导致后期统一修缮的工作难度较大。

四、行稳致远：党建优化美丽庭院建设的路径分析

（一）拓宽发展思路，多方联动共建

1. 强化产业支撑，集聚优势资源

蔡山团村可依托特色茶油产业发展第一、二产业，并借助天子湖景区发展旅游业，开发特色传统民俗项目，由党员干部带领牵头整合各类资源，实现资源集聚。具体而言，一是持续跟进配套基础设施的完善工作，发展旅游业。二是发挥党员的先锋模范作用，培养一批懂技术、会管理并具有创新意识的新型农民，以提高乡村旅游产品质量及服务水平。三是加强乡村旅游产品的品牌建设和营销推广，延长并完善乡村旅游产业链。

2. 注重前瞻布局，力促招才引智

"实施乡村振兴战略，必须破解人才瓶颈制约。"乡村振兴战略是针对解决"三农"问题提出的，而解决"三农"问题的核心是"人"的问题。在美丽庭院建设中，需要建立青年劳动力开发机制，积极落实惠农政策，增加就业岗位，吸引并留住年轻劳动力。此外，蔡山团村也应充分发挥党建的引领作用，积极培育优秀党员和先进个人，留住基层专业人才。另外，蔡山团村应引进外部各类人才，摆脱后续建设动力不足的困境，推动美丽庭院建设的长效化发展。

（二）增强党建效能，创新工作方式

1. 注重宣传推广，绘制文旅好景

推动美丽庭院建设必须明确并宣传推广其建设标准。村支两委可通过开辟宣传专栏、编印宣传手册等方式细致介绍美丽庭院建设的"五美"标准，党员干部也可以入户为村民讲解相关政策与信息。各村可以按照美丽庭院的

建设标准，评选表彰一批示范户、示范区，树立典型样板。目前，蔡山团村已成功申报两个县级"美丽庭院"示范区——渣滩湾院落和神鸡头院落。后期，该村将继续打造美丽庭院精品区，使更多村民看有样板、学有榜样，以点促线、以线促面，扎实推进美丽庭院建设。

2. 活跃宗亲力量，引导家族治理

蔡山团村建设美丽庭院具有宗亲联结和血缘文化优势。村内同姓居多，村民具有更强的凝聚力，同时村民认同具有能力的"能人"来领导和建设村庄，家族权威和个人权威相互联结。充分利用此条件，党建效用赋能宗族力量，向内建设大宗族中的小家庭，向外辐射村庄内生性社会组织，搭建党建引领下的共商、共建、共治、共享村庄，充分发挥宗族和宗族能人力量在乡村建设和治理中的正向功能，以能人小众带动宗族大众，以宗族"小美"带动乡村"大美"。

3. 党员先锋示范，涵养廉政风尚

基层党组织要加强对党员的监督，党员自身也要砥砺党性、牢守初心、廉洁奉公。特别在涉及管理人、财、物的单位和岗位，要查找廉政风险点，坚决反对特权行为和特权现象。例如，为满足美丽庭院建设用地的需求，蔡山团村党员之家先行，带头出让自身土地和利益，用以建设广场、道路、停车场等基础设施。同时，该村党员自觉发挥先锋示范作用、发扬奉献精神，破除村民的"等靠要"思想，引领更多的村民主动投入美丽庭院建设。

（三）强化组织建设，凝聚干群合力

1. 科学谋划空间，规范用地管理

乡村生态要振兴，盘活土地是根本。村支两委应夯实规划的基础数据，强化规划的协调与配合。村支两委应深入推进农地改革，统筹开展村庄闲置地、空闲地、废弃地的用地整理，并将涵盖生活、生产、生态的空间进行整体性的科学谋划，有效破解美丽庭院建设用地的发展瓶颈问题。此外，各村应以党建为引领，严格规范用地管理。例如，在土地流转方面，各村应规范流转契约交易行为，降低土地流转的风险，增强土地流转的稳定性，保护村民权益。

2. 激活组织力量，打造共治联盟

党建引领乡村微组织建设是提升党建引领基层治理效能、推动农村基层组织服务群众精准化和精细化的有效举措。具体而言，第一，要明确蔡山团村微组织的定位。要以党建统领为主，微组织治理为辅，明确定位才能明晰方向。第二，蔡山团村应积极发挥党员的先锋模范作用，通过民主选举，让有威望的老党员或乡贤担任微组织的管理人员，参与组织内部事务，从而在最大程度上发挥微组织协调美丽庭院建设的作用。

3. 活用激励机制，巩固整治成效

各村可成立"美丽庭院"评选小组，将美丽庭院评比进行正面积分量化，对表现突出的村民定期进行表彰，让群众对卫生标准和环保要求具有直观了解和准确把握。同时，对于私搭乱建、乱倒垃圾、随意排放污水等不文明的行为，各村也要对责任主体进行负面积分量化，定期统计、公示，将责任落实到人。在鼓励和警示的共同作用下，增强村民的自觉意识、监督意识、互促意识，助力蔡山团村美丽庭院沿着正确方向持续发展。

五、进而有为：调研党建引领美丽庭院的总结与展望

"美丽庭院"与"美丽乡村""美丽中国"一脉相承，是实现乡村振兴的细胞工程，直接关系到农村人居环境的改善和村民幸福感的提升。美丽乡村建设在全国范围内已得到较为广泛的推进与落实，但是"美丽庭院"建设在美丽乡村建设进程中仍处于起步阶段。蔡山团村作为湖南省"美丽庭院"建设的先头部队，为省内其他乡村乃至其他省市的部分乡村地区发挥了"领头羊"的典型性作用，但由于"美丽庭院"具有项目周期长、建设难度大、牵涉事务繁杂、参与主体广泛等特点，并受到客观发展条件的制约，也面临着"摸着石头过河"的现实困境。因此，我们要以调研"美丽庭院"建设的实际状况为契机，充分发挥党建引领"美丽庭院"建设的积极作用，剖析发展过程中的现实困境和可行路径，以党建引领的创新性破解乡村生态建设的滞后性；以党建引领的合力性，改变村民力量的分散性。

当前，我国正加快推进中国式现代化发展，乡村全面振兴目标的实现任重而道远，而"美丽庭院"建设为我国推进美丽乡村建设打开了新思路，提供了新方法，开创了新局面。因此，我们必须深刻认识和把握"美丽庭院"建设促进乡村发展的作用机理，以及其机制和要求，积极探索推进乡村生态振兴的新道路，努力推动乡村的全面振兴，在中国式现代化进程中为社会主义现代化建设目标的实现助力。

参考文献

[1] 宗成峰. 中国共产党实施乡村振兴战略的逻辑理路 [J]. 社会科学家, 2023 (6): 7–13.

[2] 刘锋. 全域党建助推基层党建创新的路径探赜 [J]. 学校党建与思想教育, 2023 (7): 37–39.

[3] 陈万莎, 陈明明. 党建引领乡村治理体系现代化转型的实践路径——以烟台市党建示范区为例 [J]. 探索, 2023 (4): 100–114.

[4] 王海龙, 王轲玮. 伟大建党精神融入基层党建工作的现实路径 [J]. 学校党建与思想教育, 2023 (7): 34–36.

[5] 刘玉宏. 浅谈解决农村青年劳动力缺乏问题 [J]. 新西部, 2019 (24): 15–16.

[6] 高萍萍. 乡村振兴视域下乡村景观规划与生态设计研究 [J]. 环境工程, 2023, 41 (4): 262–263.

[7] 习近平. 高举中国特色社会主义伟大旗帜为全面建设社会主义现代化国家而团结奋斗 [N]. 人民日报, 2022–10–26 (001).

[8] 中共中央关于党的百年奋斗重大成就和历史经验的决议 [N]. 人民日报, 2021–11–17 (001).

第二部分　经济发展篇

"互助五兴"促发展，
菖蒲塘蝶变焕新颜

课题组成员：宾骏豪，汪施影，张亚辉，姚莎莎，
易　雨，向博慧
指导老师：陈　佳

摘要：为深入贯彻落实习近平新时代中国特色社会主义思想，提升农村基层党建工作，湖南省湘西州凤凰县菖蒲塘村将"党建引领、互助五兴"模式内嵌于乡村基层治理中，力求通过党建引领、党群互助以确保有能力的党员干部、入党积极分子、后备干部参与"互助五兴"村民小组，进一步推动产业兴旺、生态宜居、生活富裕、治理有效的乡村振兴总目标的实现。通过实地走访、文献分析、问卷调查等方式重点研究菖蒲塘村在实施"互助五兴"模式下所采取的创新型措施及获得的成就，提炼乡村振兴战略下的"菖蒲名片"。总结其实施过程中存在的问题并提出建议性措施，助力这张"菖蒲名片"成为全国可推广、可复制的新兴基层治理模式。

关键词：乡村振兴；互助五兴；菖蒲蝶变

2023 年是全面贯彻党的二十大精神的开局之年。党的二十大报告中明确提出："坚持大抓基层的鲜明导向，抓党建促乡村振兴……把基层党组织建设成为有效实现党的领导的坚强战斗堡垒。"新时代形势下，党的二十大报告从推进国家治理体系和治理能力现代化的高度，着眼健全制度，提升效能，对新时代基层社会治理提出了更高的要求。

湖南省湘西州凤凰县菖蒲塘村距凤凰县城 7 公里、铜仁凤凰机场 20 公里，全村共辖 15 个自然寨，23 个村民小组，710 户 3035 人，是一个以土家族为主的少数民族聚居村，也是廖家桥镇水果种植面积最大的行政村。2013年 11 月 3 日，习近平总书记到菖蒲塘村考察调研，提出了"依靠科技，开拓市场，做大做优水果产业，加快脱贫致富步伐"的嘱托，为菖蒲塘村的脱贫

攻坚和基层治理指明了方向、提振了信心。十年来，菖蒲塘村始终牢记习近平总书记的殷切嘱托，以"互助五兴"基层治理模式为抓手，走出了一条精准化、特色化、可持续化的基层治理新发展道路——全面推进以"学习互助兴思想、生产互助兴产业、乡风互助兴文明、邻里互助兴和谐、绿色互助兴家园"为主要内容的"互助五兴"模式，打造了以"党建引领，互助五兴"为着力点的菖蒲塘基层治理新模式。

为深入了解湘西州凤凰县菖蒲塘村"互助五兴"模式的进展及现状，调研团队前往湘西土家族苗族自治州凤凰县菖蒲塘村进行了实地调研，重点调查了解了菖蒲塘村"互助五兴"模式的具体措施、显著成就，总结出可复制、可推广的发展经验，并对其实施过程中的问题进行分析，提出建议性措施。

一、研究设计与实施

（一）研究方法

1. 访谈调查法

调研小组成员通过对菖蒲塘村村支两委干部及当地村民进行面对面访谈交流，深入挖掘菖蒲塘村"互助五兴"模式下采取的措施及取得的成就。

2. 文献研究法

调研小组成员通过各种学术期刊网站、论文网站检索有关党建引领乡村振兴、基层治理模式等相关文献。通过对各种文献资料的阅读、分析从而得出本篇报告中"互助五兴"模式的相关内容。

3. 问卷调查法

调研小组根据菖蒲塘村"互助五兴"的具体措施，将问卷的主要对象确定为当地村民，通过问卷分析了解当地"互助五兴"所取得的具体成就及村民对该基层治理模式的反响。调查问卷由团队成员在老师指导下共同拟定、修改得出。

（二）研究思路

本调研小组所采取的研究思路是：首先对菖蒲塘村"互助五兴"基层治理模式制定前期的研究方案。其次，调研小组于 2023 年 7 月 2 日至 7 月 10 日期间前往湘西州凤凰县菖蒲塘村进行实地考察调研并制定问卷。再次，与当地的村干部进行访谈并向村中的党员和群众发放调查问卷。最后，整理问卷数据，得出菖蒲塘村"互助五兴"模式下的发展情况并发现存在的问题，给予建议性措施。

（三）数据分析

本次问卷调查对象共计100人，收回有效问卷100份，有效率为100%。从性别分布情况看，男生57人，女生43人，男女性别较为均衡。从年龄上看，11~17岁9人，18~25岁16人，26~35岁19人，36~45岁23人，46~55岁19人，56~78岁14人。从民族分布情况看汉族24人，土家族47人，苗族29人。从文化程度上看，小学及以下21人，初中27人，高中（含中专）28人，本专科22人，硕士2人。从政治面貌情况看，中共党员20人，中共预备党员1人，共青团员14人，群众65人。

二、湘西州凤凰县菖蒲塘村"互助五兴"模式发展措施

菖蒲塘村认真贯彻习近平总书记指示，紧跟党的领导，以党建引领基层治理为重点，以实事求是、因地制宜为原则，围绕以下五个方面开展互帮互助。

（一）学习互助兴思想

学习互助兴思想是指共同学习习近平新时代中国特色社会主义思想；拥护中国共产党的领导，听党话、感党恩、跟党走，爱国爱家爱集体；不等不靠不要，自信自立自强。

调研小组对田顺新、田小钧等组长进行走访。菖蒲塘村贯彻落实学习互助兴思想，主要从以下方面着手。首先，评选组长具有严格标准，组长候选人需要积极学习党的先进思想，做事公平公正，乐于帮助村民。其次，组长在宣讲政策的过程中，遵循因地制宜，实事求是的原则，采取主动走访农户的方式。田顺新谈到，农村的情况与城市不同，在农村办事需要灵活应对。展开工作中遇到农忙等情况，组长主动召集附近空闲的村民进行宣讲，并未局限于文件中的"一户带五户"。据调查显示，有33%的村民表示组长会主动下乡进行政策宣讲，64%的受访者表示偶尔走访，仅有3%的受访者表示从未走访。初步得出结论，大部分受访者认为村党委会派党员干部下乡进行政策宣讲。此外，院坝会是菖蒲塘村学习互助兴思想的重要抓手。院坝会的基本形式是党员在农户家中围坐，一起学习党的思想政策，谈感悟、说变化、话前景，拉近了党员与群众之间的距离，用最浅显的语言传达党的思想与

精神。

总而言之，菖蒲塘村在学习互助兴思想这一方面，坚持了习近平新时代中国特色社会主义思想的引领，发挥了党员模范带头作用，运用了院坝会等科学有效的方法，将党的方针政策落实到位。

（二）绿色互助兴家园

绿色互助兴家园主要包括保护绿色生态，守护绿水青山，保持村寨自然风貌；推行绿色生产，推广有机、环保的生产方式，降低农业污染；建设绿色庭院，互帮互助美化庭院，建设美丽宜居新家园。菖蒲塘村党委为贯彻绿色互助兴家园，其主要从绿色生活、绿色生产两个方面展开工作。

1. 绿色生活——制定环境管理制度，建设美丽乡村

为全面贯彻落实党的二十大精神，努力建设"洁、畅、绿、美、优、安"的生态环境，菖蒲塘村设立了相关工作机制，开展常规化管理与集中整治，做到有人管、有效管，实现整洁卫生。

（1）加强制度建设

建立健全卫生制度，进一步落实各项措施，做到长制长效；强化领导，建立村环境整治工作领导组；加大宣传力度，让创建工作家喻户晓；加强督查，并限期整改到位。

（2）加强绿化、亮化建设

进一步加强菖蒲塘村提质改造，加强村内交通沿线环境整治、墙体墙绘粉刷，在对建筑美化的同时也促进村庄景观改造。

（3）卫生整治

加强道路清扫保洁；加强村主干道管理；做到房前屋后整洁卫生。同时，积极开展卫生宣传活动，教育引导村民养成良好的卫生习惯。

菖蒲塘村针对美丽乡村建设具有完善的管理机制，真正做到了"绿色生活"，在可持续发展道路上坚定前行。

2. 绿色生产——保护绿水青山，促进当地农旅融合

在绿色生态建设之余，农旅融合绿色产业发展也不逊其后。菖蒲塘村牢牢把握飞水谷景区天然优势，依托当地绿色资源，积极引进凤凰旅发集团开发飞水谷景区，引客入村，深入推进农旅融合发展。

（1）飞水谷景区引人入胜

绿色互助兴家园的小组组长向黎黎介绍，菖蒲塘村通过"绿色游""研

学游""观光游"等方式，每年接待游客 42 万人次以上，实现总收入 1 亿元。而飞水谷景区现今也在进一步发展中，绿色瀑布电梯正在修建，各项设施正在完善，沿途开设的红色农家院已开院营业。

（2）苗木技术炉火纯青

苗木种植与嫁接技术是当地村民发家致富的另一渠道。菖蒲塘村因其湿润的季风气候，立足水果产业发展，坚持科技人才支撑，推动苗木种植的规模化、生态化、绿色化、有机化。同时，菖蒲塘村建起了一支嫁接队伍，她们熟练掌握苗木嫁接技术，拥有丰富的苗木种植知识，共同唱响了动听的"菖蒲之春"。

（三）邻里互助兴和谐

"邻里互助兴和谐"的措施可以分为两大主体，一是村委引导化矛盾；二是群众自治创氛围。在村委的带领下，村民们互帮互助处理邻里家事；合理表达诉求，主动化解矛盾纠纷，做到"小事不出组、大事不出村"；积极支持村级公益事业，有序参与公共事务管理。

1. 村委引导化矛盾

菖蒲塘村对于化解农村矛盾纠纷，维护农村和谐稳定，主要从以下两个方面着手。

一是加强学习培训。菖蒲塘村借助政法部门、高等院校的资源优势和力量，对调解人员，尤其是综治工作人员，进行有针对性、经常性的学习培训，强化其业务知识与技能，同时，引导、鼓励和支持调解人员参加学习和考试。

二是增强责任心。调解人员必须内强素质、外塑形象，在农民群众中敢说话、说真话，且说出的话有人听、让人服。为此，菖蒲塘村通过规范、合理、适用的工作奖罚制度，增强调解人员的工作责任心，使其克服"惧难"和"怕烦"的思想，来提高调解工作效能。

2. 群众自治创氛围

为更好地支持村级公益事业，菖蒲塘村村民一共成立了 11 支志愿服务队，坚持"哪里有需要，就办到哪里；群众需要什么，就帮助什么"的工作导向。以 2023 年 3 月 18 日组织的"传承雷锋精神，践行服务宗旨"志愿活动为例，志愿者号召村民一起学雷锋做好事，在一定程度上拉近了当地居民之间的距离，营造了邻里守望相助、共建美好家园的浓厚氛围，共同构建和谐、平安、宜居的幸福家园，同时也增强了当地浓厚的文化氛围。

综上所述，互帮互助处理邻里家事、合理表达诉求并主动化解矛盾纠纷是其最常见的促进邻里和谐的行为。此外，支持村级公益事业及参与特色活动也是部分村民所采取的方式。由此看来，菖蒲塘村村民对邻里互助兴和谐的思想是较为重视的。

（四）乡风互助兴文明

乡风互助兴文明主要包括积极践行社会主义核心价值观；倡导和参加健康有益的文化生活，推动移风易俗；遵纪守法，践行村规民约，坚决反对邪教，抵制黄赌毒等不法行为。

1. 加强党建工作，促进乡风文明

对于乡村振兴战略下乡风文明建设，"加强党建工作，传播新思想"是让"火车"保持高速运行的有效途径。一方面，各乡村党支部加强党建工作，有效提升了支部党员的政治素质和综合能力；通过传、帮、带等形式，逐步壮大基层党组织队伍，使更多的农民具有政治觉悟，理解、支持并主动参与人居环境整治、文明乡风塑造等乡风文明建设活动。另一方面，将面向全体农民的新思想传播摆在重要的位置。

2. 弘扬传统文化，传承乡风经典

一是举办乡风文化节。借鉴其他地区的经验，如贵州黔东南台盘的"村BA"项目，使村民更加团结。通过展示本乡的特色文化和技艺，让更多的人了解和接触菖蒲塘的乡风文化，提高乡村的知名度和影响力。

二是利用现代媒介传播乡风文化。菖蒲塘村建立专门的官方网站，发布乡风文化相关的新闻和活动信息，让更多的人了解和参与到乡风文化的保护和传承中来，让乡风文化在互联网上得到更广泛的传播，扩大影响力。

（五）生产互助兴产业

生产互助兴产业主要包括共同学习农村实用技术，壮大当家产业；提高就业技能，互通就业信息；推动小农户与现代农业有效衔接，支持发展壮大村集体经济。

1. 以互助小组为单位，党员带头学习、分享技术和知识

菖蒲塘村整合土地、技术、资金等生产要素，通过"帮信息、帮技术、帮销售、帮就业"等相关措施落实，逐步形成了"党员＋产业大户＋群众"模式的科技致富小组。

组长积极组织每月学习会、讨论会，以认真严谨的态度和通俗易懂的语言耐心解答群众困惑，为群众带头示范；成员之间通过生产技术互帮、市场信息共享，共同学习农活实用技术和农业科技知识，营造了菖蒲塘村产业互助的良好氛围。

根据调查结果，有84%的村民认为生产互助小组促进就业的效果有所提高。由此可得，菖蒲塘村村民对于生产互助小组的作用发挥认可度较高，村集体经济的发展对于促进村民的就业和致富确实发挥了相关作用。

2. 构建功能性党支部，实现村企联建，构建产村融合发展新模式

立足产业、发展产业，在推进"互助五兴"治理模式过程中，菖蒲塘村以发展集体经济、实现共同富裕为目标，依托当地的资源优势，坚持党建引领，充分发挥村企联建合作优势，成立了水果合作社、旅游公司和女子嫁接队三个功能性党支部，全村种植蜜柚、猕猴桃等水果4462亩，人均种植水果1.5亩，年产量达2617.4万斤。

菖蒲塘村全力构筑"党组织建在产业链上，党员聚在产业链上，群众富在产业链上"的集体经济发展理念，以功能性党支部为抓手，聚力供能，形成了由点及面的辐射带动效应，实现了企业兴村、村促企业的共建共享共赢局面。

三、湘西州凤凰县菖蒲塘村"互助五兴"模式下取得的成就

十年来，菖蒲塘村党委谨记习近平总书记在2013年视察菖蒲塘时提出的"依靠科技，开拓市场，做大做优水果产业，加快脱贫致富步伐"的重要指示。菖蒲塘村先后被评为湖南省新农村建设示范村、湖南省美丽乡村示范村、省级先进基层党组织，成为全国脱贫攻坚考察点，村党委于2021年被中共中央评为"全国先进基层党组织"。

（一）丰富了村民精神文明

菖蒲塘村成立了村民理事会、红白理事会、道德评议会，开展了"十佳致富能手"等评选活动，将传统美德、法律知识、村规民约等融入村民生活。这些理事会的成立，都基于党"全心全意为人民服务"的根本宗旨，强烈且坚定地表达了对每一位民众的热切关怀。此外，村党委也会鼓励村民们自发组建表演队。村民们农闲时节进行排练并且还经常被邀请到周边乡镇参加晚会。在此期间，村党委也会保障表演的顺利进行，让村民得以安心演出。近年来，菖蒲塘村村民的思想境界变高了、腰包变鼓了、业余生活也更丰

富了。

（二）营造了良好志愿氛围

菖蒲塘村金喇叭志愿服务队发挥着"传声筒"和"扩音器"作用，每天向来自全国各地的调研考察学习团队及媒体讲解。截至 2023 年，金喇叭志愿服务队已为国内外调研考察嘉宾及研学团队 600 余批次 10000 多人提供宣传讲解服务。2020 年 11 月 10 日，塞拉利昂、智利、埃塞俄比亚、印度尼西亚等 10 个国家驻华使节来到菖蒲塘村考察交流，金喇叭服务队详细介绍了菖蒲塘村的产业发展及脱贫故事，得到了驻华使节的纷纷点赞。金喇叭志愿服务队已成为菖蒲塘村对外宣传推广的一张形象名片。

（三）改善了村内民生治理

菖蒲塘村积极开展相关行动，对各家私厕、村内公厕进行了全面摸盘，在确保卫生厕所群众接受、经济适用、维护方便的基础上进行改革，实现现代化厕所建设全覆盖。村干部、组长、志愿者们充分发挥不怕脏、不怕累的精神。村中基本达到水泥马路全覆盖，沿路种植着各种花、树等植物，为乡村美景增添色彩。村集中开展了"一查二劝三清四除五治六扫七完善"的专项整治行动，沿路可见倡导村民树立文明新风、杜绝丑恶乱象的标语。菖蒲塘村用实际行动弘扬文明新风，群众以"主人"之心助力乡村建设。

（四）加强了乡风文明建设

在乡风文明建设中，菖蒲塘村推进乡村社会公德、家庭美德和个人品德的建设，提升农民的整体思想道德水平，助力文明乡风、良好家风及淳朴民风的建立和传承；培养农民的家国情怀和民族情怀，有效提高广大农民群众的社会责任感与民族自豪感，不断加强建设乡村、建设国家的顽强斗志与坚定信念。菖蒲塘村从精神文明建设的角度改掉"旧风貌"，迎来"新风尚"，有助于广大农民以强大的内驱力助力实现共同富裕。

（五）促进了产业经济发展

1. 主攻产业扩面提质增效

菖蒲塘村主推水果产业，扩面提质增效，建设现代果园，做大做优水果产业。特色产业总面积突破 8000 亩，其中特色水果种植面积从 1750 亩扩大到 7200 亩，特色水果产业年收入 4200 万元，菖蒲塘村成为全县优质水果引种、示范、推广服务基地。

2. 支柱产业辐射带动创收

菖蒲塘村依托湖南农业大学等高校院所，加强水果专业技术人才队伍建设。菖蒲塘村女子嫁接队共有 247 人，常年在贵州、重庆、四川、陕西、广西等地开展育苗、修剪、嫁接、管理等技术服务，年创收 1000 万元，成为菖蒲塘村一张靓丽的科技名片。

3. 村企共建增收分享致富

菖蒲塘村村主任周祖辉成立周生堂生物科技有限责任公司，创建扶贫车间，每年为农户销售水果 800 多万斤，直接和间接带动 1100 多人就业。在菖蒲塘村与周生堂等企业互动交往的过程中，菖蒲塘村有效促进了村民致富，并且将大部分增值收益留存在了集体内或分配给村民，有效提升了村集体经济的公共利益供给能力，实现了村民的利益转化。

四、"互助五兴"实践中存在的问题及优化策略

（一）"互助五兴"模式下存在的问题

首先，相关措施仍待完善。菖蒲塘村在村内推广"湘西为民"微信群，调研数据显示，65.57% 的村民认为"湘西为民"能够及时解决问题，在一定程度上拉近了党员与群众之间的距离，但 26.23% 的村民认为能解决问题，但是效率不高，还有 8.2% 的村民认为不能完全解决。"湘西为民"微信群并不能够完全满足菖蒲塘村民的实际需求，微信群的功能有待加强，效率有待提升。

其次，人才缺失影响基层治理。调研小组在调研过程中发现，菖蒲塘落实"互助五兴"政策依靠的都是一批老骨干，即以丁清清为带头人的科技主干、以周祖辉为带头人的产业主干、以向黎黎为代表的大学生电商主干等。后续储备人才力量欠缺，多年来人才振兴效果不甚明显，仅有少数大学生回乡建设。除此之外，调研小组发现村中大部分村民是文化程度不高的中老年人，他们无法及时吸收新政策、新思想，不能完全把"互助五兴"的核心要领分享到互助组中。因此，人才缺乏也是"互助五兴"进一步推进的瓶颈之一。

（二）"互助五兴"模式未来发展战略

1. 健全措施手段

切实深入群众，从群众中来，到群众中去；为老百姓贴切地思考问题。

菖蒲塘村可以从其"菖蒲特色"的两大手段进行改善。首先，解决"湘西为民"微信群普及率较低问题。应走访研究村民未加入微信群的原因，具体问题具体分析，确保每一户至少一人进群。此外，针对"三留"人群，可以成立信息传达志愿处，确保思想的准确传播和信息的及时传达。其次，完善爱心超市的积分管理结构，简化处理程序，增强村级事务的公开化程度。根据村民实际需求购买物资，从根本上杜绝形式主义；杜绝铺张浪费、作秀。

2. 促进教育发展

从农民内心原动力的角度来看，文化水平的不足是导致农民乡风文明建设意识薄弱的重要原因，普及文化教育、提升农民整体素质也是解决该问题的有效手段。一方面，菖蒲塘村改变乡村旧风貌要从"娃娃抓起"，乡村的未来、祖国的未来终究要交付到下一代的手中。应大力普及文化教育，相关部门加强教育普及力度，丰富青少年的教育资源。另一方面，不能放弃对中老年人的文化教育，可以通过办读书角、开展座谈会及设立观影棚等活动吸引中老年人参与。坚持举办，持之以恒、久久为功，使村民逐渐树立正确的文化观，助力乡风文明建设，共推乡村振兴战略。

参考文献

［1］习近平. 决胜全面建成小康社会夺取新时代中国特色社会主义伟大胜利［N］. 人民日报，2017 – 10 – 28（001）.

［2］中共中央关于全面深化改革若干重大问题的决定［N］. 人民日报，2013 – 11 – 16（001）.

［3］习近平. 高举中国特色社会主义伟大旗帜为全面建设社会主义现代化国家而团结奋斗——在中国共产党第二十次全国代表大会上的报告（2022 年 10 月 16 日）［M］. 北京：人民出版社，2022.

［4］王轶，刘蕾. 从"效率"到"公平"：乡村产业振兴与农民共同富裕［J］. 中国农村观察，2023（2）：144 – 164.

后疫情时代下中医药产业
赋能乡村振兴的调查研究
——以湖南省沅陵县楠木铺乡为例

课题组成员：陈芝佑，胡晓雪，龙　娇，蔡欣彤，
　　　　　　冯栎瑾，李玥颖，高　晶
指导老师：吕　莎，陈　佳

摘要： 中医药是我国优秀传统文化的重要组成部分，在后疫情时代，国家对中医药产业发展的重视程度日趋提高。湖南省怀化市沅陵县得天独厚的地理条件造就了其丰富的中草药资源，本团队通过文献查阅、实地考察、深入访谈等多种方式对其中医药产业的现状进行了调查研究，并结合 SWOT 分析法，梳理沅陵县中医药产业发展的现有措施及存在困境。首先，中医药产业基础薄弱，产业链不完整，导致产品附加值低；其次中草药生长易受天气影响，迄今为止收益微薄；最后中医药文化宣传不足，且缺少青年人才继承发展。针对部分问题提出了相应的建议，以期从实践中获得关于产业发展的一些普遍现象和普适性规律，为沅陵县乃至全国中医药产业建设提供参考。

关键词： 中医药；乡村振兴；产业发展

一、调研背景与意义

（一）调研背景

近年来，在人口老龄化加剧，以及人们健康意识普遍提高、社会医疗保障福利提升、疾病预防及早期干预成大趋势的背景下，具有"治未病"独特优势的中医药产业迎来了巨大的发展机遇。随着中国特色社会主义进入新时代，以习近平同志为核心的党中央高度重视中医药产业发展，党的二十大报告指出，要促进中医药传承创新发展，推进健康中国建设。中医药产业在乡村振兴中不断与其他产业交叉融合、拓展的可行趋势，在后疫情时代下发挥

出了独特优势，并成为中医药产业不断变革与延伸的重要组成部分。

同时，沅陵县得天独厚的生态地理环境为中医药的种植与生长提供了优良的条件。沅陵位于沅水中下游，武陵山与雪峰山交会处，重峦叠嶂，溪河纵横，气候温和，适宜中药材生长。目前，全县已经开拓的中药材种植面积高达 10 万余亩，主要种植黄柏、黄精、石菖蒲、重楼等 30 多种药材。多年来，沅陵县政府以促进中医药产业发展，推动乡村振兴为己任，出台多项有力措施，打好组合牌，着力探索推进中医药一、二、三产业融合发展的新路径、新业态、新模式。

（二）调研意义

中医药是中国特有的、具有原创性的宝贵资源，对建设创新型国家、培育新兴战略性产业、带动农民增收等具有重要意义。

1. 了解当地中医药产业发展情况，符合国家产业发展战略

在人类新生存理念、新生活方式的推动下，以天然药材为原料的药物在疾病预防、治疗和保健中愈来愈受到重视。国家制定了一系列法规和政策，积极推进中药材现代化，中医药产业必将成为 21 世纪中国经济发展的战略性产业。通过实地调研，进一步了解沅陵县中医药产业的发展，既可以开发利用沅陵县丰富的中药资源优势，又符合国家中医药产业现代化的发展战略。

2. 合理利用当地中医药资源赋能乡村振兴

沅陵县中药材资源十分丰富，中医药产业具有产业链长、附加值高、市场前景广阔等特点，加快中医药产业发展，将其培育成沅陵县的后续经济支柱产业，有助于壮大县域经济实力，实现经济的跨越式发展。中药材种植已经成为农民脱贫致富的主导产业和强县的战略产业，对于调整优化农业产业结构，提高农民素质和繁荣农村社会文化具有重要意义。

3. 保护生态环境，实现可持续发展

抓好资源保护和生态环境建设，不仅是区域经济可持续发展的内在要求，也是创造良好人居环境的重要条件。中药材兼有经济植物和生态植物两种特性，可在产区形成乔、灌、藤、草多重植被，不但可以用于岩溶山区的石漠化治理，而且可以绿化乡村，促进旅游环境建设，实现经济与环境双重效益。

二、调研设计与实施

（一）调研对象及时间

时间：2023 年 7 月 5 日—7 月 13 日

对象：楠木铺乡中草药种植大户、楠木铺乡当地居民、沅陵县中草药医院院长、沅陵县中药材协会工作人员

（二）调研目的

在后疫情时代，随着乡村振兴战略的提出与实施，卫生产业的转型升级及民众对健康关注度的提升，把握时代机遇，推动沅陵县中医药产业发展，助力振兴乡村经济文化。

（三）调研主要内容

以湖南省怀化市沅陵县为例，对基于后疫情时代背景下中医药产业发展赋能乡村振兴的途径展开调研。通过深入挖掘沅陵县中医药产业发展现状，分析其存在的问题与不足，探索中医药技术在乡村振兴中的作用，结合后疫情时代现状提供有针对性和可执行性强的政策建议和实施方案，向村民传递相关知识，助力沅陵县中医药产业在乡村振兴中进一步发挥重要作用。

（四）调研开展思路

调研开展前期通过查阅相关资料、电话咨询当地负责人了解产业基本状况。调研期间依托当地独具特色的中医药文化和人文底蕴制订具有针对性的调研方案和规划，前往当地种植基地展开实地调查，采访当地村民、种植大户和中草药医院工作人员，并针对不同群体设计调查问卷内容，同时利用新媒体渠道向公众宣传调研成果。调研结束后汇总访谈记录、调查问卷、照片新闻等成果，最终梳理形成调研报告。

（五）调研方法

1. 文献调查法

调研组成员在调研开始之前通过大量的资料检索、文献查阅了解国家对中医药产业的发展政策、沅陵县中草药种植的基本情况等信息，为调研的开展奠定基础。

2. 问卷调查法

调研团队以当地村民、种植大户、政府和中草药医院工作人员等为调查

对象，调查沅陵县不同人群对中医药产业的了解程度，以及建议和看法，以便规划中药产业助力乡村振兴的路线。针对不同人群设计问卷内容，保证数据样本多样，准确性更高。通过问卷调查，收获一手数据，方便进行统计与分析。

3. 深入访谈法

调研团队与有想法有见解的村民、学校老师、政府工作人员、中草药医院院长、村内老中医等进行深度访谈，了解他们对于中医药产业发展现状及其助力乡村振兴的看法。

4. 实地考察法

调研团队前往当地药材种植基地、中草药医院、中医药产业协会等地进行实地考察，了解药材种植情况及政府对中医药产业发展的政策与长期规划。

5. 统计分析法

对调查回收的问卷进行数据整理，对相关数据进行定性分析，从而具体、清晰地反映该项目的成效和需要改进的方面，以优化沅陵县中医药产业结构及发展方向。

三、沅陵县中医药产业发展现状

（一）沅陵县中医药产业的 SWOT 分析

1. 优势（Strengths）

（1）得天独厚的自然环境与地理条件

沅陵县得天独厚的生态地理环境造就了丰富的中草药资源。全国第三次中药材资源普查发现，沅陵境内有动植物类药材 1826 种，国家和省级重点药材 45 种，珍稀药材 69 种。目前，全县已经开拓的中药材种植面积高达 10 万余亩，主要种植黄柏、厚朴、杜仲、黄精、石菖蒲、重楼等 30 多种药材，成为沅陵县中医药产业发展的独特优势。

（2）打造"中国黄柏之乡"，形成品牌效应

沅陵县已经提出了"一乡二大三地"建设目标，即中国生态黄柏之乡、湖南十大湘产中药材种养大县、武陵山片区中药材集散大县、医养康养福地、中药材产品研发高地、全域旅游休闲胜地，同时启动了"中国生态黄柏之乡"与"沅陵黄柏"国家地理标志产品申报工作。该举措有助于形成品牌效应，对沅陵县特色产业的可持续性发展及其品牌建设具有深远的意义。

（3）当地百姓对中药产业发展的支持与认可

内驱力是产业发展最好的动力。沅陵县政府发布关于中医药产业发展的相关政策后，当地百姓积极响应政府号召，种植黄柏、黄精、石菖蒲等中药材，且政府会给予种植户相应的财政补贴，充分调动了村民的积极性。同时，通过问卷调查得知，楠木铺乡村民超过半数认为中医药产业在当地有良好的发展前景，多数村民表示西药"治标不治本"，而中药能够从根本治愈疾病，应该支持在当地大力发展中医药产业。

2. 劣势（Weaknesses）

（1）中草药生长周期长，短期投资回报率低

中药材的生长周期一般较长，通过与当地种植户和村委会干部访谈得知，黄柏成熟需要 8 年以上，黄精需要 3 年左右，石菖蒲需要 4 年左右，七叶一枝花（又名重楼）需要 5 至 8 年，且其生长会受到干旱等恶劣天气的影响，因此短期之内中医药产业的投资回报率低，种植户无法由此维持经济收入来源。

（2）县内交通不发达，药材运输困难

通过实地调研和采访得知，沅陵县目前暂未开通火车站或高铁站，县内交通不发达，山路多为单行道，并且还有一些道路正在修建中，从楠木铺乡到县城内的公共交通方式偏少，交通不便导致中草药向外运输困难。

（3）未建成大型加工厂，产品附加值低

目前沅陵县内未建成大型的中草药加工厂，播种收获的中草药无法进行精加工、深加工，产品附加值低，导致中药材生产成果无法真正使当地百姓获利。加之修建大型加工厂需要消耗大量资金，且国家目前对食品、药材加工厂资格证审批严格，因此建设大型中草药加工厂是当地中医药产业进一步发展亟待解决的一大难题。

3. 机会（Opportunities）

（1）国家政策是产业发展的有力支撑

通过文献查找与实地访谈得知，目前国家支持中药材产业的发展，高度重视中医药事业发展，并发布了一系列政策文件，为中药产业发展带来了新的历史发展机遇。党的二十大报告指出需重视民族医药，提倡中西医并重，促进中医药传承创新发展，且部分民族医药已经纳入了医保报销的范畴。这些或将成为推动沅陵县中医药产业发展的有力支撑。

（2）社会大环境为产业发展提供良好契机

2020年新冠疫情给人类健康带来了巨大威胁，这也成为中医药产业发展的关键时间节点。中药在疫情防控期间发挥的重要作用，让其影响力在群众中日趋增强，通过问卷调查得知，沅陵县楠木铺乡的大多数百姓认为中医药材有治疗疾病和促进健康的作用，且安全性高、副作用小。后疫情时代的大环境为中医药发展壮大、走向世界创造了难得的机遇。

4. 威胁（Threats）：国际化环境下中医药知识产权的保护受到威胁

通过走访沅陵县中草药医院得知，目前中医药的疗效在大众心中的认可度日趋提升，且后疫情时代下中医的国际影响力也在逐步增强，但许多属于我国的珍贵药方被其他国家抢先申请了非物质文化遗产，因此，中医药在海外的知识产权保护也迫在眉睫，其中包括商标注册、专利、版权等在内的权益都要依所在国的法律申请报批，海外中医药在临床时代的更新和转型、国际中医药教学的互认等都是我国中医药行业国际化发展道路上的挑战。

（二）中医药产业发展的现有举措

针对沅陵县中药产业发展面临的现状，通过调研并结合当地政府相关官方文件可知，县政府和种植户已分别实行相关举措来推动沅陵县中药产业发展。

1. 政府层面

2021年7月31日，沅陵县第十三次党代会提出"抢抓历史机遇，彰显沅陵速度"，确立了"中药材综合开发利用"百亿产业链目标，提出以7个发力助推沅陵县中药材产业链发展。

（1）在组织保障体系上发力。一是成立中药材产业发展领导小组、产业链指挥部，同时组建专班，下设专项工作组进行合署办公；二是出台相关文件，明确各方责任、资金来源和用地需求方式等；三是帮助开发并推广中药材种植加工技术，聘请专家指导，开展技术培训；四是充分发挥财政监督职能，整合专项资金进行奖补，并实施项目启动资金贴息等政策支持。

（2）在规划引领布局上发力。通过实地调研和意见征求，科学分析沅陵中药材产业资源优势和特色，以问题短板为导向，理清思路、明确定位，谋划布局，全面构建沅陵中医药一、二、三产业融合发展的完整链条蓝图，推动产业发展进入快车道。

（3）在龙头示范引领上发力。一是发挥本土现有龙头企业、种植大户及中医专家中人大代表的作用；二是发挥企业界人大代表优势，与政府合力为供求对接提供平台和机会；三是发挥人大代表领头羊作用，提高生产组织化水平，鼓励其先行"企业＋基地＋农户（＋合作社）"等开发模式。

（4）在打造中心基地上发力。一是确定以"两黄一石"为主力药材，打造大型中药材集散中心，同步规划建设交易市场和国家级中药材储存物流基地，引导产销无缝对接；二是坚持长短结合立体化种植；三是培护好现有药场基地，完善相关机制，坚持生态种养、标准化生产和加工技术规范，保障品质和药农利益。

（5）在打响地标品牌上发力。明确打造生态黄柏和中草药生育保健两个品牌，重点打造"中国生态黄柏之乡"，积极申报国家地理标志，强化相关质量标志体系建设，挖掘品牌文化内涵，主动对接大传播途径。

（6）在康养旅游融合上发力。培育中药材种植与康养、生态旅游相结合的融合发展新业态，合理打造一批药养、康养综合体和生态旅游体验区，扩大市场空间，并对接全县生态文旅融合百亿产业链，整体构筑多点发展格局。

（7）在人才队伍建设上发力。一是依托从业人员培训，最大限度发挥人大代表示范引领作用，并直接参与到种植实践中，二是鼓励校企合作，大力培养和引进中药材产业领域各类"高、精、尖"人才。

2. 种植户层面

（1）积极响应政策，充分依托当地现有资源优势，利用荒地种植中药材，其中，种植大户是发展中药材产业的底气，带动种植散户建立种植合作社，并承包经营基地主动构建种—加—销一条龙发展。

（2）多种产业有机结合发展，中药材种植生产周期长，短期收益低，种植户多以"中药种植＋林果业/茶业/养殖业"模式组合发展，其中，中药材种植为附属产业，推动多种产业有机结合发展。

（3）推广相关技术，实行精细化管理，将梯带套种、废污还田等在种植基地、散户种植区推广，植树造林，以促进生态文明建设并推动经济可持续发展。

（三）中医药产业发展现存困境

中医药文化是中国历代劳动人民智慧的结晶。后疫情时代下，中医药产业发展可以为赋能乡村振兴提供新的可能，在多方力量的支持下，乡村中医药发展方兴未艾。但实地调研发现，中医药产业发展仍存在问题。本文以湖南省怀化市沅陵县楠木铺乡为例，分析中医药产业发展的现存困境。

1. 中草药产业基础薄弱，规模化、产业化程度低

沅陵县当地中草药产业发展起步晚、根基浅，中药材的种植以农民散户零散化、碎片化种植为主，难以产生规模效益。此外，沅陵县当地中医药产业发展聚焦中药材育苗，位于产业链上游，创造出的经济效益有限，因此当地居民多数不认可中医药产业赋能乡村振兴的潜质，参与积极性低。沅陵县中药材产业协会作为联系农户的纽带，也面临成立时间短经验不足、对内沟通对外交流乏力、链接宣发能力不足、资金短缺等问题。

2. 智慧农业的缺位，优质劳动力及农业领域人才储备不足

沅陵县曾于 2022 年在楠木铺乡开发面积达 200 亩的"两黄一石"（即黄柏、黄精、石菖蒲）育苗基地，然而迄今收益微薄。该基地耕作模式以传统人力耕种为主，受限于技术开发程度、智能务农设备应用成本、人才储备量等多方面因素，智慧农业参与程度低、育苗模式缺乏系统性和预见性，导致生产效率低。

3. 对中医药文化宣传不足，产业与文化融合度低

沅陵县有"中国黄柏之乡"的美称，野生中草药资源丰富。当地常住人口以农民为主，受当地中医药文化影响，多具备基础的上山采药及用药的技能。此外，沅陵县中医院文化底蕴丰富、声誉度高、影响力大。而在具备此优势的基础上，当地中医药产业发展规划中少有融合地方中医药文化的部分，不利于当地中医药品牌的建设宣传和口碑树立。

4. 中医药传承、开发的瓶颈与中医培养模式和应用的现实难题

中医药的传承经过了口传心授、纸质文献、电子文献的过程，但尚不能有效满足传承的需要。中医药传承必须与信息化接轨。要解决传承信息化的难题，离不开对古籍、特色医疗器械等的开发与保护，要重视《怀化市民族民间医药保护和促进条例》的实施。

中医学、中药学学科难度大，内容深奥、体系复杂，培养人才耗时久、耗费大。在应用方面，学科人才就业机会少、社会对年轻中医的偏见、病患对现代西医的依赖等种种现实因素同样消磨优质青年人才的投入热情，使中医药研究发展陷入瓶颈。

四、建议与对策

中医药产业发展关系到国计民生，需要社会各界的共同努力与大力支持，

这个过程中，既要发扬中医药文化，也要与时俱进加快科技创新，这样才能推动中医药强国建设，实现中医药产业高质量发展。以下是从各个方面提出的推进沅陵县中医药产业更进一步发展的针对性建议与对策。

（一）政府层面

1. 完善产业政策，加大扶持力度

为针对性帮助企业解决资金问题，应加大对沅陵县中医药产业的财政资金支持力度，通过贴息贷款、保险等方式，建立中医药产业发展基金。同时提供中草药材种植补贴与科研投入，增加对中草药材良种选育、栽培技术等方面的科研投入，确保种植补贴与扶持政策真正落实到位。

2. 完善产业体系，促进产业升级

针对当地中草药材种植产业多为粗加工、利润较低的情况，应进一步完善产业体系，促进产业转型升级，拉动本地经济增长。同时推动沅陵县中草药园区建设，建立武陵山片区的最大交易市场，邀请厂商入驻，联合打造特色中草药健康产业园。除此之外，应加强对中医药产品核心品质的监管，建立全过程质量监控体系，推动中草药产业标准化生产，重视质检，营造口碑。

3. 多层面融合发展，促进跨界增值

积极开展中西医结合研究，探索中西医结合诊疗模式，培养高素质中西医结合人才。同时打造沅陵县中草药主题文旅圈，结合本地特色开展中医药特色文旅活动，推动沅陵县旅游业发展。除此之外，政府应推动本地其他种植业与养殖业融合发展，实现绿色生态生产、生产模式优化、经济效益增长。

（二）文化宣传层面

1. 加强文化建设，弘扬中医药文化

加快将中医药文化与中草药材纳入国家非物质文化遗产保护目录，加强中医药文化遗产的挖掘与保护。挖掘中医药文化的内涵，开展形式多样的中医药文化宣传活动，提高公众对中医药文化的认知度。

2. 利用新媒体传播，提高认知度与形象

依托网络平台和新媒体，积极运用短视频等形式进行中医药科普，创新传播方式和表达形式。同时推动中医药文化进校园，培养孩子们对中医药文化的兴趣，激发时代新人保护中医药文化的意识，培养其对中医药文化的热爱与自信。

（三）企业层面

1. 获取加工许可，响应政府号召

制药企业应把获取资格证书、许可证明作为首要任务，以期获得合法经营许可。其次，制药加工企业应坚定文化自信、中药自信，加大科技投入，实现中药产业高质量发展。除此之外，当地中医药企业应协助政府出台更多切合实际的政策，共同助力中医药产业发展。针对目前楠木铺乡的中医药产业主要集中在产业链上游，缺乏加工环节的情况，各制药企业应主动入驻周边地区，弥补产业链空缺，完善并延长产业链，增加产品附加值。

2. 吸取西医长处，走中西结合之路

据走访调查，楠木铺乡大部分诊所采取中西结合的方式为患者治疗，这种兼容并蓄的医疗手段值得推广。各医疗机构应坚持中西医结合疗法，取长补短，发挥优势，为患者提供最优治疗方法。除此之外，医疗企业内部还应加强交流，例如定期向小诊所输送医院人才，提高诊所医生专业素养等。小型诊所与大型医院形成联动，完善楠木铺乡与沅陵县的医疗资源对接与共享，缓解医疗资源分配不均衡的局面，为当地居民提供强有力的医疗保障。

（四）学校层面

1. 开展多样活动，中医药走进校园

鼓励学校以中医药为主题展开形式多样的活动。例如中医药手抄报、征文及中医药知识竞赛等；也可以邀请楠木铺乡的老中医、诊所医生进校开展讲座，宣传中医药相关知识。除此之外，"两黄一石"种植基地正坐落于楠木铺乡，为开展实践活动提供了地理基础，学校应珍惜带领学生认识脚下这片沃土的宝贵机会。

2. 引进中医药老师，开设特色课程

增设相关课程，聘请掌握中医药知识的教师，开展特色中医药产业教学，缓解目前中医药产业人才有限、缺乏后继者的窘境。从小给学生传播一些中医药知识，一方面，使中医药这个中华优秀传统文化逐渐扎根于心；另一方面，能让学生们不断熟练，将来把中医药知识运用到现实，有利于培养中医药产业的后继者。

五、结语

本报告梳理了沅陵县中医药产业发展的现有措施及存在困境，总结了其优势、劣势、机会与威胁，同时，针对在调研过程中发现的一些问题提出了相应的建议。中医药不仅是中国传统文化的珍宝，更是中华民族智慧的结晶，应该被传承下去、发扬光大，中医药产业是推动乡村经济发展、改善农民生活、促进农村产业可持续发展的重要跳板，具有经济和文化的双重效益，肩负着助力乡村振兴的时代使命。国家对中医药产业发展的重视程度日趋加强，团队成员期望可以以小见大，从沅陵县楠木铺乡调研实践中获得关于产业发展的一些普遍现象和普适性规律，为沅陵县乃至全国中医药产业建设提供参考。

参考文献

［1］马忠明，李同辉，张丰聪．从历史维度展望中药发展［J］．中国食品药品监管，2023（3）：16－27．

［2］杨满丽，李安，胡紫腾，等．中医药应对突发公共卫生事件实践与启示［J］．中国中医基础医学杂志，2023，29（10）：1683－1686．

［3］熊学军，高斌，王军，等．中医药产业发展现状与存在问题分析——以甘肃省定西市为例［J］．广州中医药大学学报，2023，40（7）：1853－1856．

［4］卢朋，李健，唐仕欢，等．中医传承辅助系统软件开发与应用［J］．中国实验方剂学杂志，2012，18（9）：1－4．

产业振兴促发展

——以汉寿县特色产业为例

课题组成员：杨　凡，沈宛霖，张雯希，周思盈，
　　　　　　张　馨，刘若妍，孙星星，郑南玲，
　　　　　　李欣然，叶露露，陈　仪
指导老师：向常水，陈　佳

摘要：本文以湖南省常德市汉寿县特色产业——甲鱼产业和蔬菜产业为例，讨论乡村振兴战略下特色产业的发展路径问题，致力于为汉寿县产业振兴推动乡村振兴提供材料依据和对策思路，并为其他乡镇发展特色产业提供借鉴。调研采用田野调查法、问卷调查法和现场访谈法，对汉寿县相关干部、村民、从业人员等进行调查走访，同时运用分析归纳法、文献法等方法。经过深入调研分析了解汉寿县甲鱼产业与蔬菜产业的现状，并发现其中存在的问题，主要包括标准化技术推行力度、养殖户思想认识、品牌效益、设施化基地、商品化水平等方面的问题。最后在此基础上提出具有针对性的建议，探索其未来发展的可行之路。

关键词：乡村振兴；产业振兴；汉寿县特色产业

一、前言

2017 年，党的十九大首次提出乡村振兴战略。在十九大报告中，习近平总书记将乡村振兴战略的总要求凝练为五个关键词——产业兴旺、生态宜居、乡风文明、治理有效、生活富裕。其中，"产业兴旺"是实施乡村振兴战略的基石，它链接着乡村特色产业的发掘、继承与发展。"发展乡村特色产业，拓宽农民增收致富渠道。"乡村特色产业以锐不可当之势成为盘活农村产业结构与经济发展的新动力。

党有良策，各方响应。顺应乡村振兴的国家战略，汉寿县发掘自身特有的资源与产业禀赋，将甲鱼产业与蔬菜产业作为特色产业，打造优良的品牌形象，为原本逐渐陷入僵局的乡村经济发展注入活水。

通过查阅并整理文献，团队认为关于产业振兴推动乡村振兴的研究主要集中在以下几个方面：第一，产业振兴推动乡村振兴的可行性分析与理论支持。产业振兴在推动乡村振兴方面发挥关键作用已经成为学界共识。左停、刘文婧（2019）等提出，产业扶贫是脱贫攻坚和乡村振兴战略两个国家层面战略决策的抓手，两者之间相互促进。陈龙（2018）认为我国的乡村振兴战略具有独特的内在机理，产业振兴作为六体之一在推进乡村振兴方面发挥重要作用。第二，产业振兴推动乡村振兴的方法路径探索。在将产业振兴和乡村振兴两者衔接起来的方法路径方面，学者的侧重点虽各有不同，但也达成了部分共识。郭俊华、卢京宇（2021）总结出全国各地探索产业兴旺的五大模式，注重利用产业发展机制将巩固拓展脱贫攻坚成果与乡村振兴有效衔接；孔祥利、夏金梅（2019）提出乡村振兴战略与农村三产融合发展在五个"协同"方面进行路径选择。除了整体性理论认识和研究，部分学者结合地区实例、个例进行了具体路径分析和经验总结，具有一定创新性和借鉴意义。

总而言之，研究表明，国内关于产业振兴推动乡村振兴方面的研究相对较多。焦点问题集中在城乡融合发展、"三农"工作、巩固拓展脱贫攻坚成果等方面。在产业振兴推动乡村振兴的理论和路径研究方面呈现出多元化态势，但有效经验、成果有限。而在产业振兴推动乡村振兴途径的综合性实践方面，如何更好地将理论与实践相结合，借助产业振兴，探索出更具示范性、可操作性的乡村振兴发展路径，仍存在进一步的研究空间。

此文撰写目的有二：一是详细剖析汉寿县对于产业振兴助力乡村振兴的措施，为其他有同类情况的地区提供思路与方法方面的借鉴，二是深度分析汉寿县在此方面的现状以及存在的问题，为汉寿县以及其他有相似情况的地区的未来发展提供有可行性的参考意见。

二、研究设计

（一）汉寿县概况

汉寿县，隶属于湖南省常德市，位于湖南省西北部，坐拥西洞庭湖、沅澧二水的鱼米之利。随着洞庭湖生态经济区、长江中下游城市群和长江经济带三个国家级战略的规划实施，汉寿县作为这"一区一群一带"上的重点，又兼具常德千亿工业走廊廊头的重要身份，具有其他县市不可比拟、无法复制的政策优势。近年来，汉寿县委县政府谋划实施"强工稳农、活旅靓城"

发展战略，大力推进"双区牵引、六轮驱动"，经济社会发展呈现出一年快于一年、一年好于一年的态势。当地以甲鱼和蔬菜两大产业为发展特色，其中在甲鱼产业方面，全县已拥有龟鳖养殖协会 1 个、生态种养协会 1 个，甲鱼规模养殖企业 18 家、养殖专业合作社 37 家，养殖农户达 2000 多户，国家级龙头企业 2 家、省级龙头企业 2 家、市级龙头企业 7 家，从业人员达 5 万人以上。在蔬菜产业方面，该县建成农业部蔬菜标准园 5 个、省级蔬菜综合产业园 1 个、特色产业园 2 个，蔬菜出口企业 6 家，出口基地 1.61 万亩，粤港澳"菜篮子"基地 13 个，面积 2.67 万亩，拥有 128 家蔬菜专业合作社，蔬菜企业 35 家，其中省级龙头企业 2 家、市级龙头企业 11 家，电商企业 23 家。

（二）调研思路

为更好地开展调研活动，团队在开展实地调研之前构建了如下调研思路：

1. 在线上开展预调研，了解在乡村振兴战略下汉寿县甲鱼产业与蔬菜产业发展情况，并实地进行调研踩点，更准确地掌握具体信息，确定调研主题，完善调研计划，为之后调研活动的开展奠定基础。

2. 组建团队前往调研地点开展调研活动，通过与当地政府相关负责人沟通交流和实地参观，获取更详实的信息，并以此为依据，采用问卷法、访谈法，针对调研主题设计调查问卷及采访大纲。

3. 分组对调研对象进行正式采访与访谈，并以线下的方式发放调查问卷。之后，对调查问卷的结果进行数据分析，并整理采访内容，为调研报告的书写提供资料。

4. 根据实地调研获取的信息，结合参考文献，进行归纳总结，提出产业可持续发展的建议，推动当地发展，助力乡村振兴，并为其他类似情况提供借鉴。

三、数据统计与结果分析

为充分了解汉寿县乡村振兴战略开展情况以及居民需求，助力汉寿县乡村振兴发展，团队制作了《关于汉寿县乡村振兴战略实施的基本情况调研》问卷。在问卷调查期间，团队成员共发放问卷 100 份，其中有效问卷 100 份，问卷有效率达 100%。调研结果如下：

在受访对象当中，女性占比更高，为 64%，男性占比 36%。年龄主要集中在 31 岁以上，高达 74%，18 岁以下和 18~30 岁分别占比 10%、16%。文化程度多为初中、高中或中专，高达 74%，未上过学、小学、大专及以上分别占比 4%、10%、12%。在对乡村振兴的了解程度上，大部分受访者都知道乡村振兴，但仍有 21% 的受访者表示没有听说过这个概念。其中有 9% 的受访者对乡村振兴战略的具体内容非常熟悉，12% 的受访者对乡村振兴战略的具体内容比较熟悉，25% 的受访者对乡村振兴战略的具体内容有大概的了解，33% 的受访者仅对乡村振兴有印象，但对乡村振兴战略的具体内容没有深入的了解，占比最高。

在乡村振兴战略的 5 项内容中，有 33.75% 的受访者认为产业兴旺是汉寿县推动乡村振兴战略的最为关键之处。此外，占比从高到低分别为生活富裕、乡风文明、治理有效、生态宜居，这四个内容分别占比 21.25%、17.50%、16.25%、11.25%。汉寿县的乡村环境、镇区环境，教育、医疗水平，人民的生活条件、收入水平、思想道德素质，以及政府的治理体系都有较好的基础。而产业振兴是实现乡村振兴的基石，汉寿县特色产业——甲鱼产业与蔬菜产业为产业发展开辟了新道路，为产品"走出去"提供资源和平台，也能为村民创造更多的就业机会，提高他们的收入。

随着乡村振兴战略的实施，48.75% 的受访者认为在乡村振兴战略下乡村发展变化较大，21.25% 的受访者认为在乡村振兴战略下乡村发展变化非常大，30.00% 的受访者认为变化较小或没有变化。而这些变化主要体现在 5 个方面：农民收入稳步增加、乡村公共设施增加、村民精神面貌健康向上、居住条件大大改善、医疗卫生水平大大提高。按照人数占比来看，受访者认为乡村振兴带来的变化最首要体现在乡村公共设施增加，占比 34.73%，而后依次为居住条件大大改善、农民收入稳步增加、村民精神面貌健康向上、医疗卫生水平大大提高，分别占比 20.96%、20.36%、13.77%、10.18%。由此可见，随着汉寿县不断推进乡村振兴战略，乡村发展有了较大的变化，而这些变化居民也能切实感受到，有一定成效。

在众多有关具体期望的选项中，受访者最关心的是提高医疗保障水平，占比 21.39%，其后三名从高到低依次为提高养老保障水平、提供资金支持、改善孩子教育条件，分别占比 12.94%、10.95%、9.95%。可见，在乡村振兴战略实施过程中，受访者更加关心自身切实的感受，希望乡村振兴战略能够落到实处。在问卷调查过程中，有受访者提出，没有工作单位，需要自缴养老保险，同时还提出，针对不同人群、不同年龄应该制定不同政策，做到因人而异。

关于汉寿县实施乡村振兴战略存在的主要问题中，20.25%的受访者认为村民的参与度不够和政府扶持政策的力度不够是汉寿县乡村振兴战略推进过程中的两个障碍。村民的参与度与乡村振兴战略的推进息息相关，如果参与度不够，则可能导致推进进度缓慢甚至无法推进，因此，如何调动村民积极性，号召大家参与到具体项目中，是一个值得思考的问题。同时，政府在乡村振兴中扮演了极其重要的角色，乡村振兴由政府主导、组织和落实，并提供资金支持，因此，政府应完善相关职能，采取多方面措施促进乡村振兴战略的持续发展。其次，19.63%的受访者认为乡村创业条件不足。乡村创业条件不足，人才倾向于前往城市中寻求创业、就业机会，就导致乡村很难留住人才。由此可见，一个良好的创业就业环境能够吸引更多的人才，而如何留住人才也是值得思考的。

最后，团队探究了文化程度和年龄是否分别影响居民对乡村振兴战略的了解程度。运用 SPSS 软件分别进行受访对象的文化程度、年龄与对乡村振兴战略了解程度的交叉表卡方检验，得到的 P 值分别为 0.392、0.115，均大于 0.05。由此可知，不同的文化程度、年龄对于是否了解乡村振兴战略不存在显著性差异。这两个数据也反映出，汉寿县在宣传乡村振兴战略时做到了全年龄层、全学历人群覆盖，普及乡村振兴战略。

四、产业现状及问题

（一）甲鱼产业现状

1. 扶持力度持续加大，标准化养殖全面实施

汉寿县 2023 年全面实施"强工稳农、活旅靓城"发展战略，大力推进"双区牵引、六轮驱动"主要工作任务。甲鱼产业作为汉寿县的特养产业，经过近 50 年的发展，已成为汉寿县最具特色的农业支柱产业、地域特色产业。甲鱼产业作为"六轮"之一，政府扶持力度持续加大。县委、县政府成立了特种养殖（龟鳖）产业领导小组，制定了多项政策，并每年提供专项资金，金融机构也每年投放甲鱼贷款。除了政策与经济上的扶持，在土地流转、设施农用地审批、冷链仓储、生态环保等方面都予以倾斜支持。

目前，全县现有甲鱼养殖水面达 16.8 万亩，包含池塘专养（精养）、鱼鳖混养、稻鳖、莲鳖养殖等多种模式。其中，池塘专养（精养）、鱼鳖混养

和"大面积、低密度、仿生态"等生态健康养殖模式被汉寿县大力推行，鱼鳖混养占比最高，水面达11.5万亩。得益于标准化养殖的全面实施，汉寿县获评多项荣誉。2023年，汉寿县获批"汉寿甲鱼"湖南省地理标志产品保护示范区，全县健康养殖普及率达100%。

2. 产业化经营加快推进，市场化引领畅通营销

甲鱼产业采取"公司＋基地＋农户""公司＋专业合作社＋基地""市场＋协会＋养殖户"等产业化经营模式，发展壮大了一批现代农业特色产业园区和示范基地。在本次调研中，团队成员前往华甲生态甲鱼产业园和东仓湖生态水产养殖基地。华甲作为省级龙头企业，专注于甲鱼全产业链的开发。在文化展示馆能够看见，华甲不仅养殖甲鱼，还致力于开发甲鱼衍生品，如甲鱼粉、甲鱼罐头，销往世界各地。华甲大部分甲鱼采用人工养殖，主要喂养调配好的饲料。从相关工作人员处了解到，华甲生态甲鱼产业园仍在开发中。与华甲不同，东仓湖生态水产养殖基地以鱼鳖养殖为基础，不进行人工喂食。鱼、鳖构成一个系统的有机整体，最大限度提高水资源和生物资源的利用。东仓湖打造"老乡鳖"品牌，坚持"线上线下一齐发展，两条腿走路"的营销战略，入驻各大互联网销售平台，通过直播带货等方式销往全国各地。

（二）甲鱼产业问题

1. 标准化技术推行力度不够

汉寿县虽是湖南省甲鱼养殖标准化示范县，建立了多家标准化养殖基地，但大部分养殖面积仍处于无序状态。同时，已制定的《汉寿甲鱼养殖技术规范》和《中华鳖养殖技术规范》年代已久，恐难适应甲鱼养殖新形势。

2. 养殖户思想认识不高

受传统观念影响，部分养殖户对标准化生产认识尚有差距，多数生产经营者只注重眼前利益，急功近利，对标准化生产和品牌创建缺乏积极性、主动性，对产量要求不高，优品优质理念不强。同时，合作组织没有充分发挥作用，部分合作社有名无实。

3. 品牌效益不明显

汉寿甲鱼虽获得国家质检总局和农业农村部双地标，但质量追溯体系建设不完备，"二品一标"认证欠力度，经营主体品牌宣传和维护意识不强，汉寿甲鱼品牌效益一直没有得到有效发挥。

（三）蔬菜产业现状

1. 政策扶持促发展，人才优先求创新

蔬菜产业同样作为"六轮"之一，充分发挥典型引路作用，县委、县政府先后出台了《关于进一步加快蔬菜产业发展的实施意见》《汉寿县促进蔬菜产业发展扶持办法》和《汉寿县蔬菜特色农业保险工作实施方案》。一方面，以土地流转为杠杆，推进适度规模经营。引导土地向蔬菜大户、家庭农场、蔬菜合作社等新型农业经营主体集中。另一方面以政策扶持为推手，设立高效示范点。县委、县政府还出台了专门的人才引进、培育政策，激励人才创新创业。蔬菜产业也积极与多所高校建立了长期合作关系，先后引入专家团队发展蔬菜产业。同时，建立健全了县、乡、村三级推广服务网络，实现了人才、科技服务的无缝覆盖。

2. 生产规模大，科技含量高

汉寿县内常年蔬菜种植基地 20 多万亩，播种面积达 45 万亩，总产量 200 万吨，综合总产值近 40 亿元。2003 年，汉寿县被省政府指定为"湖南省放心菜生产基地"；2012 年，被农业农村部确定为全国 580 个蔬菜生产重点县之一，蔬菜产业已经成为汉寿县继粮食之后的第二大产业，汉寿县成为全省规模最大的专业蔬菜生产基地和全国蔬菜重点县之一。全县以种植白菜、南瓜为主，每个合作社略有不同。同时，自动化播种、工厂化育苗、机械化移栽、水肥一体化智能系统、病虫害绿色防控、无土栽培技术、可视化种植管理、蔬菜质量可追溯系统等一大批前沿科技新成果得到推广普及。团队成员参观了汉寿县龙阳镇诚盟蔬菜种植专业合作社，据了解，合作社成立以来，围绕蔬菜集约化育苗、高效种植和新品种展示，积极带动周边农户及围堤湖蔬菜产业快速发展，促进了农民增收致富。

3. 建设示范基地，打造特色品牌

汉寿县高标准建成了农业农村部蔬菜标准园 5 个，园区面积近万亩；省级特色产业园 1 个，蔬菜工厂化育苗中心 6 个，年育苗能力近 3 亿株。"汉寿蔬菜产业园"有望成为全市首个以蔬菜为主题的新型特色田园综合体。在工作人员的带领下，团队成员前往蔬菜产业园参观。据了解，该产业园主要用于展示新品种、新技术，集科研检测、合作生产、加工展示、研学观光于一体，分展示、科研、种植三大功能区，真正实现"从实验室到示范区再到大面推广"的有效衔接。团队还前往了汉寿县惠湖莲藕专业合作社。玉臂藕作

为汉寿特色蔬菜，合作社开发了玉臂鲜藕、藕带、真空包装藕节等十几种产品，还可按客户要求定做其他藕产品。为进一步加强汉寿玉臂藕质量管理，合作社还注册了"辰莲"玉臂藕商标，完善了汉寿玉臂藕的质量监管体系。汉寿县精心打造多个品牌，以企业为依托，逐步形成"公司＋合作社＋农户"的产业化发展模式。

（四）蔬菜产业问题

1. 设施化基地不多，商品化水平不高

基础设施不配套，栽培设施发展缓慢，抗灾能力弱；简单的加工设施用地报批复杂，蔬菜合作社（企业）仓储、加工和冷藏保鲜等不配套；外销的地区大力发展设施栽培，提高自给率。这些都对汉寿蔬菜形成"挤压"之势。汉寿县蔬菜产量虽高，但通过商品化处理后上市的不足总量20%，基本无包装或包装简易，现有几家企业场地也不规范，达不到食品安全标准。

2. 市场化体系不全，品牌化影响不大

蔬菜产业没有建立蔬菜产业信息化系统，没有平台为菜农提供市场预测和信息发布，"互联网＋蔬菜（新零售）"几乎是空白，本地蔬菜基本都是路边销售。此外，蔬菜产业没有统一的品牌宣传，虽然连续举办了五届蔬菜文化节，但采后处理设施设备条件差，龙头企业引领作用不强，流通体系不健全等问题，使汉寿蔬菜品牌知名度不高。

五、发展之路

（一）优化产品质量，强化质量监管

针对甲鱼产业，汉寿县可以加速扩大甲鱼养殖面积，加强技术培训，推行标准化养殖，强化农产品质量安全监管，争取尽快达到国家标准，成为全国甲鱼养殖标准示范县。同时，可以提纯复壮中华鳖原种，确保汉寿甲鱼的全国地理标志认证品牌。第一，为确保汉寿甲鱼种质纯正，每3～5年应将其更新换代1次，淘汰劣质种源；第二，提倡并鼓励本地养殖户建温棚育苗，以解决甲鱼养殖的苗种问题；第三，选育新品种，选择其他异地品种，实行杂交育种，培育出新的抗病力强、生长快的新品种加以推广。

针对蔬菜产业，首先要强调标准生产。重点加强华诚菜心、汉美花菜、诚盟苦瓜、惠湖莲藕等标准化生产基地建设，形成"一社一特"。加大对沟渠、道路及大棚、喷滴灌设施的投入力度，并制定蔬菜地方生产标准，追求

高质量、高标准生产。其次要重视产品认证。加快"三品一标"认证认定，提升质量和安全水平，以特色、安全、质量占领市场制高点。最后要质量溯源。加强农产品质量追溯体系建设，规范农业投入品管理，坚持农药、化肥投入零增长举措。

（二）加强科技推广，提高效益

甲鱼产业虽已发展较好，但仍需要更高尖的技术支持培育更加优良肥美的甲鱼。未来，可以组织专家团队开展汉寿甲鱼标准化体系建设。同时，注重打造蔬菜产业园，建成集科技开发、科普教育、技术培训、试验示范、种苗繁育、展示展览等于一体的多功能蔬菜科技示范基地，以解决名特优新品种培育难、高档精细菜面积小、蔬菜生产科技含量较低、新品种和新技术的应用推广效果较差、品种更新换代速度慢等问题。面对基础设施不配套、栽培设施发展缓慢、抗灾能力弱问题，蔬菜产业管理基地要加强创建各类示范区。对蔬菜生产园区、基地统一规划，加强水、电、路、井、渠等基础设施建设。升级改造有基础的合作社和加工企业，做到基地有亮点可看、企业（合作社）有品牌可推、农民有效益可赚。特别是要争创国家级现代农业示范区、国家级特色农产品优势区。

（三）开展深度加工，完善并延长产业链

针对甲鱼产业，一是选择将已研制开发的产品做大做强，进一步开拓市场，组建大集团进行深度开发，提高产品的附加值；二是组建专门团队，通过与科研院所、高校、医院合作等方式，在医药产品、保健产品和食用产品等方面研制开发新产品上市；三是发展餐饮、旅游地方特色产品，在全国开设连锁店，同时让到汉寿县的游客能买到当地特色产品。

针对蔬菜产业，一是发展蔬菜加工，重点支持新型经营主体采用冷藏保鲜、分级包装、净菜加工，真正做到有品牌、有商标、创名牌，引导消费；二是扶持加工企业，规划筹建汉寿县农产品加工产业园，重点支持现有加工企业，积极引进蔬菜脱水、烘干等加工企业，延长产业链，增加附加值；三是开展订单生产，建立"公司（合作社）＋基地＋农户"的新型产业化组织体系，推进生产经营专业化、标准化、园区化和集约化。依托新型农业经营主体，构建起农资、育苗、种植、物流、销售、加工"一条龙"的蔬菜产业链。

（四）加强宣传推介，提升产品影响力

一是充分利用广播电视、报刊等媒体宣传汉寿县特色产业，制作专门的宣传视频并投放；二是积极参与世博会、农博会等博览展销会，办好节会展会活动；三是加强农业、文化、旅游三个产业的联合发展，打造一个"全链条"产业融合模式，大力推行"龙头企业＋创建区""合作社＋创建区"等经营模式。

六、总结

大学生暑期社会实践活动是引导学生走出象牙塔，深入基层，了解民生国情，助推地方特色产业高质量发展及乡村振兴的重要途径。此次暑期社会实践活动团队聚焦汉寿县甲鱼产业和蔬菜产业，针对当地目前特色产业发展过程中技术短板、人员短缺、品牌效益不明显等痛点难点进行分析研究，并在优化产品质量、加强科技推广、开展深度加工、加强品牌推介等方面提出建设性意见，助力汉寿县两大特色产业的高质量发展，加快建设新农村，推动特色农业发展。

参考文献

[1] 左停，刘文婧，李博．梯度推进与优化升级：脱贫攻坚与乡村振兴有效衔接研究 [J]．华中农业大学学报（社会科学版），2019（5）：21－28＋165.

[2] 陈龙．新时代中国特色乡村振兴战略探究 [J]．西北农林科技大学学报（社会科学版），2018（3）：55－62.

[3] 郭俊华，卢京宇．产业兴旺推动乡村振兴的模式选择与路径 [J]．西北大学学报（哲学社会科学版），2021（6）：42－51.

[4] 孔祥利，夏金梅．乡村振兴战略与农村三产融合发展的价值逻辑关联及协同路径选择 [J]．西北大学学报（哲学社会科学版），2019（2）：10－18.

关于平江县三墩乡地区油茶产业
发展模式变迁的核心因素探究

课题组成员：黄世炳，黄雨晴，王 雯，谭 欣

指导老师：刘 佳

摘要：平江县素有"油海"之称。近年来，为将 60 万亩油茶林打造成农民脱贫攻坚的"绿色银行"，平江加大科研力度，突出油茶良种良方，靠科技创新求发展。目前平江县三墩乡地区油茶产业发展取得了一定成功，但也存在一些问题亟待解决。本文通过文献研究、人物访谈、问卷调查、实地考察四大研究方法，以实地调研所获资料为研究依据，以区位理论和产业发展机制为切入点，将平江县三墩乡戴市村、公平村的油茶产业作为案例，并与童市镇湖南巨雄农业科技发展有限公司作对比，综合分析当地油茶产业发展现状，深入探究油茶产业发展模式变迁情况及核心因素，从而针对当前存在的问题提出有效对策，助力三墩乡地区油茶产业发展。

关键词：油茶产业；产业发展模式的变化；区位因素

一、引言

（一）问题的提出

1. 研究背景

近年来，国家将油茶产业列入粮油安全战略进行重点支持，平江作为全国 48 个油茶重点县之一，县委县政府高度重视油茶产业发展，相继出台了一系列帮扶引导油茶产业发展的政策，稳步推进油茶项目建设，全力提升油茶品牌效应，将平江县油茶品牌推向新高度。如何抓住这些油茶发展的利好机遇，推进油茶产业健康发展，促进山区农村增收、农民致富，成为平江县三墩乡一项迫切且具有重要意义的课题。

2. 研究意义

本研究以区位理论和产业发展机制为基础，通过对平江县三墩乡油茶产业的生产、加工、营销及经营模式的现状分析，发现三墩乡油茶产业发展中存在的问题，进而提出促进平江油茶产业发展的建议，研究方向具有一定创新性，丰富了现代油茶产业的发展理论，也为我国其他地区发展油茶产业提供了一定的理论支撑和决策参考。

（二）研究设计

1. 概念界定

（1）油茶产业

油茶产业既包括油茶的科研、栽培、精深加工、销售、贸易和消费整个链条，又包括对于这个链条的产业政策、发展模式等。

油茶产业的特征包括：对自然条件要求的特殊性、多功能性、茶油高端市场性。

（2）湖南油茶主要发展模式

2008年以来，湖南各地从当地油茶产业发展的实际出发，探索出了一系列发展模式，归纳起来主要有4种类型。

①自主经营型

该模式一般以家庭为单位，由农民自行种植油茶，收获油茶果后出售油茶籽，或者自行炼制毛油出售。

②种植大户型

种植大户通过租赁、承包、转让等形式获得林地的经营使用权，集中连片种植油茶。

③专业合作组织型

合作社一般采取公司化模式运作，通过设立社员大会等形式为社员提供种苗、肥料、技术指导、销售信息等服务；社员以土地入股，并负责苗木栽植、培管和采摘等劳务，按约定的比例分配收益。

④公司带动型

公司带动型可分为以下4种类型。

"龙头企业＋基地"型：企业通过承包、租赁、流转等方式获得土地使用权进行造林，农户通过出租林地和在基地务工取得收入，实现企业和农户的双赢。

"龙头企业＋基地＋农户"型：企业通过建立小面积的高产油茶示范基地，带动农民种植油茶，免费向农户提供优质种苗、技术培训，与农户签订收购协议。

"龙头企业＋专业合作组织＋农户"型：企业通过与专业合作社、协会、种植大户等合作，将农户紧密联结起来。农户专业化种植油茶，企业则加工和销售相应产品，专业合作组织作为中介，为农户与企业提供产前与产中的某些服务。

股份合作型：林农以林地或劳力入股，实行按劳分配、按股分红的方式。

2. 理论支撑

（1）区位理论

区位理论有两层基本内涵，一层是人类活动的空间选择，即在区位主体已知的条件下，从区位主体本身的固有特征出发，分析适合该区位主体的可能空间，然后从中优选最佳区位；另一层与前者正好相反，即空间区位已知，根据该空间的地理特征、经济和社会状况等因素，研究区位主体即人类活动的最佳组合方式和空间形态。

（2）产业发展机制

产业发展过程是一个受多种因素影响的复杂过程。在这个过程中如果产业的竞争力强就有助于产业的形成并迅速吸纳社会资源技术，快速进步，占领广阔市场，扩大市场容量，实现产业成长，进而走向产业成熟，甚至理想地延长产业的成熟期，在国际市场竞争中占领突出的优势地位。相反如果产业的竞争力弱，产业就必然会走向衰退。因此产业发展的影响因素应该包括动力机制、供求机制、内在机制、外在机制、决策机制和创新机制。

3. 研究对象

平江县三墩乡戴市村、公平村的油茶产业；平江县童市镇的湖南巨雄农业科技发展有限公司。

二、三墩乡基本状况概述

（一）自然及社会区位

三墩乡，隶属于湖南省岳阳市平江县，地处平江县中部，地势四周高中间低，以丘陵、山区为主。气候属亚热带季风气候，光照充足，无霜期长，具有明显的气温日差大的山区气候特性，年均气温 16.9 摄氏度，年均降雨量

1660 毫米。

三墩乡东南与童市镇为邻，西抵梅仙镇，北连虹桥镇、南江镇，行政区域面积 117.54 平方千米，辖 13 个行政村：车田村、戴市村、小墩村、中武村、公平村、忠龙村、新兴村、罗阳村、鹿石村、秦坊村、汇龙村、仁里村、邹家村。

（二）油茶产业

三墩乡油茶种植历史悠久，可追溯到 2000 年以前，油茶产业有全乡种植基础，老茶树林特色突出，高产茶油潜力大。现有油茶林 8.6 万亩，2021 年油茶产量 50 万斤，产值达 3000 余万元。三墩乡公平村油茶产业发展最好，戴市村第二，中武村其次。目前，平江农业农村局大力支持发展油茶产业，三墩乡全面擦亮"油海三墩、酒香三墩、金色三墩、文旅三墩"四张名片。戴市村合理扩大油茶种植面积，7000 亩林地中有 6000 亩是油茶；公平村不断创新油茶种养结合方式，以打造"平江县万亩油茶第一村"为目标。

三、案例情况分析

（一）戴市村油茶产业分析

戴市村面积 9.6 平方千米，林地面积 7881 亩，整片油茶种植 6000 余亩，种植以老茶树为主，新茶树少。老茶树挂果慢，出油率低，但茶油质量较好；新茶树两年可挂果，茶籽大，出油率高。

戴市村油茶产业为自主经营型发展模式。这种经营模式规模小，管理粗放，产量低，抗风险能力差。戴市村采用传统榨油方式——压榨法，百斤茶籽出二十四五斤茶油。一烘焙，将茶籽放烤床上烘干；二碾粉，以前用磨盘，现在用打粉机；三蒸粉，将茶粉放进木甑上锅蒸熟；四做饼，一层稻草一层粉压实包起来做成茶饼；五榨油，从前人力压榨，现用液压机压榨。戴市村只进行毛油生产，没有进行深加工，茶饼榨完油形成的茶枯，仅用来烧火、洗发或给地里增肥杀虫。油茶是高效农业代表，但只有延长产业链，增加附加值，才能让油茶产业可持续发展。

当地政府积极帮扶引导戴市村油茶产业发展。政府引进了和湖南林科院合作培养的新茶树品种，落实低改政策，鼓励改造油茶林，通过资金帮扶更新榨油坊，促进油茶产业发展。该村村民重视油茶种植，不断提高油茶产量，保证油茶质量，使油茶产业走上可持续发展的道路。但戴市村条件比较落后、基础设施差，限制了该村油茶产业的大规模生产。

（二）公平村油茶产业分析

公平村全村林地面积 1.9 万亩，其中油茶林面积 1.06 万亩，人均油茶林面积 6.5 亩。油茶树也以老茶树为主。

公平村油茶产业采用专业合作组织型发展模式，茶油加工也采用压榨法。公平乡镇政府大力扶持村民种植油茶，推广低改等政策，发展村集体经济，通过油茶产业为村民增收；通过免费发放树苗给村民等措施提高村民种植油茶意愿。在政府和村民的共同努力下，公平村的油茶产业一直在稳步提升。公平村油茶低产林改造已大见成效，全村共完成油茶低产林改造 5200 亩，新造油茶林 820 亩，平均每亩产油量增长 2 至 4 倍。2021 年，全村对 1000 亩油茶低产林进行提质改造，总产茶油达 6 万斤，落实脱贫监测户 8 户。以油茶产业发展极大地帮助了农民增产增收，巩固了脱贫成果，助力乡村振兴产业发展。

公平村当前采用多种方式积极打造"平江县万亩油茶第一村"，不断创新种养方式，采用"林下经济"种植模式，既种植油茶树，还在树下种植中草药等其他作物以提高其土地利用率。全村进一步加强茶油生产机械化程度，打造油茶品牌"湘之云"；同时规划茶油文旅，打造油茶观光体验基地。

（三）童市镇湖南巨雄农业科技发展有限公司基本情况分析

巨雄公司油茶产业为公司带动型发展模式，从扩大规模、提升产量质量、研发新产品、拓宽销售途径四个方面不断创新发展油茶产业。巨雄公司积极建设油茶示范基地，投资油茶加工生产一条龙全自动化设备厂区，多渠道收购原材料，把农户们的好产品纳入公司产业链，推动共同致富。其采用冷榨工艺全机械化生产茶油，通过自动化一体的机器直接将茶油果变成毛油，再升级精炼加工生产线，将精炼毛油灌装打包为高端成品山茶油外售。同时，公司建立油茶研究院，与湖南林科院、中医药大学等各方积极合作，研发油茶相关新产品，并在政府帮助下通过"832"等平台扩大产品销售范围。

四、三墩乡地区油茶产业发展模式变迁的因素探究

长期以来，我国油茶一直沿用传统生产模式，多为农户分散经营，既不利于提高油茶产品市场竞争力，又不利于油茶产业良性发展。为促进油茶产业健康可持续发展，破解一家一户小规模经营和大市场之间的矛盾，实现由

小农林业经济向现代林业经济转变，三墩乡依据现实情况对油茶产业发展模式进行探索，从单一自主经营模式逐渐向多种组合型生产经营模式变迁。通过调研发现，促使三墩乡油茶产业发展模式变迁的关键因素主要有以下5项。

（一）政策因素

三墩乡油茶栽培历史悠久，但油茶产业发展起步较晚。20世纪由于青壮劳动力外出打工，大面积油茶林荒废。2008年，为重振油茶产业，三墩乡党委政府走双层经营、集约化发展道路，同年10月引进山润油茶公司，建立1200亩新品种油茶示范基地，并出台"以奖代补"措施，对全乡12万亩油茶林进行全面更新改造，改造后的油茶林每亩单产均有不同幅度的提高。三墩乡依靠国家政策，推进油茶的规模化、产业化经营，对油茶良种苗木、油茶丰产林和低产林提供一定补贴，引导油茶产业向专业合作组织型或公司带动型发展模式转变。

（二）土地因素

大规模、集中连片的宜林地是实现油茶规模化经营的基本前提。三墩乡积极推动油茶林地流转，组织引导林农主动将自己无力经营、经营不佳的油茶林流转给合作社、公司等经营，规模化经营程度逐步提高。2020年，公平村油茶林流转面积达20%，全村325户人家经营上100亩的大户有11户。土地使用权商品化和集中流转逐步发展。引导土地适度规模经营，进一步优化劳动力和土地资源配置，促进油茶产业向专业合作组织型或公司带动型转变、向高产优质高效方向转变，种种举措使林地要素既体现了土地本身的使用价值，又提高了效益，保障了多方发展的利益。

（三）资金因素

油茶产业是典型的"三高"产业。油茶产业投入资金多且回收期长，发展不能仅靠一方资金支持。2021年1月至2022年7月，公坪生态油茶种植农民专业合作社借助亚行贷款农业综合开发项目，开展长江绿色生态廊道经果林项目，完成油茶林改造100.60亩，项目总投资18.40万元，其中财政补贴7.34万元。统筹推进油茶的规模化、产业化发展，一要政府加大对油茶资金投入的扶持力度，拓宽融资渠道；二要建立起各方合作系统机制，整合各方资金有效进行产业投入。如果当地具有或引进油茶龙头企业，油茶发展模式则倾向专业合作组织型或公司带动型。反之，为规避风险，只能选择减少资金投入，自主经营型在此阶段更为合适。

（四）市场因素

油茶市场的扩大短期来看利于多种油茶生产经营模式的发展，但当市场对高档茶油及其他新产品的需求有所增加时，油茶产品则会面临市场准入门槛高、需求不稳、市场竞争强等情况。戴市村自主经营型下生产的油茶产品主要为毛油，公平村专业合作组织型下虽建立了本土油茶品牌"湘之云"，但未开发其他相关产品。三墩乡油茶产业链短，产品结构单一，市场竞争力弱。此时需要靠资金充足、技术先进的龙头企业来开发市场，推动公司带动型经营模式发展。

（五）科技因素

科技进步已成为推动油茶产业发展模式变迁的巨大动力。近年来，平江县通过加大科技投入，加强科技攻关，推广科技服务，不断引领油茶产业良性发展。三墩乡通过引进"德字一号"油茶良种、采用丰产栽培技术等多种方式，在 2019 年新造油茶林 2000 亩，年产油茶 40 万斤，种植效益近 3000万元。油茶科技的迅速发展，不仅提高了林地产出效益，而且增强了村民对油茶种植生产的积极性，更是为油茶产业的规模化经营提供了技术支撑，促进了油茶产业向专业合作组织型或公司带动型变迁。

五、三墩乡地区油茶产业发展的主要问题及相关对策分析

（一）主要问题

1. 劳动力后备不足，技术型人才缺失

油茶产业属劳动密集型产业，"劳动力后备不足，技术型人才缺失"的现状成为限制油茶产业发展的主要问题之一。平江是劳务输出大县，青壮年劳动力外出务工现象普遍。三墩乡油茶产业的劳动力以中年人为主，青年一代传承发展油茶产业的意愿较低，油茶产业劳动力后备不足。三墩乡地区大学生返乡人数少，居民多属于高中（含中专）及以下学历，总体文化水平有限。并且当地尚未建立起培养、引进和留住人才的联动机制，拥有油茶种植技术和研发技术的专业人才紧缺，限制了当地油茶产业发展速度。油茶产业劳动力的投入难以支撑自主经营型发展模式的需求，因此三墩乡劳动力的供求矛盾促使油茶产业发展模式向专业合作组织型或公司带动型转变。

2. 油茶品种老化，低产林待整改

随着栽种年份的增加和不合理种植，三墩乡地区油茶品种老化现象明显，

树种老化后病虫害现象严重，结果率、产籽率、出油率下降，产量减少，经济效益降低。当地需对低产林进行统计和整改，重新栽种适宜的树种并按照各区域水土状况调整种植方案（目前在三墩乡公平村已创立与农科院合作研发的新品种试验区，找寻最适合当地生态环境生长的高质量茶树品种）。

3. 宣传力度低，销售途径单一

茶油属于高端食用油，具有很高的经济价值和生态价值。随着人们生活观念的改变，茶油受到越来越多的关注，市场占有率逐步提升。三墩乡地区油茶产业发展历史悠久，茶油品质高，但产业宣传不足，销售途径单一。

4. 加工规模较小

通过对三墩乡地区加工工坊和童市镇油茶企业巨雄公司的实地调研，发现当地加工工坊的规模较小且分散，正在逐步走向现代化。扩大加工规模能加大采果季节的茶籽加工量，吸引客源，带来更高的经济效益。童市镇巨雄公司的加工规模相对较大，设备更现代化，已通过合作形成产业链，但也还需拓宽视野、保持口碑，继续提升技术、扩大规模。

（二）可行对策

1. 培养、引进技术人才

人才是地区经济发展的重要组成部分，油茶产业的发展需要吸收更多技术人才。第一，需制定人才引进政策，拓宽引进渠道，以合适的用人机制吸引外来人才。第二，应建立合适的竞争机制促进良性竞争，满足人才对实现自我价值的需要。第三，不断完善相关福利制度，在物质条件和精神层面给予人才支持和激励。第四，加强技术培训，培养具有丰富实践经验的人才，增强他们的专业能力及创新意识，推动当地的产业技术变革。

2. 加大扶持力度

在调查中了解到当地政府非常注重油茶产业的发展，有低改、补贴、助农等一系列的扶持政策，当地百姓的种植积极性也很高。2010年，三墩乡抓住国家扶持油茶产业的机遇，加大对新造茶林的扶持力度，后续也不断争取增加扶贫发展名额，政府进行额外补贴，茶林年产值大幅度提升。政府的支持是百姓坚实的后盾，继续加大扶持力度也是促进油茶产业发展的有效措施。

3. 创新发展模式

油茶产业的发展模式需要创新。第一，通过积极开发"林下经济"种植模式提高土地利用率，灵活调整种植方式。第二，大力挖掘油茶的洗护、美容、保健等周边产品的发展潜力。第三，开发采摘体验区和游览路线，宣传产业历史文化，创新电商销售方式，增加当地文旅收入，将油茶文化发扬光大。第四，不断创新经营模式，向专业合作组织型、公司带动型等模式转变，争取利益最大化。第五，开发示范基地，通过产量、品种、品质的比较选择出高质高产的示范林。这些措施可以促进经验交流、提高生产积极性、推动共同进步，提升各地的发展水平和经济收入。

4. 加强品牌建设，形成产业链

一条高效完整的产业链能够更好地展现油茶产业的独特魅力，给消费者带来更好的购物体验。三墩乡地区油茶品质高，已开发"湘之云"等品牌，但品牌建设不足，市场知名度较低，可通过丰富品牌文化内涵、打造良好口碑、积极合作、引导品牌国际化发展等措施，突破品牌发展瓶颈。同时产业发展需要企业带动，可以形成公司带动型发展模式，企业带头根据自身特点和市场状况进行灵活调整，做实产业链条，提高油茶产业竞争力，扩大市场占有率，促进共同发展。

5. 探索良种良方，注重科技研发

良种良方是油茶产业发展的重要前提，科技研发是提升竞争力的主要方式。目前"德字一号""湘林系列"等品种能较好地适应三墩乡地区的水土环境，有较高的挂果率和出油率，已在当地进行推广。之后应依照当地经济状况申请科研经费，创建科研小组，筹备科研项目，提升产业竞争力，促进产业智能化、现代化。

6. 科学有序发展

油茶产业要科学有序地发展，需各方协助推进集约经营、规模经营、绿色经营。当地相关主管部门要严格遵循产业发展技术规范及管理规定，加强环保宣传教育；注重环境质量监测；对产业从业人员予以支持和鼓励；严查恶意竞争和套取补贴的现象，促进油茶产业科学、绿色发展。

六、小结

通过对平江县三墩乡戴市村、公平村的油茶产业和平江县童市镇湖南巨雄农业科技发展有限公司调查研究后，我们得出三点结论：第一，影响三墩乡油茶产业发展模式变迁的关键因素主要为政策因素、土地因素、资金因素、市场因素、科技因素及劳动力因素；第二，三墩乡地区油茶产业的发展面临

"劳动力后备不足,技术型人才缺失""产业管理粗放,规模化程度不高""油茶品种老化,低产林待整改""宣传力度低,销售途径单一""加工规模小"五大问题;第三,针对上述问题,我们提出"培养、引进技术人才""加大扶持力度""创新发展模式""加强品牌建设,形成产业链""探索良种良方,注重科技研发""科学有序发展"六条建议,以促进三墩乡油茶产业发展模式转变。2022 年,中共中央、国务院印发《关于做好 2022 年全面推进乡村振兴重点工作的意见》提出大力实施大豆和油料产能提升工程,三墩乡应把握此机会加快油茶产业发展模式转变,从而促进三墩乡地区的乡村振兴。

参考文献

[1] 李璐. 湖南省油茶产业发展对策研究 [D]. 哈尔滨:东北农业大学,2014.

[2] 周芳检,李治章,张建军. 湖南油茶产业发展模式分析及优化对策 [J]. 湖北农业科学,2012 (19):4284 – 4287.

[3] 李小建. 经济地理学(第三版)[M]. 北京:高等教育出版社,2018.

[4] 杜靖. 产业发展理论探析 [J]. 山西财经大学学报,2009 (S2):59 – 60.

[5] 彭邵锋,陈永忠,马力,等. 油茶产业主要经营模式及其影响因素 [J]. 林业科技开发,2012 (5):1 – 8.

生计脆弱性视角下脱贫地区
返贫风险测度及防范机制研究
——来自绥宁县的实地调查

课题组成员：朱晓燕，代雨晴，郭一婷，胡宇航，
　　　　　　陈雨露，曾媛萍
指导老师：戴家武，陈云凡

摘要：合理评估新发展阶段脱贫地区农户生计脆弱性致贫风险因素，是有效应对返贫风险的关键。课题组通过对绥宁县的实地调研，构建了农户生计脆弱性指标体系，综合采用熵值法、计量回归等方法对调研地的返贫风险进行研究。实证结果表明：调研地农户的返贫风险值为 0.0024，说明当地农户整体生计脆弱性较弱，但仍面临一定程度的返贫风险，与农户的暴露—敏感度及其适应能力有直接联系。基于统计与计量分析结果，课题组从健全返贫风险预警与防范机制、完善农业帮扶内容体系、强化生态环境治理等方面提出对策和建议。

关键词：生计脆弱性；脱贫地区；返贫风险测度

一、引言

随着脱贫攻坚战取得全面胜利，我国完成了消除绝对贫困的艰巨任务，但当前农村仍存在脱贫人口生计能力脆弱、内生动力不足等问题。为此，2023 年中央一号文件提出"坚决守牢确保粮食安全、防止规模性返贫等底线，扎实推进乡村发展、乡村建设、乡村治理等重点工作"的意见。湖南省积极响应国家政策，探索创新监测对象识别模式，牢牢守住不发生规模性返贫的底线。绥宁县作为曾经的国家级贫困县，现已成功脱贫摘帽，建成国家级生态示范区，农业旅游业发展态势良好，具有代表性。邵阳市绥宁县乡村振兴局定期召开"湖南省防返贫监测与帮扶管理平台"培训会议，不断强调

防返贫工作的重要性，并通过沿户排查等措施探索防返贫长效机制。

在返贫风险的影响因素中，生计脆弱性是一个非常重要的视角。生计脆弱性是指农户个体在追求生计、实现可持续的过程中，面临生计结构变化和外力冲击时呈现出的非均衡易受损状态（李玉山，等，2021）。关于脱贫地区的返贫风险，有关学者对其产生机制及影响因素等进行了探讨，为本研究奠定了基础。但由于脱贫地区数据获取复杂，大多研究忽略了生计脆弱性这一条件，导致对于生计脆弱性视角下返贫风险的研究非常少，尤其缺少针对中部脱贫地区返贫风险防范的评价办法及防范机制的研究。

基于此，团队于2023年7月前往绥宁县关峡苗族乡进行调研。通过实地调研采集一手数据，结合已有帮扶数据，多维度选取指标，运用熵值法估计生计脆弱性视角下返贫风险指标权重，计算调查对象的返贫风险值及调研地的总体返贫风险值，并对比计算暴露—敏感度、适应能力、返贫风险值，得到各影响因素与返贫风险的关系。进而提出有针对性的对策与建议，为建立返贫防范机制、推动脱贫地区乡村振兴提供借鉴，为增强农民生计稳定性、制定与优化共同富裕相关政策提供参考。

二、调研村落及脱贫农户发展现状

（一）村落发展现状

1. A村：旅游拉动新业态，产业增收共富裕

A村占地近42平方千米，由三村合并而成，现有人口3768人，其中少数民族约占90%，原为贫困村落，2020年实现整村脱贫。2021年，湖南省高校工作队正式入驻A村进行对口帮扶。

2. B村："文艺"荷柳来相约，订单农业稳发展

B村人口共4664人。B村曾是国家级贫困村，现发展集文化艺术与生态旅游为一体的特色产业，在农产品种植方面颇具规模，发展订单式农业。

3. C村："党建"兴农焕新机，文旅研学展新篇

C村原为贫困村，后来探索出了乡村振兴三条路径：一是党政引领，打造强有力的村支两委；二是产业发展，开展"研学+"文旅活动；三是人才培养，培养致富带头人。

4. D村：产业发展促就业，文化传承焕新颜

D村现有村民约3700人。D村以鹿洞古苗寨等传统文化为载体，发展文旅产业；成立葡萄种植销售专业合作社等组织，科学助力农业生产。

综上可得，四个调研村落各具异同，本文将横向对比各村落之间的相似性，纵向分析各村的异质性，为针对性治理防范提供参考。

（二）脱贫农户现状

1. 帮扶保障体系健全，家庭情况得以改善

A 村和 B 村建立了完善的帮扶保障体系。社会保障方面，两村均对罹患重难疾病的农户发放最低生活保障补贴；就业方面，两村积极推动产业发展和脱贫农户稳岗就业协同发展。

2. 培训课程丰富多样，能力本领不断增强

为促进脱贫农户就业，A 村和 B 村立足脱贫农户自身特点，针对社会需求，对脱贫农户开展丰富多样的培训课程。A、B 村进行了油茶种植等特色产业技能培训，带动脱贫农户加强技能学习。

（三）当地防返贫的主要做法和模式

四个调研村落积极落实防返贫政策，具体内容如下。

关于防返贫措施，四地总结为下表。

表 1 调研地区防返贫措施一览表

措施	概要	亮点
持续压紧压实责任	压实党政领导责任 压实部门责任 压实结对帮扶责任	由县乡村振兴战略领导小组统筹推进，实行"县级领导联乡包村、县党政领导包重点村与示范村、行业部门分块负责"工作推进机制；强化驻村帮扶队责任，安排领导干部结对帮扶监测户
健全防止返贫监测帮扶机制	动态监测脱贫户和具有返贫风险人群 及时落实有效帮扶措施	重点监测收入支出状况等，严格按标准和程序认定；在监测户消除风险后动态退出。
巩固"两不愁三保障"成果	巩固义务教育保障成果 巩固基本医疗保障成果 巩固住房安全保障成果 巩固饮水安全保障成果	确保适龄儿童少年不因身体残疾等因素而失学辍学；加大医保宣传力度
加强资金项目管理和监督	整合资金项目实施 加强扶贫项目管理 积极向省国资委争取帮扶资金	严格遵循资金使用和管理制度，提升资金使用效益。

关于防返贫模式，各村村委会定期对监测户进行摸排，先建立拟消除风险名单，再记录其家庭人口数量、监测对象类别、收入与支出情况等。如某未消除风险监测户，返贫致贫风险已稳定消除 6 个月后，且当前年人均纯收入超过当年防止返贫监测线，则转为已消除风险监测对象，并为其建立风险消除情况排查台账，方便后续复查风险消除情况。

四个村落对利用产业发展推动乡村振兴的侧重点有所不同，因此其防返贫措施也各有特色。A 村、B 村和 D 村都以旅游业和农业融合的方式实现脱贫户收入增加，创建特色农产品种植基地，将产业红利共享给农户。此外，A 村通过找准市场定位、出台激励机制等来促进当地旅游与民宿行业的发展。C 村主推古苗寨旅游与研学文旅，利用农文旅相互融合的研学教育基地发展家庭型小产业。

三、调研方案与实证分析

（一）数据来源

本文数据来源于湖南省绥宁县某乡的实地调研，基于典型性、完备性原则选取人口数量最多的两个村落为问卷调研区域。以实地入户调查的方式收集问卷数据，共计发放 306 份问卷，获得有效问卷 276 份，有效问卷回收率为 90.2%。

（二）描述性统计分析

1. 走访总体情况

整合实地走访调研所获得的 276 份有效问卷，其中 91 份来自脱贫家庭，占样本数量的 33.0%；其余来自非脱贫户家庭，共 185 份，占总数 67.0%。

表 2　走访调研样本分布情况

	脱贫户	非脱贫户	总数（份）	总体占比（%）
A 村	41	63	104	37.7
B 村	50	122	172	62.3
总数（份）	91	185	276	100.0

样本分布情况与调研地脱贫人口占比情况相一致，符合抽样数据所要求的精度与效度要求。受访的 276 户家庭中，平均人口为 5.36 人，平均每户赡养 1.91 位 60 岁以上的老年人，抚养 2.58 位未成年人。三项指标的方差均不大，表明数据集中。

表 3　受访农户家庭基本情况的数字特征

指标	有效样本量	平均值	方差	最小值	最大值
家庭人口数量（人）	276	5.36	2.31	1	11
抚养 60 岁以上老年人数量（人）	276	1.91	1.39	0	4
未成年人数量（人）	276	2.58	1.71	0	5

据受访农户家庭人数分布图可知，家庭人口数量最少的为 1 人，最大的为 11 人；家庭人数在 1 到 3 人的小规模家庭占总体的 18.1%，4 到 6 人的中等规模家庭总数最多，占比 58.0%，而 7 人以上的大规模家庭占 23.9%。调查对象保留了部分几代同堂的大家族形式，同时向中小型家庭靠拢。

2. 走访农户经济情况

从受访农户的整体经济情况来看，有 43.84% 的居民预期家庭劳动年收入在 3 万元到 6 万元之间，样本农户整体经济收入较为可观。

为了更清晰地阐述扶养老人、儿童对家庭总体负担的影响情况，本文引入家庭扶养比这个概念。本文中的扶养比根据样本户籍人口计算，暂未考虑家庭分户情况，即农村存在部分老人单独立户，由子女扶养等情况。

$$家庭扶养比 = \frac{家庭无劳动能力人数}{家庭总人数}$$

$$= \frac{家庭总人口数量 - 家庭有劳动能力人数}{家庭总人数}$$

经过分析发现，有 22 户家庭不存在扶养的相关支出。除极端情况外，家庭扶养比≤0.5 的家庭数量占比 60.6%，平均抚养比为 0.316，该数据表明超六成的家庭是平均 10 人中只有 3.16 人为无劳动能力的。总体来看，受访农户家庭的整体扶养负担处于合理水平。

表 4　受访农户家庭扶养比的数字特征

扶养比 = 0	扶养比≤0.5		扶养比＞0.5		扶养比 = 1
无压力	压力较小		压力较大		压力巨大
样本数量	样本数量	均值	样本数量	均值	样本数量
22	140	0.316	91	0.724	23

而从受访农户家庭成员的健康情况来看，有 20.7% 的家庭中有残疾，15.6% 的家庭有患重大疾病成员，24.6% 的家庭中有患慢性病成员。

3. 受访农户被帮扶受益情况

基于调研村落存在受旅游业影响的情况，我们选择剔除旅游业相关产业带来的政府支持政策，只考虑更为常规的低保、养老保险、大病补助、安置房补贴等帮扶政策，对农户受到的帮扶进行统计。从数据中可以看出，只有8.7%的农户没有享受到任何帮扶政策，而有61.6%的农户享受了1项帮扶政策，受到2项、3项帮扶政策的农户分别有25.4%、4.3%。

（三）实证分析

1. 生计脆弱性及返贫风险评估指标体系

参考 Polsky 等（2007）的"暴露度—敏感性—适应能力"（VSD）理论框架和已有的研究成果，同时结合调研乡村的具体情况和农户特征，构建生计脆弱性指标体系。暴露度指农户实际面临的生计风险，敏感度指农户遭受风险冲击时所表现的敏感程度。适应能力是农户面临风险的抵御能力，从生计资本方面选取指标。在实际调研过程中，暴露度和敏感度难以进行详细完全的区分，本文基于调整的 VSD 框架构建农户生计脆弱性及返贫风险评估指标体系。

表5　农户生计脆弱性测量指标体系及权重

维度	指标层	测度指标	指标释义	权重	指标属性
暴露—敏感度 E	外部风险	E1 生态环境治理	生态治理对农户的影响程度，五值化	0.1635	正
		E2 农业市场波动	农业市场波动对农户的影响程度，五值化	0.02679	正
	内部风险	E3 家庭扶养比	家庭无劳动能力人口比例	0.03844	正
		E4 家庭医疗教育支出压力	家庭医疗和教育支出/家庭总收入	0.28905	正
		E5 家庭残疾情况	0=否；1=是	0.23831	正
		E6 耕地缩减面积	农户因为旅游业发展损失土地	0.24391	正
适应能力 A	人力资本	A1 家庭总人口	家庭总人数	0.06455	正
		A2 劳动力数量	劳动力数量	0.08593	正
	物质资本	A3 牲畜资本量	拥有牲畜数量	0.10249	正
	自然资本	A4 耕地面积	农户拥有的确权耕地面积	0.32768	正
	金融资本	A5 经济收入	家庭年度总收入	0.10819	正
		A6 经济能力	家庭总收入减去教育医疗支出	0.10175	正
	社会资本	A7 政策支持	农户从政府获得的支持类型数	0.2094	正

2. 生计脆弱性及返贫风险测算

（1）指标权重测算

本文为客观反映调研地区的生计脆弱性,采用熵值法确定相关指标权重。首先选取 m 个农户,n 个指标,则 X_{ij} 表示为第 i 个农户的第 j 个指标的数值,使用极值标准化法对数据进行标准化处理。

$$正向指标:X'_{ij} = \frac{X_{ij} - X_{\min}}{X_{\max} - X_{\min}} \tag{1}$$

$$负向指标:X'_{ij} = \frac{X_{\max} - X_{ij}}{X_{\max} - X_{\min}} \tag{2}$$

在式（1）、式（2）中,X'_{ij} 为标准化数据,$X_{\max}$ 为第 j 项指标的最大值,$X_{\min}$ 为第 j 项指标的最小值。

首先计算各个农户各项指标的比重,公式如下:

$$S_{ij} = \frac{X'_{ij}}{\sum_i^m X'_{ij}} \tag{3}$$

式（3）中,S_{ij} 表示第 i 户农户第 j 项指标的比重。

随后,得到农户各项指标比重后,再计算第 j 项指标的熵值,公式如下:

$$E_j = - Z \sum_{i=1}^m S_{ij} \ln(S_{ij}) \tag{4}$$

式（4）中,$Z = 1/\ln(m)$;E_j 则代表了第 j 项指标的熵值。

最后,运用公式（4）得到的结果计算指标权重,具体计算公式如下:

$$W_j = \frac{1 - E_j}{\sum_{j=1}^n (1 - E_j)} \tag{5}$$

式子（5）中,W_j 表示第 j 项指标的权重。计算结果如表 6 所示。

（2）生计脆弱性指数测算

在上述公式计算出各指标权重后,分别用各指标标准化均值和权重来计算农户的暴露 — 敏感度值及适应能力值,最终计算出生计脆弱性指数,计算公式如下:

$$E = \sum_{i=1}^6 E_i W_i \tag{6}$$

$$A = \sum_{z=1}^7 A_z W_z \tag{7}$$

$$L = E - A \tag{8}$$

式（6）~ 式（8）中,E、A 分别代表农户的暴露 — 敏感度值以及适应能力值;E_i、A_z 分别代表暴露—敏感度、适应能力相关指标的标准化均值;W_i、W_j 分别代表暴露—敏感度、适应能力相应指标的权重;L 代表农户生计脆弱性指数。生计脆弱性指数取值范围为 $[-1,1]$,若 L 为正值,则表明存在返贫风险,其值越大表明农户生计越脆弱,若 L 为负值,则相反。

（四）返贫风险测度的总体分析

1. 生计脆弱性总体分析

根据上述公式计算出调查农户的生计脆弱性指数值为 0.0024,生计脆弱性指数值在 $[-1,1]$ 区间内,且大于 0,说明所调查的两个村落的农户整体生计脆弱性很低,但仍然有较小的返贫风险。其生计脆弱性指数值非常接近临界点 0,表明只要及时发现致使农户生计脆弱性的根源,重点关注重大疾病等,采取有效的防范措施,就能帮助农户抵御返贫风险。

2. 暴露—敏感度—适应能力分析

（1）暴露—敏感度

整体来看,"家庭医疗教育支出压力"权重值最高。调查数据显示,有 65.21% 的家庭每年在教育医疗方面的支出高于或等于 10000 元,这是导致家庭生计脆弱性进而加大返贫风险的最重要的因素。其次权重占比较大的是"耕地缩减面积"和"家庭成员残疾状况"。调查结果显示,有 20.7% 的家庭有残疾成员。生态环境治理会影响农户的农业种植,旅游业、高速公路及大型水利工程的开发会使耕地面积减少,影响农业收成,家庭成员残疾使家庭面临着更重的经济负担,上述几个因素均会对生计脆弱性带来较大影响。

（2）适应能力

整体上,"耕地面积"权重值最大。人力资本中,"劳动力数量"占比最大,这对于降低生计脆弱性和抵御返贫风险具有较大的作用。"牲畜资本量"是农户资产的一种反映。在物质资本中,选取了牲畜资本量作为指标变量。自然资本中,"耕地面积"是农户最重要的持有物质。农户可以利用已有的自然资本进行日常的农业生产活动,并且通过对自然资本的投入来获得高产收益,在一定程度上降低农户返贫风险。金融资本的"经济收入"及"经济能力"是抵御风险的最直接的条件,两者权重占比都较大,表明经济实力对抵御返贫风险有重要影响。最后,在社会资本中,"政府政策支持"占比较大,表明在所调研区域,政府政策支持对稳固生计和抵御返贫风险有较大作用。

（五）农户返贫风险测度

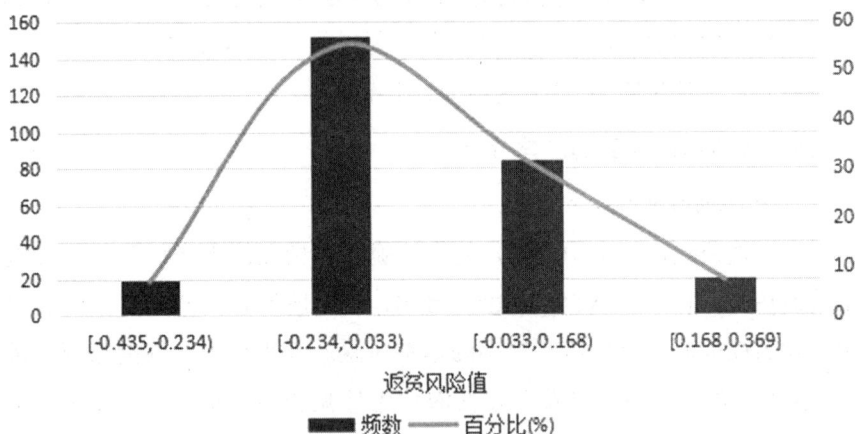

图 1　返贫风险值频数分布图

返贫风险值集中分布在 -0.3 到 0.1 这个区间，少部分在区间之外。在图 1 中，返贫风险呈现近似的正态分布。由频数分析可知，有 55.072% 的农户处于区间 [-0.234，-0.033)。30.797% 的农户在区间 [-0.033，0.168) 中，只有极少部分农户的返贫风险值较大。现根据整体频数分布将返贫风险划为 4 个等级，如表 6 所示。根据当地村委会所提供的监测户数量对划分区间进行核对，高风险返贫风险户刚好为 20 户，由此判定这种测度划分是符合实际情况的。

表 6　各返贫风险类型的返贫风险值区间

返贫风险类型	返贫风险值区间
低返贫风险户	返贫风险值 < -0.234
较低返贫风险户	-0.234 ≤ 返贫风险值 < -0.033
一般返贫风险户	-0.033 ≤ 返贫风险值 < 0.168
高返贫风险户	0.168 ≤ 返贫风险值

（六）返贫风险的影响因素分析

根据返贫风险测度和当地的实际情况，再结合户主个人特征因素、家庭特征因素对返贫风险的影响因素进行具体分析。

1. 户主个人特征与返贫风险的内在关系

户主性别为女性的家庭返贫风险高于男性。

由表8可知，男性户主家庭的暴露—敏感度与女性户主家庭的基本持平。女性户主家庭的适应能力明显低于男性户主家庭。最后在返贫风险上，女性户主家庭的返贫风险高于男性户主家庭。

表8 户主性别与返贫风险值的关系

项目	户主性别	
	男	女
暴露—敏感度	0.1416	0.1412
适应能力	0.1954	0.0637
返贫风险	− 0.0538	− 0.0527

2. 家庭特征与返贫风险的内在关系

（1）返贫风险随家庭收入的提高而降低

从家庭经济能力方面看，经济能力与暴露—敏感度成负相关，与适应能力成正相关。低收入家庭的返贫风险最高，而中等收入与高收入家庭返贫风险值均小于0，且返贫风险随家庭收入的提高而降低。如表9所示。

表9 经济能力与返贫风险值的关系

项目	收入层次		
	低等收入	中等收入	高等收入
暴露—敏感度	0.1422	0.1423	0.1417
适应能力	0.1926	0.1951	0.1952
返贫风险	− 0.0504	− 0.0529	− 0.0533

经济能力是家庭情况最直观的表现，在暴露—敏感度差异上表现得不是很明显。但是经济能力高低的差异在适应能力上就体现得较显著，最终会作用在返贫风险上。返贫风险值会随着经济能力的提升而降低。

（2）返贫风险随社会资本的提高而降低

社会资本和暴露—敏感度呈现幅度较小的正相关关系，与适应能力呈现显著的正相关关系。社会资本越高，返贫风险越小。国家对脱贫地区帮扶力度大，让农户建立更多的社会关系，但同时面对的风险越多，心理负担越重，暴露—敏感度反而可能越大。帮扶力度越大，适应能力越强，返贫风险随社会资本的提高而降低。

（3）返贫风险随劳动力数量的增加而降低

劳动力数量与暴露—敏感度有一定的负相关关系，与适应能力有明显的正相关关系。在返贫风险上，劳动力数量多的家庭返贫风险值更低。劳动力作为人力资本，可以带来经济收入，其数量越多，适应能力将会越强。因此劳动力数量越多，其返贫风险越低。

四、结论与建议

通过对绥宁县的实地调研，本研究发现：调研农户整体生计脆弱性指数值为 0.0024（因样本总体包含监测户信息，测算结果处于合理区间），表明调研地区生计脆弱性较低，返贫风险较低。基于暴露—敏感度的测算结果，"家庭教育医疗支出"是导致家庭生计脆弱性的最重要因素。"耕地面积缩减""家庭有残疾成员"等因素也是导致返贫的重要因素。基于适应能力测算结果，"耕地面积"为适应能力中权重最大的因素，"经济收入"及"经济能力"是抵御风险的最直接因素，"牲畜资本量""政府支持"等也是抵御风险的重要因素。返贫风险随家庭收入的提高而降低，随社会资本的提高而降低，随劳动力数量的提高而提高。

基于实地调研和实证分析结论，提出以下对策建议：

一是要实时把握脱贫农户家庭经济状况，建立健全返贫风险预警与防范机制。返贫风险与家庭经济状况存在直接关联，应以家庭收入与支出为主要指标，将医疗费用、教育支出、产业投入等纳入监测体系，了解把握脱贫农户的家庭基本情况，动态监测潜在的返贫风险，并采取对点帮扶等方法加以化解。

二是要完善农业帮扶的内容体系，推动脱贫农户参与产业发展。产业帮扶是推动乡村振兴、实现共同富裕的重要举措，脱贫地区大多以农业为主，同时包括旅游业等。应丰富和完善农业帮扶体系，重视耕地面积、牲畜数量等基本指标，帮助脱贫农户畅通农产品的供、产、销等环节，增加农户的产业收益；鼓励脱贫农户积极参与村集体产业，真正为脱贫农户提供岗位，助推村民就业与产业发展。

三是要对生态环境进行合理有效的治理，推动生态环境的可持续发展。生态环境影响脱贫农户的农业种植情况，应保护和改善脱贫地区的生态环境，杜绝环境污染与破坏现象，减少自然灾害的发生频率；调整优化污水治理、害虫清理等环境治理措施，优化农业生产环境，推动生态环境与产业振兴的双向可持续发展。

参考文献

［1］陈文美，张昌柱，李春根.农村脱贫家庭返贫风险测度及预警机制构建研究——基于生计脆弱性的分析框架［J］.贵州财经大学学报，2023（2）：73-82.

［2］黄国庆，刘钇，时朋飞.民族地区脱贫户返贫风险评估与预警机制构建［J］.华中农业大学学报（社会科学版），2021（4）：79-88+181-182.

［3］赵普，龙泽美，王超.规模性返贫风险因素、类型及其政策启示——基于西南民族地区的调查［J］.管理世界，2022，38（11）：146-158+173+159.

［4］汪三贵，周园翔.构建有效的防规模性返贫的机制和政策［J］.农业经济问题，2022（6）：12-22.

［5］李玉山，卢敏，朱冰洁.多元精准扶贫政策实施与脱贫农户生计脆弱性——基于湘鄂渝黔毗邻民族地区的经验分析［J］.中国农村经济，2021（5）：60-82.

［6］乔花芳，许建波，刘荣，等.恩施州乡村旅游地农户返贫风险评估及其影响因素研究［J］.华中师范大学学报（自然科学版）：1-14.

［7］周迪，王明哲.返贫现象的内在逻辑：脆弱性脱贫理论及验证［J］.财经研究，2019，45（11）：126-139.

［8］和月月，周常春.贫困地区农户生计脆弱性评价及影响因素分析［J］.统计与决策，2020，36（19）：70-74.

［9］石若晗，陈佳，唐红林，等.石羊河流域农户生计脆弱性测度及致脆机理［J］.水土保持研究，2023，30（6）：386-395+405.

"红砖绿瓦"筑韶山

——筑牢红色文旅与乡村振兴融合发展的坚实"地基"

课题组成员：李媚芸，熊妍冰，吕　琪，方小园
　　　　　　　袁逸萱，张舒琪，肖　璇，肖奕希
指导老师：刘宓蜜，罗　薇

摘　要：韶山具有丰富的红色资源，其中蕴含的红色精神更是中华民族伟大复兴路上的伟大精神力量。民族要复兴，乡村必振兴，近年来，在乡村振兴的大背景下，依托红色旅游，以韶山市银田镇银田村为代表的乡村也得到进一步发展。本文客观描述了韶山红色文旅与绿色融合发展的现况，以五位一体总布局、乡村振兴战略的五个方面作为指导方向，针对红色资源和乡村产业融合度较低的问题，提出了相应的"技术型人才引进""与周边省市共同打造红色旅游专线""红色研学与绿色实践相结合"等对策，助推"农旅融合"模式形成，助力乡村产业振兴。

关键词：红色旅游；乡村振兴；农旅融合

一、前言

全面建设社会主义现代化国家，最艰巨最繁重的任务仍然在农村。必须加快建设农业强国，扎实推动乡村产业、人才、文化、生态、组织振兴。韶山具有如毛泽东同志故居等丰富的红色资源，是红色旅游的代表性地点。韶山银田村有着自己的特色农产品产业和红色劳动教育实践基地，是韶山的代表性乡村。

韶山蕴含的红色精神有利于增强爱国主义教育、集体主义教育，增强人民精神力量，有利于促进物质的全面丰富和精神文化的全面发展，为乡村振兴注入了伟大的精神力量，书写了民族复兴路上的壮丽篇章。韶山红色资源

如何为乡村振兴物质文明和精神文明双重赋能、以银田村为代表的一系列乡村如何融合韶山红色资源助力乡村振兴是本次调研的重要命题。

本调研选择韶山市银田村作为调研对象，从银田村的产业发展、旅游开发、环境保护等多角度着手研究，探究韶山乡村产业发展和红色旅游的融合可能性，探索有效方式，将韶山丰富的旅游资源与当地乡村产业结合起来丰富韶山旅游业内涵、促进当地乡村经济提质增效，有利于"农旅融合"，将助力乡村振兴的模式落到实处。

二、调研情况分析

（一）韶山红色旅游现状

1. 韶山游客群体分析

长期以来，韶山红色文化旅游吸引了大量游客，前往毛泽东同志故居、韶山毛泽东同志纪念馆、毛泽东广场、滴水洞等热门景点。据统计，2023年1月至7月，韶山各旅游景点接待游客373.92万人，同比增长329.94%，旅游综合收入35.12亿元，同比增长375.10%。近年来，游客对红色革命历史相关的旅游产品需求不断攀升，随着人民群众生活水平的提高，群体游憩需求日趋增多，社交欲望也日益强烈。

调研结果显示，前往韶山开展红色旅游的群体主要有学校师生、退休干部、企事业单位党团组织成员等。近年韶山红色旅游游客年龄结构数据显示，参加红色旅游的人群年龄主要为"80后""90后"，"80后"占比44%，"90后"占比25%，"00后"占比13%，"70后"占比14%。出游动机数据显示，前往韶山红色旅游的游客，其目的主要分为三类，一是为了表达对伟人的崇拜、缅怀之情，占比最大，为88.33%，主要受众群体为"60后"的退休干部。其次是受革命历史文化的吸引，接受红色文化教育，占比较大，为85.83%，主要受众群体为学校师生和企事业单位的党团组织成员。另外一类是纯欣赏风景的，占比较小，为65%，以"00后""90后"居多。大部分游客以前两种目的为主。

游客来源地主要为国内。调查显示，客群来源主要为广东、江苏、浙江、福建、湖南等省份，分别占到了调查总人数的30%、20%、15%、10%和8%，多为湖南省和其邻近省份及经济较为发达的省区。就客群来源城市来看，以韶山本地和岳阳、常德、上海、北京、青岛、广州、长沙、石家庄和武汉等城市为主。

2. 景区资源与基础设施建设状况

韶山有着丰富的旅游资源，韶山的旅游资源是其对游客产生吸引力的重要因素，生态环境良好也是提高游客满意度的重要因素。经调查，旅游产品、旅游服务设施以及旅游服务行为等与游客的满意度紧密联系。游客对文创产品定价是否合理，景区服务如交通、住宿和购票等是否便利关注度较高。

据调查，游客对韶山旅游资源的满意度较高。69%的游客认为韶山旅游资源丰富且生态环境良好；30%的游客表示韶山旅游特产丰富性强，有特色农产品如祖田米、灵芝等；26%的游客表示，购买了韶山红色景区内的特色农产品。韶山本土自然风光、景观资源丰富，且拥有丰富的农业资源，盛产水稻、茶叶、水产等特色农产品。韶山以红色资源为依托，以韶山市全域为范畴，以滴水洞景区、韶峰景区、故居景区以及城区为基础，在旅游发展方面优势较强。

据调查显示，游客对于食、住、游方面的反馈较好。64%的游客对红色景区的饮食表示满意，71%的游客认为住宿条件较好，85%的游客对出游购物方面表示满意。游客对韶山红色景区相关服务设施的满意度并未达到预期水平。27%的游客认为景区交通方便，49%的游客认为交通线路规划不合理。游客对韶山景区交通管理的满意程度较低，仅为22%。

3. 文化资源开发利用情况

韶山红色文化产品丰富，舞台剧有《最忆韶山冲》《中国出了个毛泽东》两部。据调查，有80%的游客表示有观影意愿；其中51%的游客认为，《最忆韶山冲》和《中国出了个毛泽东》是宣传红色文化、传承文化基因的有力手段。《最忆韶山冲》为近两年新推出的舞台剧，由张艺谋导演，同时采用中国最大矩形阵，利用光影结合的技术进行设计，以高科技作为招牌吸引了众多游客。但同时存在不少问题，例如收费较贵，票务机制不够完善，没有学生票、老年票的划分，舞台内容创新不足，未能利用好本土文化资源。另一部舞台剧《中国出了个毛泽东》发布已久，但是由于表演场地在室外，晚上效果较好，白天较差，品控困难，创新较少，未能给多次来的游客更多新的体验。

同时，韶山有多个红色教育基地与党建学习学校，每年有大量企业、学校输送学生前往学习，促进了红色精神的传播，也对韶山起到了一定的宣传作用。韶山共承接开办红色教育培训班863期，培训学员4.46万人，培训总额 7275.63 万元,"红培"影响力不断提升。截至 2023 年 4 月,"我的韶山行"全省中小学生红色研学活动共接待研学团队 33 批次,接待人数 28514 人。

(二) 韶山乡村发展概况——以银田村为例

近年来,韶山充分挖掘红色文化资源内核,较好地实现了资源的科学合理利用,实现了经济效益和社会效益的双丰收。韶山市银田镇银田村依靠学农学红,充分享受到了旅游的"红利"。银田村能够打赢这场脱贫攻坚的持久战,在乡村振兴的路上成为"领头羊",离不开的是产业振兴、组织振兴、生态振兴。

1. 产业振兴

银田村现已建成多个特色农业产业基地,以花卉、蔬菜、富硒香菇为主导产业,在此基础上大力发展农村产品采摘等乡村旅游业态,打造了以吃住行游购娱为一体的乡村旅游产品,形成了一产与三产的良性互动。基于银田现代农业示范园建设,银田村发展出"产业 + 旅游"的创新发展模式,大力发展现代化特色农业产业,并利用红色文化资源优势和农业产业资源打造扶贫教育、研学旅行、田园观光等新型产业生态。2020 年,银田村人均可支配收入达到 2.98 万元。

银田村富硒灵芝在基地种有 4 个大棚,其中食用类黑芝和美芝占 2 个大棚,观赏类花芝占 2 个大棚。在推进乡村振兴战略中,银田村 2019 年入选全国第一批乡村旅游重点村名录。采摘灵芝往往是游客赴银田游玩的必选项目。2022 年,仅灵芝就为银田村创造了 20 多万元的可观收益,成为脱贫致富的"仙草""灵药"。相较于其他乡村,银田村起步较早,拥有较为成熟的产业群落,发展出了"基地 + 企业 + 农户"的经营模式,具有进一步开发的巨大潜力。

银田村现已建成了完善的基础设施,水利灌溉工程的普及为现代化农业产业基地发展提供了有力支持。银田村农耕历史悠久,拥有厚重而极具特色的地方民俗文化,生态良好,环境优美,近年来户户通水泥路、乡村环境治理工作陆续开展,带动了乡村旅游产业的蓬勃发展。此外,银田村与韶山核心景区及市区距离不超过 10 千米,能够享受到韶山红色旅游资源的溢出效应,凭借便利的交通也可以获得丰富的客源。

2. 组织振兴

乡村要振兴,组织必振兴。透过银田村,可以管窥乡村振兴这篇大文章,离不开党的领导。银田村总面积7.71平方千米，辖36个村民小组，1044户，现有人口3668人。现有支村两委成员7人，党员155名，村民代表88人，设一总支四支部。村委会中成员大多身兼数职，包括行政、研学接待、财务等，党委书记和村主任一肩挑。银田村的两委干部认真倾听村民诉求，集结党员干部发挥先锋模范作用，打造扶贫产业基地，解决村民收入低、就业难的问题。支部强大的背后有一群敢想、敢干、敢当的党员干部。原村党总支书记徐耀军出地、出资、出力回乡带领乡亲共奔小康路；银田村党委第一书记、韶山市优秀共产党员颜昌为担任村干部30年，坚持从群众中来，到群众中去，为家乡建设添砖加瓦；银田村党委书记、村委会主任郭芳为聆听村民诉求，产后不久冒着烈日走访了村里的1044户人家。组织振兴是乡村振兴的保障条件，就是要培养造就一批坚强的农村基层党组织和优秀的农村基层党组织书记，建立更加有效、充满活力的乡村治理新机制。

3. 生态振兴

生态振兴是乡村振兴的重要支撑。乡村振兴，生态宜居是关键。良好生态环境是农村最大优势和宝贵财富。要坚持人与自然和谐共生，走乡村绿色发展之路，让良好生态成为乡村振兴支撑点。银田镇银田村着力开展人居环境整治行动，乡村生态环境展新貌，推进了乡村振兴。银田村清洁员分片打扫村主干道卫生，上户清运垃圾，确保长久保持卫生清洁；同时定期开展村庄清洁行动，对农户周边、田间地头、道路沿线、塘边岸边的散落垃圾等进行彻底清理，确保不留死角，清洁到位。每月进行上门宣讲政策、打扫卫生活动，维护好清洁庭院和美丽乡村。银田村还开展墙体美化工程，将环境标语结合山水画以墙绘形式展示在村主干道两侧，在全村营造共同提升人居环境的良好氛围。银田村干净整洁的环境为乡村振兴勾画了美好蓝图。

（三）韶山农旅融合促振兴

1. 村民富起来——红色旅游改善乡村生活

依托韶山丰富的红色资源，韶山村带着惠民、利民、富民的目标前行，以大力发展红色旅游为着力点，加强生态文明建设，不断开创乡村振兴的新局面，改善村民生活水平。

韶山市韶山村红色旅游产业集中，景区积极开发红色旅游资源，与住宿、饮食、农副产品、文创等多种方式融合发展，打造一系列特色鲜明的农家乐、民宿等旅游产品，带动了当地居民就业和收入增长。

发展红色旅游能够增加就业岗位，促进村内剩余劳动力流动，提高老区人民收入，提升人民生活水平，促进经济发展，缩小革命老区与发达地区间的差距。城乡协调发展，为和谐社会建设奠定了坚实基础。

2. 文旅强起来——红色旅游助推乡村绿色旅游发展

随着城市化进程的加快，乡村旅游成为新的热点。农村文旅被认为是带动经济发展、促进乡村振兴、保护与传承文化的重要方式。韶山依托现代农业示范园和乡村振兴产业基地，带动集体经济，丰富农业旅游功能，打造了一大批集农业观光、农事体验、科普教育、休闲娱乐于一体的农旅项目，有效催生了"产业兴、乡村美、农民富"的可持续发展效应。乡村红色旅游发展模式主要有：红色旅游＋乡村自然景观、红色旅游＋乡村体验、红色旅游＋乡村休闲度假、红色旅游＋绿色农产品。红色旅游知名度的提升带动了乡村其他自然景观的知名度并赋予了农产品红色的意义。

用红色文化打造自己的特色品牌。银田村劳动教育实践基地与政府合作，通过村（镇）＋公司＋农户的模式接收研学团队。教育基地和村集体合作，整合当地农家房屋资源，统一配套设施，统一管理制度，统一服务标准，村中农户为研学团队提供干净整洁的住宿和当地菜肴。采用这种模式，不仅能够加强对研学团队的统一管理，而且能够为农户带来可观的收入。"红色旅游＋研学知行"的运营模式，充分运用当地红色资源，打造返璞归真的研学氛围和沉浸式的教学课堂，拉动当地及周围旅游产业的发展。当地有供研学实践的菜田、稻田、鱼塘，研学团队下地劳作，切身感受农耕的辛苦，体验先辈们的生活，发扬艰苦奋斗的红色精神。为助推文化振兴，让文化真正"活起来"，劳动教育基地实践活动不应仅仅停留在农耕体验，还应扩充研学旅游的版图，丰富研学活动内涵。

3. 文化兴起来——红色文化为乡村振兴铸魂

习近平总书记指出："乡村振兴，既要塑形，也要铸魂。"而文化振兴正是乡村振兴的精神基础。文化振兴是实现乡村振兴的思想保障，应以社会主义核心价值观为引领，采取符合农村、农民特点的有效方式，深化中国特色社会主义与中国梦宣传教育，大力弘扬民族精神与时代精神。加强爱国主义、集体主义、社会主义教育，深化民族团结进步教育。银田镇既有毛主席立志出乡关之路，也是毛主席早期生活和从事革命事业的地方，银田村的红色文化已经与当地的乡俗民风深深地融合在一起，红色资源十分丰富。充分利用红色资源，讲好红色故事，才能赓续红色基因，带动乡村振兴。想要用文化带动乡村发展，让村子富起来，村民的精神首先得"富起来"，以文铸人。银田村随处可见的乡村振兴宣传标语，以社会主义核心价值观为引领对村民进行教育。确保村民的思想受到正确的引导，乡村振兴战略才能更好落实。

三、调研结论

韶山作为毛主席故里，红色旅游发展较好，知名度很高，但旅游资源单一，周边未有其他景区相配套，而韶山作为行程的衔接点并未承担主要旅行景区的责任，所以可利用乡村特色生态资源带动红色旅游发展。同时，在乡村振兴的进程中，红色资源的驱动力还稍显不足。

（一）主要问题

红色旅游资源多集聚在远离城市中心的边缘地带，与外部联系较少，交通不便，景点之间的互通性差，基础设施条件落后，难以满足红色旅游业发展的基本需求，制约着红色旅游景区的开发。在韶山红色景区内，销售秩序混乱、服务人员态度欠妥、交通违规等行为时有发生，严重影响了游客体验和景区形象。同时景区安保措施并未得到完善。

韶山长期以来被定位为红色旅游城市，而对其他方面的资源潜力则挖掘不足。其本土自然风光、景观资源丰富，且拥有丰富的农业资源，盛产水稻、茶叶、水产等特色农产品，但其应用在旅游业中却较少看到。旅游资源的科学整合度还不够高，红色旅游对乡村特色产品的助推力有限，还有进一步发展空间。

银田村的乡村振兴发展之路离不开人才，尤其是不怕苦、有真才、爱农村的人才。银田村本土居民人口数量较少，留在村中的以未成年人和老年人为主，优质人才大多外出就业。由于村中基础设施及政策等方面的欠缺，引进外来专业人才也较为困难。

（二）对策建议

1. 红色专列绘"新图"

湘潭市内红色资源较多，有诸如彭德怀纪念馆等同类旅游地点，除此以外还有齐白石纪念馆、万楼、青年码头等旅游资源。距离较近但略微分散，可开展湘潭周边游项目，有利于增加人流量并延长其停留时间。可以联合省内例如橘子洲头、烈士公园，省外井冈山红军长征纪念地等多处景点开展红色旅游专线。红色走廊公路起于韶山市，经湘乡市、湘潭县乌石镇、射埠镇，终于易俗河镇。全线按一级公路标准建设，设计速度 80 千米/小时，路基宽 32 米，双向六车道。整个线路可将韶山毛泽东同志故居，湘乡陈赓故居、谭政故居、东山书院，湘潭县彭德怀纪念馆、周小舟故居、罗亦农故居等红色景点串联。

随着"铁路＋旅游"的深度融合，可以宣传沿线特有的红色历史、人文以及自然景观，能够催生出当地更多的产业链，带动专列沿线农副产品发展，为乡村产业振兴注入新的发展动能。

2. 景区服务亮"新招"

采取"放管服"结合的策略，对于乱摆乱放、强买强卖等屡禁不止的乱象严格管理，同时也要想好解决方法，践行"全心全意为人民服务"的根本宗旨，强化服务意识。开设专门摆摊点与摆摊区域，同时设以相对应的管理服务点，既能够让周边居民找到固定摆摊地点增加家庭收入，同时有利于政府有效管理。

景区内部通过提供大巴车服务、私家车提前预约等措施解决乱停乱放的问题。建议视平日统计客流量而定，增加私家车进入预约数量，减少居民预约车数，同时将大巴车行程延长，在各个景点前停靠，并将行程明示播报，便于游客出行。

针对景区生态环境，管理部门应定期维护，坚持绿色发展，整治景区环境问题，让景区良好生态成为乡村振兴支撑点。

3. 特色产业推"新品"

与湖南大学、湖南师范大学、中南大学合作，为韶山设计文创产品，与专业设计团队合作，对现有文创产品进行创新，解决目前文创产品创新点少、代表性不强、设计感较弱的问题，从而吸引游客购买。

通过了解游客对文创产品的反馈与建议进行产品改良与创新。例如结合时代潮流，设计盲盒、特定时段限量发行的纪念产品等，增强文创产品的影响力，形成自己的特色文创产品品牌。

红色景区和周边乡村应该积极联动，打造"红绿产品一站式购买服务"平台，"以红色促绿色，以绿色助红色"，给当地乡村产业链装上"助推器"，双线合力，助推经济高质量发展。

4. 红色基地育"新人"

红色基地以企业直接和村委相对接的形式，农户主要承担食宿，但其他服务（如医疗）难以提供。据了解，银田村多以红色教育和乡村农业实践体验为研学主题，旨在培养孩子们勤俭节约、自力更生的优良品性，弘扬优秀革命传统，但对于精神层次并未有太多提及。同时基地同类型活动较多，缺乏创新，多以下地耕种捉鱼为主要体验方式。

建议在农户家设立固定的医疗箱，对基地内管理老师进行医疗培训。针对精神层面教育较少的问题，建议充分利用本村及周边红色资源宣扬红色精神，例如"孩儿立志出乡关"故事宣讲、优良家风家训的宣传等。针对村内旅游项目较少的问题，可对村内已有设施进行充分利用，例如打造花田网红拍照打卡地，设置木雕手工体验基地。

红色基地内应提供更多就业岗位，以政府＋公司共创的福利模式，以及返乡创业政策吸引年轻人返回家乡进行乡村建设，让红色基地引来更多"新人"，同时也培育出担当民族复兴大任的时代新人，为乡村振兴注入新血脉、新人才。

5. 乡村旅游焕"新景"

银田村山清水秀，贯彻绿水青山就是金山银山的科学论断。在乡村振兴战略计划和部署过程中，要想将其与乡村生态旅游互动融合发展，必须保证乡村自然生态具备宜居条件。利用好银田村内乡村振兴产业基地中的花卉、灵芝、香菇、水稻等农业资源，打造当地特色绿色品牌，利用其影响力提高旅游地知名度。但据调查，当地除水稻外的作物种植面积不大，种植经验不足且无固定销售渠道，种植作物品种与当地民俗文化、农耕文化、红色故事的联系不紧密，这就导致品牌的特性不够强，对旅游地的代表性不够。讲好品牌背后故事，增强品牌特性才能扩大品牌效应。除此之外，在互联网时代，网络是一个重要的宣传媒介，利用好网络平台，将红色旅游和绿色旅游结合，突出乡村生态旅游这个主题，加大对旅游产品的开发力度，抓住流量。

第三部分　文化发展篇

非遗文化媒介形象建构和集体记忆书写赋能乡村振兴

——以沅陵非物质文化遗产为例

课题组成员：化曼村，周　好，段玥辰，王　璇，

　　　　　　张　典

指导老师：张小春，彭茹

摘　要：本研究以湖南省沅陵县为主要调研样本，通过田野观察、访谈、问卷调查、数据分析等方式，对当地非物质文化遗产的保护现状进行深入样本分析，并对当地非物质文化遗产保护过程中赋能乡村振兴的实际情况作出阐释。最终，在提出行政化、产业化、媒介化的非物质文化遗产保护策略的基础上，从"媒介形象建构"和"集体记忆书写"两方面探索非物质文化遗产赋能乡村振兴的有效路径。

关键词：非物质文化遗产；乡村振兴；媒介建构

一、前言

非物质文化遗产是各族人民世代相承的各种传统文化表现形式和文化空间。党的二十大报告强调"传承中华优秀传统文化，满足人民日益增长的精神文化需求"，提出"增强中华文明传播力影响力"的任务要求。非物质文化遗产是中华优秀传统文化的重要组成部分，乡村是中华文明的原真沃土。"村落空巢化"与随之而来的"乡土性"集体记忆断裂，一定程度上制约了非物质文化遗产的落地生根。本文从非物质文化遗产传播和传承发展的双重视角出发，即在非物质文化遗产"媒介形象建构"和"集体记忆书写"的过程中，赓续乡土非物质文化遗产文脉，为乡村振兴乃至民族振兴筑牢文化基础、凝聚主体力量。

（一）研究背景

1. 乡村社会"大流动"与"村落空巢化"

随着城乡二元结构下经济失衡日趋明显，村落空巢化程度不断加深。作为乡村文化建设主体的老人对非物质文化遗产的内涵认知不足，更缺乏宣传与创新意识；同时，乡村居民较城市居民可支配收入少，非物质文化遗产赋能乡村振兴的效能低。

2. "乡土性"集体记忆断裂与"文化失调"

在城镇化进程中，村落作为乡村文化发展载体，其数量的减少使得乡村文化记忆的"辐射"范围缩小，传统的集体记忆难以维系。同时，非物质文化遗产难以在不断融合、快速革新的文化发展趋势中固守文化的本真性，难以在数字媒体时代所形成的碎片化阅读新习惯下传承与传播文化内涵。

3. 传统媒体"加冕"式报道与乡村传播式微

由于城乡媒介资源分布不均和专业人才的匮乏，乡村传播的媒体和内容生产存在供求的不对应，乡村传播缺乏专业性、创新性、符合乡村社会特征的有效发展路径，一定程度上削弱了乡村主体的传播权、媒介接近权和使用权。

（二）抽样依据

1. 调研对象

本项目在乡村振兴的"软实力"视角下，基于《中华人民共和国非物质文化遗产法》的定义调查"非物质文化遗产"的保护现状与社会价值。

2. 调研样本

本项目遵循"样本典型"与"深入挖掘"的原则，选择以湖南省怀化市沅陵县为主要调研地。

（三）研究方法

通过文献研究法、田野民族志法、深度访谈法、个案研究法、问卷调查法、数据分析法，透析国内外学者对乡村振兴与"非物质文化遗产"的研究现状、不足与前沿方向。同时实地调研，充分了解当地非物质文化遗产概况及继承发展情况。再运用 Python、SPSS、Origin 工具对调研结果做可视化呈现，定性与定量分析结合，提出共通路径。

二、沅陵县非物质文化遗产现状调查

湖南省沅陵县现有"傩戏（沅陵辰州傩戏）""赛龙舟"2 项国家级非物

质文化遗产,"沅陵山歌""碣滩茶制作技艺"等 18 项省、市级非物质文化遗产代表性项目。本调研分为两部分,第一部分是利用 Python 工具进行政府网站政策信息抓取,宏观掌握非物质文化遗产保护与发展的顶层政策设计。第二部分是线下实地调研,通过访谈、问卷调查、实地走访等方式对非物质文化遗产的民众参与情况、传承情况、传播路径、利用情况开展调研。现结合调研结果对当地非物质文化遗产发展情况作出以下分析。

(一)乡村主体的参与情况分析

"惠主体"彰显主体力量。围绕"沅陵非物质文化遗产传承和利用情况",以沅陵县当地民众、外地民众为主要调查对象的问卷调查结果如下:本次调研线上线下同步发放调查问卷共计 180 份,回收率 100%。对全部回收问卷进行数据处理,排除部分掩饰性较高的无效问卷,剩余有效问卷共计176 份,问卷有效率约为 97.78%。

1. 人口基本现状分析

《沅陵县第七次全国人口普查公报》显示,沅陵县年末常住人口为 50.3万人。其中,0~14 岁人口占 19.09%,15~59 岁人口占 57.33%,60 岁及以上人口占 23.58%。同时,沅陵县拥有初中及以上文化程度的人口为 30.9 万人,占比达 61.43%;文盲人口(15 岁及以上不识字的人)为 13091 人,文盲率为 2.57%,较 2010 年第六次全国人口普查时下降 0.99%。由此可知,沅陵县青壮年劳动力资源丰富,民众总体文化水平有所改善,乡村文化滞后性发展得到缓解,有利于推进非物质文化遗产传承的乡村本土人才队伍建设。

2. 民众参与态度分析

随着以城镇化为主轴、新城镇建设与新农村建设为双轮的耦合联动进程的加速推进,乡村人口经济支撑能力得到有效提高。同时,以城市生活为基础的现代文化意识冲击乡村传统思维,乡村民众逐渐重视自身精神文化需求。《沅陵县 2022 年国民经济和社会发展统计公报》显示,沅陵县 2018—2022 年末城镇化率逐年提高,2022 年末达 43.14%;全县 2022 年城乡居民人均可支配收入为 19666 元,同比增长 6.7%。根据调查,沅陵县城乡居民对于非物质文化遗产传承意愿强,86.49% 的受访民众愿意自发参与非物质文化遗产传承与利用活动,非物质文化遗产发展趋势向好。

(二)非物质文化遗产的传承情况分析

"守根脉"延续集体记忆。关于沅陵非物质文化遗产,仅 30% 的民众去过沅陵县博物馆。赛龙舟、沅陵山歌和沅陵龙兴酥糖制作技艺是民众最为熟知的沅陵非物质文化遗产。超半数当地民众对沅陵县非物质文化遗产传承效果持好评价。从整体来看，沅陵县非物质文化遗产传承效果良好，但仍需采取优化措施。

当前非物质文化遗产传承效果不明显、知名度低，面临文化传承断链、资金扶持不足、盈利转化困难、宣传水平落后等难关，缺乏健全体系，因而亟须对症下药。应该深入实施非物质文化遗产传承发展工程，建立切实有效的保护机制；并将传承工作与经济发展客观实际、民众生活质量相结合，加强宣传教育，提供更多资金支持，鼓励年轻一代参与，切实提升非物质文化遗产系统性保护水平，为乡村振兴提供精神力量。

（三）非物质文化遗产的传播路径分析

随着乡村振兴战略推进、乡村文化产业发展，非物质文化遗产作为中华优秀传统文化的重要部分，必定会迎来新的发展机遇。而在智能手机普及、5G网络快速发展的大背景下，社交新媒体这类快捷方便的传播形式具有天然的优势，利用其做好非物质文化遗产传播、助力乡村振兴势在必行。在现阶段，有关部门更应该适应媒体深度融合趋势，鼓励新闻媒体设立非物质文化遗产专题、专栏等，丰富传播手段，拓展传播路径，做好相关传播工作。

（四）非物质文化遗产的利用情况分析

"谋发展"振兴经济动力。非物质文化遗产市场化不仅能保护非物质文化遗产，而且有利于非物质文化遗产价值最大化。数据显示，80%的被调查者倾向于购买龙兴酥糖等非物质文化遗产相关产品，半数被调查者愿意付费观看赛龙舟等非物质文化遗产活动，仅不足2%的被调查者不会消费；多数被调查者出于学习、欣赏、支持的态度为非物质文化遗产消费；超60%的被调查者认为文艺汇演、参观展览等活动形式最能有效传承和利用非物质文化遗产。此外，半数被调查者认为可以利用自媒体、创新产品设计等市场化、产业化措施，让非物质文化遗产产品融入现代生活，与电商相结合，以实现其商业化价值，促进非物质文化遗产活化与传承，推动非物质文化遗产可持续发展，打造非物质文化遗产新经济。

因此，有关部门应分析民众消费倾向，采取更有效的非物质文化遗产市场化措施，将社会效益与经济效益相统一，提高非物质文化遗产多元价值，使非物质文化遗产能够更好地服务于人民、发展于社会、贡献于国家，为乡村振兴添砖加瓦。

三、非物质文化遗产赋能乡村振兴的现实状况

（一）采取的措施

1. 修缮公共文化设施，提质配套文化服务

公共文化设施，是不同地区文化特色的真实展现，也是不同地区文化振兴规划及其成果的直接映射。本次调研地沅陵建设并修缮多处文博场馆，为组织开展惠民文化服务提供多样空间，满足人民群众的精神文化需求。

2. 倡导文化共建共享，提升主体话语权利

非物质文化遗产的传承和传播以人为主要载体。沅陵县非物质文化遗产中心实行"政府主导、社会参与"的活动模式，积极调动主体力量，指导其下属机构（沅陵县民间音乐戏剧传承中心）从事文化专业演出，支持并辅助群众业余演出活动，繁荣群众文化生活。例如，沅陵蓝溪山歌团，便是在其引导和鼓励下，由多位沅陵山歌传承人组建，联合乡镇政府自发举行活动。

3. 加大宣传推广力度，探索有效传播模式

非物质文化遗产的保护，既在传承，又在传播。沅陵注重讲好非遗故事，发力办好节会赛事；联合多级官媒进行持续性报道，运营多平台官方号，加大自媒体宣传力度。

4. 文化转化产业资源，迎合时代发展机遇

沅陵以承办"中华书山·情醉怀化"第二届怀化市旅游发展大会为契机，加速推进"以文促旅，以旅彰文"的产业格局。例如，沅陵县"天下第一关"官庄辰龙关，围绕茶文化做文章，斥资打造茶庄园，大力开发茶旅基地。

（二）取得的成就

1. 搭建非遗记忆平台，提供惠民"文化场"

沅陵县七甲坪镇是沅陵辰州傩戏的主要传承地。基于此，该镇深入挖掘傩文化资源，建设傩文化基地。其中，拖舟村傩文化基地为傩文化相关资料的收集储存，以及研讨会、专场晚会等活动的举办提供实体平台，推动傩文化回归乡村，丰富当地村民的文化生活。

2. 凝聚多元积极力量，培育时代"新民俗"

沅陵县委、县政府精心举办沅陵2023年传统龙舟大赛，以龙舟搭台，吸

引投资，联合官庄干发茶业等企业，为每支参赛龙船提供 10 万元的经费，还为返乡参赛的年轻选手提供每人 200 元的补贴。赛事期间发放大量惠民消费券，县城公交车、停车场、旅游景点通通免费，展现了沅陵的温度，火热了传统的习俗。为宣扬辰河高腔，沅陵县民间音乐戏剧传承中心剧团自筹资金近 20 万，搭建现代舞台，演出传统大戏《烂柯山》，每晚观众达 2000 人，好评如潮，唤醒了沉寂的戏魂。沅陵蓝溪山歌团，通过线上与线下结合的方式，传授蓝溪山歌的传统唱腔，以蓝溪山歌为载体，排练民间传唱节目，举行惠民巡回演出，受到当地村民的热烈欢迎，常有村民自发上台演唱，点燃了寂静的乡村。

3. 建设多重融合媒介，发展文化"破圈路"

沅陵联动央视、湖南电视台等媒体，直播报道沅陵 2023 年传统龙舟大赛，助龙舟精神突破时空限制，即使地处偏村、行动不便的老人也能一览比赛，不少背井离乡的游子通过社交平台感叹家乡龙舟的魅力。龙舟精神，不仅成为凝聚乡村主体认同感的情感载体，还成为提升沅陵文化影响力的有力通道。

4. 初步形成地域品牌，打造乡村"茶名片"

沅陵所处的怀化市，把碣滩茶发展为全市茶叶公共品牌，沅陵县委、县政府更是把碣滩茶作为重点发展的"一号产业"。例如，沅陵辖内的茶企业——官庄干发茶业有限公司，依托辰龙关丰富的资源优势，突出碣滩茶悠久的历史文化，精心建设茶品牌，打响产业知名度，带动周边村落脱贫致富。

（三）面临的困境

1. 实际传承体制机制困顿，项目保护"形式化"

政府"重申报、轻保护、轻利用"的制度惰性，使得非物质文化遗产难以落地生根。例如，沅陵早些年错失辰河高腔的国家级非物质文化遗产申报权。沅陵县民间音乐戏剧传承中心，作为辰河高腔的传承单位，属于差额拨款单位，尽管有国家政策保障，但是据剧团工作人员反映，其主要收入只能覆盖 40% 的基础工资。资金的紧缺、待遇的单薄使得剧团难以招到新人，运转艰难。2019 年，剧团的《烂柯山》演出广受好评，却因资金不足，只够支撑两晚。

2. 年轻主体力量游离在外，传承土壤"空巢化"

农村青年的迁移，使得非物质文化遗产的原生土壤日益呈现出"空巢化"特征。年轻一代在传承方面的"有心无力",使得乡村"子承父业"的代际传承模式发生断裂。据了解,沅陵赛龙舟赛速度,龙船船身长,要求船员多、体力足,由于大量青年离乡务工,龙船队伍难以凑齐船员,目前全县船只数量已减少20余支。以辰河高腔为代表的传统戏曲非遗,考验演员的功底和专业能力,然而专业学校的没落、专业培养的缺失使得正规的戏曲腔调无以为继,传承面临断层危机。

3. 媒介技术环境双重迷失,传播空间"角落化"

社交媒体是人们接触非物质文化遗产的主要平台,然而沅陵传播建设进度缓慢,专业人才队伍的缺失,使得社媒运营仅为浅尝辄止,未能取得理想的传播效果。沅陵蓝溪山歌团由多位中老年非遗传承人组成,他们活跃在抖音、彩视等短视频平台,因传播技术和受众人群的限制,难免被拒于流量之外。

4. 非遗投产发展进度缓慢,品牌建设"单一化"

非物质文化遗产是农业时代传统生活和生产方式的产物,滋生和发展的社会土壤已被现代市场所"淘汰",加之贫困县、贫困村普遍面临的资金不足和人才缺乏等问题,投产进度缓慢,难以形成具备竞争力的地域品牌。除了碣滩茶品牌建设较为成熟外,沅陵本地产业大多存在着结构单一、标准欠缺、效益不高等问题,非遗投产进度更是仅处于胚胎阶段。碣滩茶产业的融合发展之路也尚处于探索阶段,茶旅开发局限于观光旅游,未能真正带来规模性效益。

四、非物质文化遗产的保护策略建议

(一) 构建完善的政策体系

从政治责任视角出发,以体制保障、举措落地、区域联合为分析方向,探寻政府主导的可行机制。

1. 完善建设保障机制

深入非物质文化遗产保护工作,长期关注,实地考察,找出问题,制定更贴近实际的、与时俱进的保护政策。积极完善乡村基础设施,建设乡村交通系统与网络。以政策激励、复合培养等方式吸引人才返乡,为非物质文化遗产工作队伍增添具有专业素养的新鲜血液。

2. 增强政策执行能力

基层政府应实现现有资源最大化,活用已有硬件与软件设施,调动人才力量，组织多样活动；强化政策落地，有计划地培养传承人，大力鼓励非物质文化遗产传承人，发掘并培育非物质文化遗产经济效能。

3. 形成多层保护闭环

建设国家级、省级和市县级的完整保护体系，将文化资料归纳入册。构建名录体系，建立动态调整机制。加强实体空间保护，突出地域民族特色。发展非遗数字空间。

（二）建设科学的产业链条

产业化路径从经济动力视角出发，以产业规划、品牌设计、资本构成为重点分析方向。

1. 贯彻扎根地域的设计思维

发挥地域优势，通过挖掘非物质文化遗产的文化特点和市场价值，发展特色品牌，加速产业融合。遵循非物质文化遗产的传承规律，搭建良性运营机制，充分利用新兴数字技术，实现"非遗＋"产业链条的扩展。

2. 建立价值铸魂的孵化模式

把握非物质文化遗产内涵，建构非物质文化遗产产品 IP，开发多种形态的非物质文化遗产产品。充分运用"IP＋文创""IP＋农产品""IP＋社群"等方式，提升消费者的情感体验，引发对非物质文化遗产的消费认同。

3. 完善多方联动的发展体系

积极发挥"三下乡""芙蓉学子"等青年学子的专业力量，建立专项合作渠道。建立自督自查的监管体制与风险防御体系，提升社会公众的信任感。设计凝聚多方共识的红利分配机制，运用市场配置资源的优势，加速非物质文化遗产产业化进程。

（三）营造丰富的媒介环境

媒介化路径从传播赋能视角出发，以凝聚主体、技术支撑、场景建构为方向。

1. 延续多元主体记忆

开设特色课程，建设师资队伍，将非物质文化遗产贯穿国民教育始终。通过社区、市集等最贴近群众的地理位置，举行"送非遗进社区""集市非遗表演"等活动；依托不同媒介对非物质文化遗产进行二次创作，打造非物质文化遗产贴近时代的传播风潮。

2. 促进资源互惠互补

利用"一站式"集成网站与搜索引擎，突破时空限制，统一信息资源。

借助全媒体技术，设计非物质文化遗产交互式数字平台，提供丰富便捷的非物质文化遗产体验。推动档案数字化建设，加强档案和成果记录的社会利用。

3. 提升空间传播效能

借助大数据和人工智能技术，定制算法程序与模型，深入分析用户的心理偏好、消费行为、生活方式等方面，实现非物质文化遗产划人群传播的精准推送。运用数字空间建模、虚拟现实、增强现实等技术手段，依托人工智能、云计算、区块链的普及应用，打造互动性、体验感强的非遗数字服务平台。

五、非物质文化遗产赋能乡村振兴的发展路径

（一）建构新乡村形象

乡村形象是乡村内部与外界对乡村主观认知的结合。建构乡村形象，体现对人的认知和行为产生影响的动态建构过程。

1. 壮大人才队伍建设

乡村振兴，人才先行。驻村非物质文化遗产传承人、非物质文化遗产爱好者相比于沉默的乡村主体，已经具备了一定的组织架构和经济力量，是乡村振兴的"积极分子"。重视驻村传承人培训活动，开设媒体运营、市场运作等项目课程，坚持以传承人为中心，以传承与传播活动为纽带，辐射更多乡村主体动起来。发挥政策优势，引进学者专家和基层干部等有知识储备和创新思维的人才，以他们为组织力量和智力支持，创新"非遗+"活动内容和形式，影响更多外部力量走过来。

2. 塑造乡村特色品牌

乡村要振兴，产业必振兴。从顶层设计整体统筹非物质文化遗产品牌，打造呈区域化、链条化的特色产业，提升整体市场的竞争力。推动非物质文化遗产与原有产业融合创新，提升传统产品的附加值。创设"非遗+直播"的助农直播间，助力传统产品打开销路，提升广大消费者的认可度。

（二）书写现代乡村记忆

乡村记忆是乡村内部群体在生产实践和社会生活中所形成的精神财富和文化纽带，是村落得以延续的生存基础和力量源泉。

1. 打造和美生态家园

从党的十八大以来提出"美丽乡村"到党的二十大强调"宜居宜业和美

乡村",从"美丽"到"和美",进一步明确了和谐共生、和睦相处、和而不同的乡村文化内涵。改造村容村貌,应抓住可持续发展内涵,保护生态环境,美化人居环境。还应把握地域特色,创新设计手法,衍生特色景观。与此同时,注重保留"乡味",保持传统建筑风格,尊重村庄的年代感和记忆感,加强乡人对乡村生活的归属感,提升游人对乡村文旅的情感体验。

2. 再造村落公共精神

充分利用本土非物质文化遗产,重视传统赛事、传统节日等民俗节点,不止将其开发为旅游资源,更发展为乡村的生活资源,还原从前极具集体体验感的礼俗秩序。积极鼓励组建民间社团,大力发扬多样活动形式,通过村民对集体活动的参与,增强其对公共事务的参与感。还要将非物质文化遗产作为一种活性载体,将法治教育、民主精神、孝悌伦理等思想融入群众喜闻乐见的活动。

3. 提升乡村文化自信

非物质文化遗产是一种具有生命代谢能力的活态文化,承载着人们从生产和生活过程中凝结出的审美趣味,具有转化为现代文化潮流的潜力。面对乡村式微的话语体系,应着重讲好非遗故事,挖掘非物质文化遗产的文化特色,建立博物馆和图书馆等现代艺术中心,开设博物馆文创、传统老字号等项目服务。立足非物质文化遗产的内涵价值,充分发挥"人才、教育、文化"的连接效应,推动"非遗进校园""非遗进社区"的专业教育和长期互动,以润物细无声的方式,巩固城乡居民与乡村文化的价值连接。

参考文献

[1] 刘涛. 短视频、乡村空间生产与艰难的阶层流动 [J]. 教育传媒研究, 2018 (6): 13 - 16.

[2] 曲延春, 宋格. 乡村振兴战略下的乡土文化传承论析 [J]. 理论导刊, 2019 (12): 110 - 115.

[3] 匡卉, 郑欣. 乡村文化建设中的非遗战略及其传播现象 [J]. 中国农村观察, 2021 (1): 40 - 50.

[4] 刘天元, 王志章. 稀缺、数字赋权与农村文化生活新秩序——基于农民热衷观看短视频的田野调查 [J]. 中国农村观察, 2021 (3): 114 - 127.

乡村振兴背景下非物质文化遗产的现实困境与优化路径探析
——以湖南伍市镇九龙舞为例

课题组成员：马雪怡，董子筱，谢诗颖，李　雯，
苏静怡
指导老师：罗　薇，肖惠卿

摘　要：非物质文化遗产是乡村的物质和精神资源，在乡村振兴中发挥着重要的作用。本文以非物质文化遗产九龙舞作为主要研究对象，采用实地考察、群众访谈、问卷调查、统计与数据分析等方法，深入了解九龙舞的发展情况，分析九龙舞发展困境及其成因。提出促进九龙舞发展的可行性建议，即创新传承发展形式，丰富传播宣传手段；重视非遗传承教育，为非遗传承培养人才；开展传承活动，提高群众参与感；完善政策保障制度，推动文旅融合发展。推动非物质文化遗产的发展传承，为乡村振兴注入精神力量。

关键词：非物质文化遗产；乡村振兴

一、乡村振兴战略下民间非物质文化遗产保护与传承的意义

党的十九大报告提出乡村振兴的总体目标，"产业兴旺、生态宜居、乡风文明、治理有效、生活富裕"。乡村地区文化振兴是乡村振兴的重要内容，落实乡村振兴战略就应发展集经济、生态、社会以及文化于一体的综合性战略工程。乡村振兴为农业生产与发展带来了宝贵机遇，将充分激活乡村内生力量。

本调研以平江县伍市镇九龙舞文化为例，通过查阅资料、调查访谈、实地考察，了解这一非物质文化遗产项目的传承现状，分析总结当前非物质文化遗产传承发展面对的机遇与挑战，并提出推动非物质文化遗产传承与弘扬

的意见和建议。

（一）非物质文化遗产是历史文化的重要产物

没有文化的民族就没有所谓的历史，民间非物质文化遗产的价值是历史文化的核心价值。促进民间历史文化的保护和可持续传承，不仅仅是对民间活态遗产的有效保护，也是加快乡村振兴必不可少的强大动力。民间非物质文化遗产是由民间个人或团队创造并代代相传的历史文化实践成果，体现为乡村地区独特的生产及日常生活方式、乡土民情、手工技能，具有显著的民间性、活态性以及口传性等特征，能够有效弥补正史记录的缺失和不足，有利于帮助人们更加全面和真实地了解当地的历史和文化。乡风文明是乡村振兴的灵魂，只有真正实现了乡风文明，才能使乡村振兴的文化根植于人心。民间非物质文化遗产作为民族传统文化的活态展现形式，通过多样化的艺术形式来真切地表达出人们对幸福美好生活的向往，不仅成为各地群众的精神寄托，也是民间历史文化的重要归宿。所以，只有加强保护、传承和发展好民间非物质文化遗产，才能延续优秀的民间文化基因，进而使乡村文明完成自身在乡村振兴中的重要使命。

（二）非物质文化遗产是经济建设的内在驱动力

从文化经济学的角度看，民间非物质文化遗产，事实上与物质文化遗产同样都属于一种世代相传的重要文化资本。《中华人民共和国非物质文化遗产法》第三十七条提到，支持合理运用非遗文化开发周边的文化产品和相关服务。2018 年 6 月，文化和旅游部办公厅颁布的《关于大力振兴贫困地区传统工艺助力精准扶贫的通知》提到，要加强对贫困地区传统工艺的扶持和振兴，帮助贫困地区挖掘与成立非物质文化遗产扶贫再就业工坊，构建贫困地区传统工艺品研发设计、展览和营销平台。把文化资源优势转换成产业优势，把非遗文化资源转变成文化的核心生产力，是对非遗文化价值的科学利用，能够为乡村地区的发展带来切实的经济效益。

（三）非物质文化遗产是民风面貌的活态呈现

民间非物质文化遗产是对人类精神文明历史的保护与传承，也是对中华民族优秀传统文化的有效传承。民间非物质文化遗产一般情况下都有着显著的地域和民族特色，这些由先人保留与发展起来的风土人情、乡村风情、乡土特色、民俗习惯等都是极其宝贵的财富。保护和传承民间非物质文化遗产，可以让这些独具特色的风土民情得到更好的呈现和更加完善的系统保护，让宝贵的民间风貌得到广泛的宣传和推广，让更多人了解和认识。因此，要全面加快乡村振兴，促进民间非物质文化遗产的产业化以及市场化发展，积极弘扬民间风俗风貌，争取实现经济、社会和环境三方效益的和谐统一。

二、湖南伍市镇非物质文化遗产九龙舞介绍

（一）历史渊源

九龙舞以表演精湛、气势磅礴而著称，有逾 2000 年的历史。据《平江县文化志》记载："（九龙舞）始于汉，兴于唐，演绎至今。"其最初根据民间故事创造，模仿龙的动作起舞，初始名为"龙灯"。人们用布或纸做成如龙形状的灯，伴以锣鼓节奏，在逢年过节、庙会、婚嫁、添丁、庆寿、过屋等时，由一些青年串村走寨去表演，以求龙赐予吉祥平安，烘托浓郁的喜庆气氛。

（二）表演步骤

九龙舞有着浓厚的祭祀色彩。表演的第一步是祭龙，意在恭请龙神，庇佑百姓五谷丰登、吉祥平安。第二步是串村走寨的龙舞表演。在龙的身体动态变化中，游、滚、跃、穿、腾、翻、盘、缠、绕、绞等各种技法相互变换，龙的舞动姿势顺畅自然。表演套路复杂，包括"九龙戏水""八宝龙灯""老龙脱壳""龙船渡海"等在内的传统套路有 26 套之多。这些套路以地方性文化和音乐为基础，有着鲜明的地区风格，也多与神话传说有关。第三步是葳龙，又名送龙归海。人们敲打着锣鼓来到汨罗江边，立好案台，祈告上苍保佑。然后燃起干柴草，龙兵舞着布龙从火上跳过去，接着取下龙头龙尾焚烧，送龙归海。

（三）传承发展

九龙舞的表演艺术，在众多舞龙艺人的探索创新下，不断得到升华和改良，形成独树一帜的艺术表演形式。九龙舞最初只有姚姓家族在舞，家族式传承，历代严格遵循着"传内不传外，传男不传女"的传承制度。改革开放后，这一传承制度被摒弃，九龙舞中的队员也不再限于姚氏家族，本地优秀青年均可参加。2008 年 6 月 14 日，九龙舞经中华人民共和国国务院批准，列入第二批国家级非物质文化遗产名录。

三、调研数据分析

团队成员向伍市镇当地居民发放问卷，问卷围绕以下四大板块设计：被调查者的基本信息、态度意愿、推行现状、推广因素。调查问卷部分始终保持严格的质量控制，在设计好问卷初稿后，为检验问卷是否有效，以及是否存在不合理之处，在发放正式问卷之前进行线下预调查，并对回收的问卷进行信效度与区分度检验。正式调查共发放问卷 302 份，有效问卷数为 279 份，有效回收率为 92.37%。

（一）态度意愿

1. 了解程度

根据调查结果，279 名受访者中有 147 名对九龙舞的了解局限在知道或听说过九龙舞，不清楚具体发展情况，占比 52.69%；67 名受访者从未听说过九龙舞，占比 24.01%；65 名受访者非常了解，占比 23.30%。

对了解程度与年龄进行交叉分析。"非常了解"的占比随着年龄减少逐渐递减；在"听说过"的群体中，各年龄段受访者占比均为 50% 左右；"不了解"的人群主要集中在 30 岁以下人群。这表明，中老年群体对九龙舞的了解程度较高，年轻群体对其了解得不充分。

2. 态度看法

96.23% 的受访者认为九龙舞表演是伍市镇的民俗活动；2.83% 受访者认为九龙舞与其他舞龙运动相同，无特殊之处，还有 0.94% 的人认为表演没意思。由此表明，大部分人支持九龙舞的传承发展，认为九龙舞有发展的必要，但仍有部分群体没有发现九龙舞的价值所在。

（二）参与反馈

调研显示，67.03% 的人认为当地旅游业发展不足，未吸引人流。结合实际来看，平江县经济落后，地理环境相对闭塞，缺少发展平台，游客较少，九龙舞的发展较大程度受当地旅游业限制。

有 144 名受访者认为缺乏保护机制及资金支持是阻碍九龙舞发展的一个重要因素，占比为 51.61%。伍市镇在九龙舞非遗文化传承中存在较大的政策空白，九龙舞发展缺少政策支持和明确的规划。在资金支持方面，九龙舞资金来源主要由民间组织筹集资金和政府提供资金。

有 43.01% 的受访者认为表演机会少，41.22% 的受访者认为未充分结合互联网技术。九龙舞出行费用高、阵容庞大，主要利用节假日在当地表演，商演机会少。宣传推广中，九龙舞相关报道较陈旧，宣传视频缺乏看点，缺少主流媒体的关注。

还有31.18%的人认为传承方式单一。九龙舞传承人局限在白杨村内，传承范围比较局限，单一的传承模式使九龙舞失去发展动力，造成传承人青黄不接的断层现象。

（三）宣传推广

1. 了解途径

有132人通过纪录片形式了解九龙舞，占比为47.31%；其次为倾听亲历者描述，占比为43.37%；38.71%的人选择于旅游中了解体验，36.2%的人通过文章、视频了解九龙舞，21.51%的人希望通过课堂了解非遗文化。这表明，大部分人群注重亲身体验。九龙舞应扩大展示舞台，走进人们的生活，增强人们对九龙舞的认知。

2. 推广方法

在宣传方面，69.53%的人群建议借助新媒体，用有创意的短视频进行宣传，59.5%的人建议借助电视广播等宣传。这表明，九龙舞在宣传方面存在较大的进步空间，应采取新媒体与传统媒体相结合的方式宣传，借助新媒体提升整体认知度，借助传统媒体加强人们的了解程度。

49.96%的人建议利用非遗＋文旅推广九龙舞。当地应制定相关政策，规划当地旅游业和文化发展，促进文旅深入融合。43.73%的受访者建议九龙舞走进校园，从而提升九龙舞在青少年群体的知名度，在实践中展现九龙舞特点。

35.48%的人建议开设相关展览、发放资料宣传册。进一步分析展览的受众情况，124人表示积极参加，146人表示视展览质量等情况而定，9人明确表示不参加，占比3.23%。这表明，在开设相关展览时要重视展览的时间、质量，加强展览的吸引力与趣味性。

四、调研结论

（一）九龙舞的发展现状

1. 九龙舞传承人及传承环境现状

九龙舞历经数千载的发展，平江县伍市镇白杨村的姚姓家族是其发源地。

白杨村厚实的文化积淀对九龙舞文化的保存、发展和传承起到了积极作用。姚氏家族历代严格遵循"传内不传外，传男不传女"的传承制度，直到改革开放后，才逐渐摒弃这样的传统，九龙舞中的队员不再局限于姚氏家族，而广泛吸纳本地优秀青年参加。

九龙舞有很好的民众基础，村民保护意识强。在与传承人姚奇的访谈中，我们得知，为了摆脱人员断层的窘境，在白杨村，孩童从五年级开始就要学习各种打击乐，上初中后就开始学习九龙舞的技艺了。

2. 民众及政府对九龙舞的保护现状

2013 年，平江县时丰中学被正式授牌为九龙舞培训基地，老艺人每周定期一至两次到学校开展舞龙活动，传授舞龙技艺和打击乐演奏技巧，讲授有关龙的知识。村民也积极参加乐队，尽情演出。龙会在村里的威望很高，"龙兵"的组织纪律性也很强。每当龙队要外出演出，"龙兵"都会积极支持龙队活动，把传统文化发扬光大。

当地政府多次派工作人员深入白杨村搜集、整理九龙舞的表演艺术和舞蹈素材，并重新组织了一支 200 人的龙队，发展出"九龙闹洞庭""威风中国龙"等各种舞龙套路。2008 年，在平江县委、县政府的帮助下，当地成立了"平江县民族民间文化遗产保护工程领导小组"，将责任落实到人，组建发展九龙舞的机构。当地将九龙舞传统表演套路编撰成书；以图像、文字等形式全面介绍九龙舞表演艺术；布置九龙舞展馆；每年举办两期不少于 400人的九龙舞传承人培训班；筹集资金购置九龙舞基本设备等。

3. 九龙舞对外宣传现状

随着时代的发展，平江"九龙舞"已不再限于祭祀活动，而是向娱乐、助庆方向发展，为政治、经济、文化活动造势，参与了一些商业演出。20 世纪 90 年代，九龙舞由于其复杂的艺术套路和宏大的阵容，在岳阳、湖南甚至全国颇具影响力，几乎每月都有外出表演。第八代传承人姚大明在祖传技艺的基础上潜心研究、不断创新，积极参与新编九龙舞的编排和演出活动，大力开展九龙舞培训与教学活动。

（二）九龙舞的现实困境

1. 传承方式的制约

九龙舞作为一种表演艺术，要求舞者有较高的技艺水平，需要经验丰富的艺人对初学者进行指导。其传承方式主要靠"口授心传"。以龙班为单位的传承是较理想的一种传承方式，因为它按照民间舞龙自身规律来教学，可以完整地传承民间舞龙的精髓，为龙班培养新生力量。然而由于现存龙班数量实在有限，前来学习舞龙运动的孩子也寥寥无几，这种传承方式不可能在短时间完成民间舞龙的普及工作。

2. 传承人才的匮乏

受外来文化的冲击和国内现阶段艺术的影响，很多青年农民的审美观念发生了变化，不愿意欣赏和学习九龙舞，对传承九龙舞艺术带来了一定的影响。随着外出打工的年轻人逐年增多，"龙兵"更新换代频率加快，同样给九龙舞的传承及保护造成了一定的困难。老艺人苦于无徒跟班，青壮年队伍势力单薄，青少年则对舞龙运动知之甚少。

3. 发展经费的紧缺

挖掘和保护民族民间文化工作必须有一定的经费投入。平江县过去是国家级贫困县，地方财政收入不足，在挖掘和保护传统民间文化方面，经费得不到保证。据团队调查了解到，传承人目前在白杨村姚氏宗祠内对孩子们进行训练，宗祠内的一部分场地是租用的，场地狭小且为露天，条件简陋艰苦，传承人多年前就曾向当地政府表明希望能尽快建立一个大型场馆供训练所用，但资金不足的问题至今仍未解决。

4. 宣传表演的限制

受表演人员多、出行费用高等因素限制，九龙舞商演可选择空间小，机会少。除此之外，九龙舞未能在抖音等短视频平台有效运营，在网络上宣传较少，且不够突出，多为当地人自发上传视频。

（三）优化路径

1. 创新传承发展形式，丰富传播推广手段

首先，将传统的线下理论教学、技艺教学与线上、AR 技术全面融合。九龙舞最大的特点在于九龙共舞，时代和社会发展赋予九龙舞新的文化内涵和使命。在传承创新方面，传承人在学习传统舞龙套路的同时，应积极挖掘、整理、创新舞龙套路，不断推陈出新，丰富表演形式，更好地展现出九龙舞表演艺术。传承协会可以借助网络技术，引入虚拟现实、仿真实验等云课堂教学手段，突破教学过程中时间和空间的限制，把九龙舞学习者渐进式引向深度学习，实现对九龙舞学习者学习情况的全程跟踪管理和对教学需求的全面掌握。

其次，利用多样的传播方式，展现非遗文化的丰富内涵。多样化的传播方式使平江九龙舞以现代化的方式呈现，能更广泛地普及非遗知识，拓宽受众范围，传播九龙舞新时代的文化内涵，从而助力九龙舞的活态传承与创新发展。传承协会可以建立官方媒体账号，结合网络热点话题，精心制作宣传视频，吸引人民关注；也可以开设九龙舞文化展览，以线下展示、线上直播、多媒体互动等宣传方式，多渠道展示非遗文化。

最后，丰富文化成果。九龙舞协会可以结合九龙舞发展历史、文化内涵、表演形式等，研发相关文创产品，开发相关体验项目。例如，九龙舞表演所需器具主要有布龙、打击乐、旗幡等，舞龙乐器属于平江独有，九龙舞传承协会可以开设弹奏舞龙乐器、制作简易布龙旗幡、学习简单舞龙套路等体验项目，让旅客沉浸式感受非遗文化。传承协会可以深入挖掘非遗文化内涵，结合表演器具制作文创产品，如含有九龙舞元素的服装、餐具等，可以联动一些品牌 IP 和其他非遗文化，共同推出文创，将九龙舞文化概念进行横向整合和纵向深挖，以文创产品的形式呈现，提高非遗文化的知名度。

2. 重视非遗传承教育，培养优秀传承人才

首先，合理引入非遗特色活动课程。学校可以与传承协会合作，引入九龙舞等非遗特色活动课程，共同商讨制订全面完整的教学目标和教学计划。通过提供理论基础和专业技能，学校可以为当地学生提供完整的非遗教育，实现理论教育和实践教学相结合。

其次，积极开设非遗文化讲座。学校可以邀请非遗文化传承人讲述非遗文化的历史渊源、表演特点等相关知识。通过传承人的讲解，学生可以在潜移默化中了解和掌握非遗文化的精髓，成为传统文化的保护者和传承者。

最后，适时开展非遗研学游。学校可以与传承协会联系，开展非遗研学游。将非遗文化与研学体验相结合，通过实地参观、亲身体验等方式，促进研学发展，让非遗在研学中得到活态传承。

3. 开展文化传承活动，增强群众参与意识

首先，将非遗文化与群众生活融合。非遗文化来源于群众的现实生活，是群众智慧的结晶。将非遗文化与群众生活相融合，不仅可以丰富群众对非遗文化的认知，增强其保护意识，还可以使其得到更好的传承和发展。伍市镇在传统节日中进行舞龙表演正是非遗文化与群众生活融合的典型体现。

其次，积极举办九龙舞相关主题活动。九龙舞是一种具有深厚文化底蕴和鲜明特色的非遗文化，通过对其特点、内涵的深入挖掘和展示，可以使群众更加直观地了解和感受非遗文化的独特魅力。在活动中，可以组织群众参与到节目的准备和表演中来，让他们亲身体验非遗文化的魅力，从而发自内心地认识到非遗文化传承保护的重要意义。

最后，建立有效的激励机制。通过各种形式的激励措施，如颁发荣誉证书和文创纪念品，推行优惠政策等，激发群众的参与热情和积极性，鼓励群众更多地参与到相关活动中来。

4. 完善政策保障机制，推动文旅融合发展

首先，在资金方面，九龙舞资金来源主要为传承人内部筹集资金，政府应为九龙舞发展提供一定的资金支持，为九龙舞传承发展夯实物质保障。政府也可大力开发当地旅游资源，将九龙舞这一非物质文化遗产与旅游业结合起来，促进文旅融合，在发展旅游业的同时助力九龙舞的传承发展。

其次，在政策方面，考虑到九龙舞非遗文化传承的独特性，国家层面上的法律法规不能解决非遗传承中所面临的全部问题，需要平江县相关部门出台符合国家法律政策且有针对性的系统的地方性保护条例。

最后，在文旅发展方面，要驱动新型文旅产品的创新打造，丰富文旅融合模式，促成非遗与旅游全要素融合的新局面。一是政府可以组织专家对当地相关旅游规划进行科学评估，深入当地旅游市场进行调研分析，抓住平江县独有的文化特色，制订合理可行的旅游规划。同时，严格监督各项规划的实际落地，健全规划评估和实施监督机制，确保旅游规划的真实成效。二是推动非遗与旅游深度融合发展，将传统工艺、传统民俗等非遗文化元素融入旅游业，并在人们的旅游过程中展示，让原本"高冷"的非遗项目走进日常生活，有效展现非遗的文化价值与保护价值。例如，可以将九龙舞相关的非遗元素融入当地酒店、民宿的室内设计中；开发非遗旅游主题线路，将一些分散的非遗展示点融入旅游线路中。

参考文献

[1] 丁晨奕. 非遗活态传承视域下平江九龙舞的传承与发展［J］. 牡丹，2023（10）：123 – 125.

[2] 李舒妤. 非遗文化传承的教育路径研究［J］. 南京艺术学院学报（美术与设计），2023（3）：191 – 195.

[3] 孔素琴. 关于非遗文化和群众文化相融合的思考［J］. 剧影月报，2023（2）：94 – 95.

文脉绵长　意义深"粽"：
解开浏阳市道源湖村特色粽业赋能乡村振兴的非遗密码

课题组成员：戴佳悦，秦莉媛，佟　瑶，李梦媛，
　　　　　　郭永钱，胡　希，刘欣雨
指导老师：杨　果，陈　佳

摘　要：文化产业是乡村全面振兴的密钥。探索文化产业赋能乡村振兴的实践进路，对于全面推进乡村振兴、实现农业农村现代化具有深远意义。湖南省浏阳市道源湖村湘粽文化历史悠久，依靠党建引领、经营模式、产业融合、品牌建设、生态保护五大优势盘活非遗文化，发展粽子经济，走上共同致富路，形成独特的"道源湖密码"。在未来，道源湖村也将从产业振兴、人才振兴、文化振兴、生态振兴及组织振兴五方面入手助推乡村振兴迈上新台阶，为文化产业担当时代使命提供借鉴，赋能乡村振兴发展。乡村振兴，青年先行，青年是赓续非遗文化的引领者，要发挥青春优势、刻印青春足迹、激扬青春合力，成为乡村振兴战略的"主引擎"。

关键词：非遗产业；乡村振兴；青年力量

一、引言

（一）研究背景

1. 乡村振兴优化落实，把握发展大势

民族要复兴，乡村必振兴。2022 年，文化和旅游部等六部门联合印发了《关于推动文化产业赋能乡村振兴的意见》，2023 年中央一号文件再次强调实施文化产业赋能乡村振兴计划。为落实这一政策要求，湖南坚持以传承发展中华优秀传统文化为核心，以提高文明程度、促进经济发展为目标，在乡村文化产业及乡风文明建设等方面取得了卓越成就。

2. 非遗文化传承发展，迸发强大力量

传承非遗历史价值，助力乡村产业振兴。2021 年，中共中央办公厅和国务院办公厅印发的《关于进一步加强非物质文化遗产保护工作的意见》强调"坚持创造性转化、创新性发展"，深挖其经济价值与文化价值，助推乡村振兴。道源湖村享有"粽子村"的美誉，为推动非遗文化持续赋能乡村振兴，其以制粽技艺这一非遗为依托，推进产业融合，为乡村振兴提供了巨大力量。

（二）研究意义

1. 深耕非遗文化，展现当代价值

传承非遗文化，可以丰富文化内涵，增强文化认同，培养民族精神，同时促进地方经济发展。本团队通过对道源湖村粽子产业的研究，挖掘其中粽子文化的深厚底蕴和新时代非遗文化传承密码，为国家保护和传承非遗文化、推动文化产业化提供借鉴。

2. 点亮文化经济，焕新发展活力

文化产业是新时期全面推进乡村振兴的重要内容和有力支撑，为乡村振兴赋能续航。发展好乡村文化产业，能增加就业机会，促进乡村产业融合发展，为乡村振兴提供不竭动能。团队聚焦粽子产业对道源湖村乡村振兴发展的积极作用，探究乡村振兴发展的"道源湖模式"，为乡村振兴发展提供"道源湖经验"。

3. 对标榜样先进，注入青春力量

当代青年作为国家社会主义现代化建设的生力军，要积极响应号召，主动融入乡村发展大局，担起传承优秀传统文化的重任，培养"知农、爱农、兴农"责任意识，助力实现中华民族伟大复兴。团队通过研究道源湖村的青年在粽子产业中发挥的积极作用，为广大青年树立优秀榜样，激励青年积极主动地为乡村振兴贡献力量。

二、调研设计

本研究以道源湖村粽子产业为研究对象，从基层自治组织、企业、个人三个层面，分别对道源湖村委会、道源湖粽子加工企业和企业员工、村民及优秀青年代表展开实地调研与访谈。本研究以实地调研法为主，结合访谈调查法及问卷调查法，探寻粽子村铺就幸福路的密码。调研前期，借助中国知网获取与本次调研相关的资料，为本次调研提供了理论基础。

（一）党员争做领头雁，筑牢产业发展之基

团队成员前往道源湖村委会交流学习，深度访谈道源湖村党总支书记周英国。该村粽子产业规模经营之初，由党员牵头投入生产经营，基层党组织不断完善入股分红政策，为产业发展提供坚实保障。周英国强调："基层党组织的正确引领和党员干部的先锋模范作用为粽业规模发展奠定了基础。"

（二）企业搭好枢纽站，发挥资源整合之用

据《2023 中国粽子行业消费与品牌现状白皮书》，端午节期间粽子消费人群达 82.7%，2023 年市场总量预计增幅在 15%。在此背景下，以"湘情原""乡村伙伴"为代表的道源湖村粽子加工企业，在产业发展过程中整合资金、人力、自然、技术等资源，打造"原料—生产—销售"一体化的产业链，运用线上线下两种平台，拓宽产业发展渠道。乡村伙伴食品科技有限公司董事长钟启禄表示："企业的建立，让零散的资源集约化，大大提升了加工速度。"

（三）村民齐心聚合力，增强产业发展之效

村民是粽子产业发展的主力军，粽子制作手艺人在道源湖村人口占比为 16.9%。从事粽子加工产业的主要分为两类，一类是进厂计件加工，一类是散户制作经营。村民钟秀芬表示："粽子生产旺季，常是大家一起完成订单，厂里也会为大家提供技术教学。"

（四）青年勇做生力军，走好乡村振兴之路

粽业作为道源湖村的王牌产业，带来了巨大的经济收益，发展前景广阔，同时也急需青年力量。本团队通过问卷调查，着力探究道源湖村青年留乡发展意愿。此次调研样本共包含 123 份问卷调查样本与 8 份访谈样本，青年样本 56 份，其中 73.91% 青年有留乡发展粽子产业的意愿。

三、研究成果

（一）寻"粽"觅迹，非遗文化筑牢品牌根基，提振发展自信

1. 回望湘粽印记，品味粽香底蕴

湘粽承载着丰厚的历史文化内涵。湘粽，作为湖湘大地的传统美食之一，古名"筒粽"，多制成牛角状。湘粽的含义从南方稻作区祭祀水神的风俗综合演化的产物，又扩展到纪念屈原的文化象征，以及夏至的节令食品，是中

华优秀文化的具象化。

湘粽积淀着独特的情感价值，是连系着湖湘人民与家乡和家人的情感纽带。每逢端午佳节，箬叶包裹千年韵味。游子客旅他乡，品湘粽寄乡思。由此看来，湘粽于湖湘人民，不只是一种美食，更是湖湘的文化符号，寄托着独特的情感价值。

2. 探寻非遗文化，传承手工技艺

道源湖村蕴含深厚的粽子地域特色。古时，湘粽是将糯米放入竹筒炊煮而成。道源粽子传统制作技艺可追溯至 1898 年，村民周永雍将传统角黍制作技艺与当地得天独厚的自然条件相结合，用丰富的馅料，采摘地方特色箬叶包裹，发展出道源湖独特的制粽技艺。

道源湖村传承独特的制粽技艺。道源湖粽子传统制作技艺已传承至第三代，历经百年传承与探索，制作技艺愈发成熟。产业以道源湖粽子传统制作技艺传承人为首，在村庄百年粽子文化的熏陶下，激活全村百户传承制粽技艺和秘诀的活力。调研发现，超 70% 的村民掌握制粽技艺。传承人带领村民，用当地优质山泉水、谷物和天然箬叶，将粽叶、舀糯米、封口、扎捆，包出可口的香粽。同时，将传统口味与市场需求结合，创新粽子产品，传承端午文化。

3. 明晰发展潜力，锚定奋进方向

制粽技艺为文化传承献力量。道源湖村精心制作宣传粽子文化的歌曲《粽乡情》，将这方山水浸润出的美味通过动人的旋律向世人分享。同时在村民们的代代传承下，道源湖粽子传统制作技艺不断延续发展，于 2023 年 1月，成功申报为第九批浏阳市（县）级非物质文化遗产代表性项目。

制粽技艺为乡村发展添动能。粽业初步发展后，长沙及全国不少早餐店卖的粽子均出于此，道源湖村的粽子一年四季有订单。同时，乘乡村振兴之风，道源湖村加速推动非遗文化与经济融合发展，打造产业品牌，在 2023 年端午节，"粽子村"联合央视，现场直播包粽子比赛等民俗活动，向全国观众展示制粽技艺和特色产品，带动旅游业的发展，为当地村民带来额外收入，促进经济效益持续提升。

（二）出"粽"超群，特色粽业释放经济活力，实现发展自立

习近平总书记指出："自力更生是中华民族自立于世界民族之林的奋斗基点。"2020 年，道源湖村注册了"湘情原"品牌，形成以三家食品公司为生产龙头，200 多户农户分散加工的点面结合粽子生产模式，线上有 2 万多个网点，覆盖 26 个省（自治区、直辖市），线下打入 8 个省（自治区、直辖市），产值破亿。

道源湖村依靠党建引领稳基石、模式创新提效益、品牌建设扩影响、产业融合添势能和生态保护促共赢五大方面的优势传承并发展非遗文化，逐渐形成优势特色鲜明、质量效益显著、联农带农紧密的特色粽子产业致富之路，实现发展自立。

1. 筑牢党建基石，引领致富之路

党建引领乡村振兴，既是促进农村基层组织振兴的内在要求，也是落实乡村振兴战略的有力保证。道源湖村加强基层党组织建设，以"党建聚合力"工程为重要抓手，强化基层党组织集中统一领导，引领村民共赴致富路。

党员请自隗始，传承非遗文化。道源湖村乡村振兴着重发挥党员的先锋模范作用。道源湖村 66.67% 的党员干部投身粽子产业发展，传承制粽技艺非遗文化。党员牵头注册专属品牌"湘情原"，并鼓励村民以技术、资金以及劳动等多种方式入股。

党建引领发展，闯出特色道路。党建引导村民学习和传承制粽技艺，引进资金和高素质人才，推动粽子文化产业化、规范化发展，践行"同心、同向、同行"发展理念。建设"同心乡村"和"同心车间"，吸引外村人加入产业发展，投身于粽子产业并从中获益。道源湖村共勉共进共担当，促就"湘情原"品牌走出湖南，闯出一条特色粽业致富路。

2. 优化经营模式，提升经济效益

道源湖村采用"村集体＋公司＋个人"的发展模式，释放非遗活力，推动粽子经济高速发展。转变分散、粗糙的家庭小作坊式经营模式，村支部牵头、集体出资，个人提供技艺，共同成立湖南道源湖农业发展有限公司等企业，致力粽子文化产业化发展。

企业对各优势资源进行整合。道源湖村凭借得天独厚的自然环境，培育了占地 300 亩的箬叶基地，为粽子制作提供优质低价的原材料；整合优化当地不同制粽技艺，推动制粽技艺规范化发展；对道源湖村留乡务农人员进行教学培训，形成集中化生产，解决村民就业问题；直播带货、线下推广及品牌效应为企业提供了庞大市场，最终形成了"原料—加工—销售"一体化的产业链。

粽子产业的发展离不开个体作坊的重要作用。当地共有 236 户家庭作坊参与粽子制作，占全村农户总数的 19.54%，个体作坊的持续发展，缓解了各企业订单超荷的忧虑。在"村集体＋公司＋个人"模式持续运转下，道源湖从事粽子产业的村民日均收入高达 300 元，85.42% 的家庭月均收入增长超 1500 元，全村整体取得日产百万只粽子，年产值突破 1 亿元的成就。

3. 强化品牌意识，打造专属名片

注册特色品牌，取得竞争优势。道源湖村注册"湘情原"品牌并于 2022 年 11 月成功入选第十二批全国"一村一品"示范村镇，成为浏阳市第七个全国"一村一品"示范村镇。当地生产的粽子因选材规范，营养价值高，不添加防腐剂，纯手工制作而深受消费者喜爱，在湖南乃至全国取得竞争优势。

打造非遗名片，扩大文化影响。非遗文化助力道源湖村在市场上获得文化加持，打造出乡村经济对外开放的闪亮名片。道源湖村粽子产业在产品设计、色彩搭配、创意造型上与端午文化相呼应。同时，非遗品牌的打造增强了当地村民的文化认同与文化自信。在对外交流中，村民更有底气推广道源湖制粽技艺，积极宣传品牌特色，推动道源湖非遗文化走出浏阳、走向全国。

4. 推动产业融合，增添发展势能

制粽业与旅游业联合，形成特色文旅场景。在非遗制粽技艺传承的基础上，道源湖村引入投资，发展民宿等新业态，深挖价值意蕴，提炼文化符号，举办如粽子节、包粽子大赛等沉浸式非遗体验活动，吸引大批游客前来体验，推动当地旅游转型升级，带动粽子产业蓬勃发展。

粽子加工业与种植业合作，建立原料种植基地。道源湖村建立稻米、箬叶种植基地，以确保优质原料的稳定供应。粽子产业的盈利也为改善种植技术和采取高效农业模式提供了资金来源，为粽子产业优质原料的供应提供了保障，有效促进经济良性循环。

粽业与电商业融合，拓展产品销售渠道。道源湖村紧扣"数商兴农"政策，依托浏阳 5G 直播基地、"网间经济脑力仓"，培育"村播"进行直播带货。2021 年，道源湖村粽子产业线上网点覆盖至 26 个省（自治区、直辖市），共计突破 2 万个，粽子年销量也增长至 3200 万个；2022 年销量为 5000 万个。

5. 重视生态保护，实现共赢发展

道源湖村注重发展绿色经济、循环经济，将非遗文化传承与生态保护相结合。为实现粽子生产原料箬叶自主化，道源湖村开辟荒土，种植箬叶，在促进原料生产的同时，合理利用土地资源，推进自然资源保护和生态建设，实现生态系统的良性循环。在生态治理方面，道源湖村委会加强农村环境监管，引导社会资本参与生态建设，全面提升生态环境。74.80% 的村民认为粽子产业的发展促进了自然环境的改善与人文景观的发展。

（三）摅"粽"报国，文化产业担当时代使命，助力发展自强

文化产业赋能乡村振兴是党和国家的重大战略部署，党的二十大报告为新时代文化产业助推乡村振兴指明了方向。因此，全面推进乡村振兴必须发挥好文化产业的作用。

调研团队采取走访调查和整合资料等方式，从发挥产业振兴基础作用、文化振兴源泉作用、人才振兴关键作用、生态振兴导向作用及组织振兴保障作用入手，结合现实情况，深入分析道源湖村特色粽业未来实践进路，使文化产业有效赋能乡村振兴，为乡村振兴高质量发展提供借鉴，实现强国建设。

1. 提升经济效益，夯实产业振兴

为持续释放粽业经济活力，道源湖村挖掘地区优势，打造了一体化产业链，但产业融合力还有待提升。道源湖村未来需将资源充分整合，促进农村产业融合发展。依托特色粽业，推进文旅深度融合，发展新业态，将文化创意设计融入生产，传承并结合端午节的品粽传统，打造具备端午特色与道源湖村特色的差异化产品，满足消费者需求，带动文化产业创新发展，迈向高端。

在乡村振兴进程中，文化产业应推动产业链纵深发展，与其他产业融合，拓展新领域，于传统节日中汲取发展力量，于文化创新中收获致富锦囊，带动乡村产业振兴。

2. 赓续本土记忆，助力文化振兴

增强文化自信并实现乡村文化振兴，是乡村振兴的重要目标。调研发现，68.43% 的村民从事粽子产业是为了获取经济利益，缺少对非遗文化的情感认同与传承意识。

为增强乡村文化认同，道源湖村拟推行培养手艺传承人"一带一"举措。为青少年安排非遗传承人，进行针对性培养，强化其文化认同。

为增强乡村文化影响力，促进非遗文化传播，道源湖村预打造非遗文化陈列馆，再现粽香文化发展脉络，开展非遗体验活动。同时，充分利用端午节契机，举办文化活动和营销活动，通过直播，提高粽子品牌知名度并增强其影响力。在本土宣传的同时推动粽香文化走出去，在国内国际大舞台上讲好粽"乡"文化。

在乡村振兴进程中，文化产业应立足本土文化，演绎好乡土故事，将当地文化价值传承下来并传播出去，在文化活动中拓宽品牌知名度，于营销活动中抢占市场份额，为乡村文化振兴注入源源不断的活力。

3. 激活人才引擎，推动人才振兴

道源湖村粽子产业的蓬勃发展，离不开多主体联动。在粽子生产环节后继有人的基础上，还需大量的产品设计与销售人才。

为发掘当地人才优势，道源湖村以独特方式培养本土人才。道源湖村为贫困学子提供资金支持，在双方协商一致下签订返乡就业协议，以"产业发展保求学路，学子成才促产业强"的培养模式，留住本土优秀人才，为产业发展提供智力支持。

为汇聚更多外来人才，道源湖村正着力规划电商主播专属空间，提高福利待遇，吸引人才，改进销售模式。同时鼓励人才以专利、技术入股，为粽子产业高质量发展提供技术支撑。

乡村振兴，人才先行。为永葆乡村文化产业的发展活力，需要吸引城镇人才下乡，为乡村人才振兴输入外部"血液"；更需要留住本土人才，为乡村人才振兴提供内生动力。

4. 重视绿色低碳，促进生态振兴

习近平总书记提出："绿水青山就是金山银山，改善生态环境就是发展生产力。"道源湖村在生态环境保护领域已取得一定成就，将更注重环境治理，实现可持续发展。

道源湖村通过间隔种植玉米、通渠抗旱等多种举措保障箬叶等作物健康生长，促进循环经济的发展，衍生田园综合体等新业态，发展云旅游等新模式。

乡村要持续发展，实现生态振兴，就要通过保护和改善生态环境为乡村发展赋能，把生态理念转化为生态实践，实现生态环境保护、资源循环利用的有机结合，形成可持续发展的农业生态保护之路。

5. 凝聚群众合力，筑牢组织振兴

全面推进乡村振兴，需要以乡村组织振兴为引领，增强内生动力。道源湖村的农民组织化程度较高，但"湘情原"品牌缺乏有效的管理组织，非政府力量发挥不足。

调研发现，道源湖村正推进"粽子协会"的发展。粽子协会要制定粽子生产标准，加强质量监督，推动粽子产业健康发展。同时，道源湖村将依托粽子产业吸引外来文化类社会组织的加入，作为政府的"补充力量"，搭好政府与村民间的信任桥梁，完善乡村组织建设。

文化产业发展要注重基层党组织、农村专业合作经济组织、社会组织和村民自治组织四大主体协调发展。以组织振兴为"引擎"助力乡村振兴，让发展成果更多、更公平地惠及广大农民。

（四）万"粽"一心，时代青年发扬奋斗精神，彰显发展活力

习近平总书记强调："新时代是奋斗者的时代，奋斗精神是时代新人的重要标志。"面向新征程，青年应接续奋斗、顽强奋斗、艰苦奋斗、团结奋斗，积极参与到乡村振兴的实践中去，破解发展难题，以青春之力推动乡村振兴迈出新步伐。

1. 时代青年握紧接力棒，厚植爱农情怀

时代青年要赓续"一枝一叶总关情"的深厚情怀。道源湖村青年党员干部们以民为本，为村民干实事，助力乡村党建发展，牵头助推"湘情原"品牌成立，以身作则，带领村民走上富裕路，接续奋斗开新章。乡村发展离不开青年，青年投身乡村振兴要念"民之所忧"，行"民之所盼"。

2. 时代青年把稳压舱石，筑牢重农根本

时代青年要坚定"不破楼兰终不还"的顽强意志。道源湖村钟磊重视乡村建设，在乡村伙伴食品科技有限公司法定代表人钟启禄的影响下投身于乡村产业发展，创立公司，让更多村民有事干、能致富，顽强奋斗促发展。时代新人要真正树立重农意识，重视"三农"问题，参与"三农"实践。

3. 时代青年勇挑千斤担，练就兴农本领

时代青年要强化"敢教日月换新天"的责任担当。道源湖村刘飞而心系家乡经济发展，毅然辞去公务员工作，返乡创业，克服土地流转、种苗选购等困难，建立箬叶基地，艰苦奋斗，砥砺前行。广大青年要发扬敢为人先的创新精神，在乡村发展需要时挺身而出，练就担当兴农作为的"铁肩膀"。

4. 时代青年共绘同心圆，实现强农目标

时代青年要凝聚"同舟共济扬帆起"的奋进力量。道源湖村田钱花夫妻入股湖南道源湖农业开发有限公司，带动100多户村民留在道源湖村入股并引导其他散户加入公司，团结奋斗谋发展，共绘乡村振兴同心圆。青年先锋要紧密团结、凝心聚力迈进新时代，推动农业强国建设，实现强农富农目标。

五、启示

（一）纵览粽香文脉，感悟非遗力量

三湘四水孕育文化瑰宝，文脉绵长。千年前，湖湘大地孕育粽香文化，发展制粽技艺。湖湘儿女传承并发扬这一非遗文化，把稳粽香文脉，提振文化自信，万千劳动人民写出壮美诗篇，传递非遗力量于世界。

（二）聚焦发展成果，探寻成功密码

乡村振兴当前，道源湖村走出一条特色致富道路，深谙自身优势，把握发展机遇，促进非遗文化产业化，着力打造全国"一村一品"示范村镇，在乡村振兴路上持续发力。

（三）澎湃青春动力，续写使命篇章

乡村振兴，人才先行。非遗的传承、文化产业的发展、乡村振兴战略的实施并非个人使命，亟需当代优秀青年的磅礴力量。青年应秉持"功成不必在我，功成必定有我"的坚定信念，激发昂扬斗志，投身乡村振兴的伟大事业，写就农业强国伟大篇章！

参考文献：

[1] 习近平. 决胜全面建成小康社会　夺取新时代中国特色社会主义伟大胜利——在中国共产党第十九次全国代表大会上的报告［M］. 北京：人民出版社，2017.

[2] 习近平. 高举中国特色社会主义伟大旗帜　为全面建设社会主义现代化国家而团结奋斗——在中国共产党第二十次全国代表大会上的报告［M］. 北京：人民出版社，2022.

[3] 习近平谈治国理政：第3卷［M］. 北京：外文出版社，2020.

[4] 习近平. 加快建设农业强国推进农业农村现代化［J］. 求是，2023（6）：4 - 17.

[5] 人民出版社编. 中共中央国务院关于全面推进乡村振兴加快农业农村现代化的意见［M］. 北京：人民出版社，2021.

[6] 中央农村工作会议在京召开　习近平对做好"三农"工作作出重要指示［EB/OL］.（2021 - 12 - 27）［2023 - 07 - 21］. https：//www. 12371. cn/2019/12/21/ARTI1576926715002290. html.

[7] 湖南省人民政府办公厅关于印发《湖南省"十四五"农业农村现代化规划》的通知［EB/OL］.（2021 - 10 - 29）［2023 - 07 - 21］. http：//www. hunan. gov. cn/hnszf/xxgk/wjk/szfbgt//202110/t20211021_ 20836452. html.

[8] 李珍珍，张辛欣. 红色文化资源赋能乡村振兴的多维价值与实现路径——基于湖南地区的调查研究［J］. 湖南社会科学，2023（3）：66 - 75.

从"站起来"到"富起来"再到"强起来"的胜利密码

——雷锋精神涵养青年责任担当的独特价值研究

课题组成员：文　艺，姚柯莹，彭瑞馨，赵尔金娜，
　　　　　　杨惠婷，陈宝菁，莫玉涵，熊　怡，
　　　　　　陈哲航
指导老师：欧阳文芳，杨　果

摘　要： 2023 年是毛泽东为雷锋题词并发出"向雷锋同志学习"号召的 60 周年。60 年来，雷锋精神在价值引领、使命担当、红色基因赓续等方面彰显了重要的教育意义。从落后到奋起，雷锋精神凝聚"站起来"的力量；从贫困到富裕，雷锋精神滋润"富起来"的人心；从崛起到复兴，雷锋精神培育"强起来"的气魄。国家的希望在青年，民族的未来在青年。用雷锋精神指明青年道路，让红色精神指引青年方向，强化青年责任担当，践行时代初心使命。

关键词： 站起来；富起来；强起来；雷锋精神；青年；使命担当

一、研究背景

在全面贯彻落实党的二十大开局之年，迎来了毛泽东等老一辈革命家为雷锋同志题词 60 周年。"向雷锋同志学习"——60 年前，毛泽东为一位平凡而伟大的战士题词，引领了中国半个多世纪的风尚。"让雷锋精神在新时代绽放更加璀璨的光芒"——60 年后，习近平作出重要指示，为新时代学雷锋指明方向。

没有党就没有雷锋。雷锋从小双亲去世，在旧社会饱受欺凌，饥寒交迫，在党组织的关心帮助下，他才得以生存、成长。他听从党的号召，不论是在学校、工厂，还是在部队，他始终都把人民放在首位，坚持全心全意为人民

服务。在党的百年历史中，雷锋是唯一一位党和国家历代领导人都题词讲话并号召学习的先进青年榜样，是青春报国的永恒丰碑。2021 年 9 月，党中央批准了中央宣传部梳理的第一批纳入中国共产党人精神谱系的伟大精神，雷锋精神被纳入其中。

当今社会，随着全球化进程不断推进和信息技术的迅猛发展，各种文化思潮的交流、交锋、交融愈来愈频繁、深入。在此冲击下，青年一代的价值选择更加多元，有的甚至出现一定程度的偏移，本位主义抬头、担当意识缺乏、奉献精神不强等问题涌现。在此背景下，如何利用好红色资源，开展好红色教育，成为党和国家未来发展的重要课题。本研究通过挖掘从"站起来"到"富起来"再到"强起来"的胜利密码，引导新时代青年坚持正确史观、树立崇高理想，发扬党的光荣传统和优良作风，在实践中勇担使命。这既是传承红色基因的现实需要，又是凝聚青春力量的发展诉求。

二、文献综述

自雷锋精神提出以来，高质量研究成果不断涌现。《人民日报》《光明日报》等各级各类主流报纸刊发了系列理论宣传类文章，《红旗文稿》《思想教育研究》等多家学术期刊也以专题形式刊发了系列研究论文。

总体而言，国内相关研究成果呈现出理论和实践并重、宏观与微观并举、深度不断增强、内涵不断创新拓展的态势。

1. 关于雷锋精神的形成过程，大都认为雷锋精神内涵不断拓展、与时俱进，总体上分为"站起来""富起来""强起来"三个阶段。陶倩、石玉莹认为社会主义革命和建设时期是雷锋精神内涵初步建构阶段；改革开放和社会主义现代化建设时期是雷锋精神内涵创新发展阶段；新时代是雷锋精神内涵赓续发展阶段。

2. 关于雷锋精神的内涵研究，大都认为雷锋精神根据时代需求不断创新。王晓翔、石肖彤认为，在社会主义革命和建设时期党的领导集团强调雷锋精神的阶级立场，以及社会主义和共产主义道德；在改革开放和社会主义现代化建设时期，突出雷锋为人民服务的精神并肯定个体价值；进入新时代，党的领导集体明确指出以雷锋精神为载体，推进社会主义核心价值观建设。

3. 关于雷锋精神的价值研究，大都认为雷锋精神具有高尚的思想引领作用。杨峻岭提出新时代大力弘扬雷锋精神在铸魂育人中具有重要意义。卜振友、张凤莲认为雷锋精神是推动东北全面振兴的重要精神动力。

4. 关于雷锋精神对青年的作用研究，大都认为雷锋精神对当代青年的发展具有时代价值。杨俊峰、冯路和陈伟提出针对当代部分青年存在的思想问题，需要用雷锋精神对青年进行教育和感染。张建学、刘晓鹏、孙志勇认为雷锋精神是大学生社会主义核心价值观体系教育的丰厚精神资源。

已有研究为"雷锋精神对青年责任使命的价值研究"的探讨提供了启迪，但尚缺乏雷锋精神的整体性研究，仍需深挖雷锋精神对青年担当的引领作用。要进一步明晰雷锋精神的历史变迁及其时代内涵；要进一步明晰雷锋精神为不同时代青年提供的精神指引；要进一步明晰雷锋精神在新时代对青年担当责任的独特价值。

三、调研设计

（一）调查对象

本研究深入访谈雷锋生前好友张建文、望城区"雷锋之星"齐文英和"雷锋杯"青年代表，并就青年如何传承和弘扬雷锋精神开展问卷调查，基于雷锋精神的时代价值发问，探索雷锋精神从"站起来"到"富起来"再到"强起来"三个时期对青年责任担当的引领作用。

（二）调查过程

本研究通过文献研究、问卷调查、实地访谈等多种方式，探究雷锋精神的时代价值与当代青年时代担当的离合程度及其内在原因，明晰雷锋精神在不同历史时期的重点内涵，提出青年赓续红色基因，勇立时代潮头的实践路径。

四、研究成果

雷锋是从旧社会被解救出来，在新中国成长起来的青年。雷锋的一生虽然短暂，但他是当时千千万万青年中的代表，他在平凡的岗位上展现了新中国青年坚定理想信念、投身社会主义现代化建设的昂扬斗志和奋发向上的精神状态。因此，雷锋精神天然地内含着那一代青年的精神。雷锋牺牲后，雷锋精神历经 60 年的提炼、宣传，又得以丰富、拓展、升华，党中央将其丰富的内容概括为：热爱党、热爱国家、热爱社会主义的崇高理想和坚定信念；服务人民、助人为乐的奉献精神；干一行爱一行、专一行精一行的敬业精神；

锐意进取、自强不息的创新精神；艰苦奋斗、勤俭节约的创业精神。

由此可见，雷锋精神并不是其一个人的精神，它以雷锋同志的精神为基本内涵，融汇了无数共产主义战士、英雄模范、好人的精神品质。因而，它是在实践中不断丰富和发展着的活的精神，成为我们党用以引领社会风气特别是教育引领青年的一面旗帜。雷锋精神在不同时期发挥的作用也有所不同，为更好地概括雷锋精神在不同时期的主要表征和时代价值，本研究从以下三个阶段进行论述：新中国成立到改革开放前（1949—1978 年）、改革开放至新时代（1978—2012 年）、新时代以来（2012 年至今）。

（一）从落后到奋起：雷锋精神凝聚"站起来"的力量

新中国成立到改革开放前（1949—1978 年），"站起来"的新中国面临着百废俱兴、一穷二白的困境，党以马列主义、毛泽东思想为指导思想，团结带领人民投身祖国革命建设的大业。广大青年积极投身社会主义新中国建设，雷锋作为他们中的一员，怀着对中国共产党的感恩和对建设新中国的赤诚，书写了坚定理想信念、全心全意为人民服务的青春篇章。这一时期是雷锋由一个农村孤儿逐步成长成熟为一名信仰坚定的共产主义战士的年代。在他牺牲前，他的助人为乐的先进事迹已在部队里广泛宣传；在他牺牲后，他的精神更是激励着广大青年为新中国建设矢志奋斗。

1. 坚定理想信念，爱党为民

雷锋始终秉持"党的志愿就是我的志愿"的赤诚之心，在日记中写道："我就是长着一个心眼，我一心向着党，向着社会主义，向着共产主义。"雷锋精神表现为一种阶级道德和革命自觉。"憎爱分明的阶级立场，言行一致的革命精神，公而忘私的共产主义风格，奋不顾身的无产阶级斗志。"这是周恩来对雷锋精神的阐释。

雷锋生前好友张建文在采访时提到："雷锋是党的革命战士，他把共产党视作自己的父母，把一生都献给了党。"经过雷锋精神的浸润，在长期革命斗争和建设实践中，无数党员以理想信念为克敌制胜的法宝，为人民争取最大利益。

2. 投身改革建设，以身许国

"喜看工厂遍地开，旧貌换新颜"。为贯彻落实过渡时期"一化三改"的总路线，党接管建政，实施"一五"计划，推进三大改造，新中国显现出勃勃生机。全国人民在党的领导下，在雷锋精神指引下，积极投身社会主义事业，成绩斐然。

邓小平同志为雷锋题词："谁愿当一个真正的共产主义者，就应该向雷锋同志的品德和风格学习。"1963 年，《人民日报》刊发社论《学习雷锋》："雷锋真正做到了又红又专。在他短短的一生中，他经历过几种不同的工作岗位。但是，他干一行爱一行，干一行专一行……他的专，是建立在红的基础上；他的红，落实到专业的成就上。因此，他在任何环境，任何工作岗位上，都能做出显著的成绩。"时代变迁，雷锋精神中"劳动最光荣""做一颗螺丝钉"的号召仍然熠熠生辉。

在雷锋精神的引领下，三大改造时期，广大青年工人忘我劳作，全面建设时期，李四光、邓稼先等一批创新人才锐意进取，为祖国发展注入青春伟力。在这场中华民族有史以来最为广泛、最为深刻的社会变革中，广大青年以雷锋精神为指引，以主人翁的姿态积极投身于社会主义事业，为新中国"站起来"施展青春之能、贡献青春之力。

（二）从贫困到富裕：雷锋精神滋养"富起来"的人心

1978 年，党的十一届三中全会拨乱反正，开启改革开放和社会主义现代化建设新时期。改革开放是中国人民和中华民族发展史上一次伟大的革命，是党的一次伟大觉醒，推动了社会各领域的变革发展，雷锋精神的内涵也得到创新发展。

1. 服务社会大众，无私奉献

雷锋精神以奉献人民为价值取向，始终散发出感动人心、温暖社会的道德温度。江泽民同志指出："雷锋精神的实质，是全心全意为人民服务，为了人民的事业无私奉献。"雷锋精神沉淀并固化了"全心全意为人民服务"的精神内核，为广大人民树起了一座精神丰碑，这是雷锋精神的实质体现，同时也是中国共产党人精神谱系的重要一环。

受雷锋精神感召，广大青年投身于为人民服务的事业中，时刻将人民群众的利益放在心上，刻在骨里。1989 年，救助贫困地区的失学少年的希望工程公益事业成立；1993 年，2 万余名青年举起"青年志愿者"旗帜，正式启动中国青年志愿活动。此后，西部计划、三下乡陆续诞生，青年志愿者想人民之所想，急人民之所急，忧人民之所忧，在各种志愿活动中发光发热，无私奉献，用爱心照亮世界。

2. 谱写改革华章，匠心筑梦

改革开放以来，中国特色社会主义经历了从计划经济走向市场经济、从农村改革走向全面深化改革、从基本温饱走向全面小康、从内陆封闭走向全方位开放、从继承传统革命精神走向弘扬新时代伟大民族精神的光辉历程，人民生活得到了历史性提升，党的建设取得了历史性成就。

雷锋精神以爱岗敬业为事业信条，始终把普通工作岗位作为实现人生理想的价值舞台。青年以雷锋精神为引领，解放思想、锐意进取，在自身的岗位上发光发热，干一行，专一行，爱一行。

在党的号召下，1991 年，"岗位学雷锋、行业树新风"主题活动开展，无数在自己岗位上默默奉献的人被看到。左春秀立足本职岗位 30 余年，帮助困难旅客数十万人次，自发捐款建立"困难旅客服务基金"，被旅客誉为"铁道线上的活雷锋"。吴仁宝恪守村党组织书记职责，"七十年代造田、八十年代造厂、九十年代造城"，将自身的青春年华全部投入农村建设，带领村民向共同富裕的新路不断迈进，滋养了"富起来"的人心。

（三）从崛起到复兴：雷锋精神培育"强起来"的气魄

党的十八大以来的十年，是中国从"富起来"走向"强起来"的十年，这一历史性飞跃，标定了当今中国的崭新历史方位。进入新时代，弘扬雷锋精神依然是社会的主旋律，习近平总书记对雷锋精神的论述，标定了雷锋精神的历史地位，阐释了新时代弘扬雷锋精神的深远意义。

1. 抱定宗旨信念，人民至上

"实践证明，无论时代如何变迁，雷锋精神永不过时。"习近平作出重要指示。习近平指出雷锋身上所具有的信念的能量、大爱的胸怀、忘我的精神、进取的锐气，正是我们民族精神的最好写照，他们都是我们"民族的脊梁"。

优秀青年党员黄文秀用生命践行入党申请书中的诺言："一个人要活得有意义，生存得有价值，就不能光为自己而活，要用自己的力量为他人、为国家、为社会作出贡献……"她把忠诚与信仰书写在脱贫攻坚的征途上。我们党之所以历百年而风华正茂、经磨难而生生不息，一个重要原因就是坚持人民至上。党的十八大以来，习近平一再强调必须坚持人民至上、紧紧依靠人民、不断造福人民、牢牢植根人民，学雷锋就是要学习雷锋"把有限的生命投入到无限的为人民服务中去"的大爱胸怀。

2. 点燃创新火炬，锐意进取

创新是引领发展的第一动力，是建设现代化经济体系的战略支撑。当前，中华民族伟大复兴战略全局与世界百年未有之大变局相互激荡，国内外局势发生深刻变化，党和国家坚持创新在我国现代化建设全局中的核心地位，构筑具备全球竞争力的开放创新生态。雷锋在短暂人生中活出了生命的厚度，成为全国人民学习的楷模，很大程度上是因为他具有锐意进取、自强不息的创新精神。

雷锋永不自满、永不懈怠，体现出青年创新创业的蓬勃朝气。工作之余，雷锋挤时间学习钻研文化知识，写下近 20 万字的笔记，进行技术创新。雷锋在日记中曾说："我愿在暴风雨中——艰苦的斗争中锻炼自己，不愿在平平静静的日子里度过自己的一生……"这种锐意进取的精神、百折不挠的意志与以改革创新为核心的时代精神同频共振，点燃了奋进新时代的火炬。

新时代，广大青年弘扬雷锋锐意进取的创新精神，积极投身全面深化改革的浪潮，聚焦国家发展战略和人民美好生活需要，各尽所能、各展所长，涌现了"北斗团队""问天团队""微芯科技团队"等成员年龄均在 30 岁左右的青年创新团队，他们敢于向"卡脖子"技术攻关，用创新创造推动国家科学技术快速向前发展，凸显了中华民族"强起来"的气魄。

（四）从理论到实践：雷锋精神涵养青年责任担当的实现路径

运用问卷调查法，结合数字化数据和可视化图表，多维度审视青年传承和弘扬雷锋精神概况。共收集样本数据 668 份，其中女性 548 份、男性 120 份。共涵盖党员 8 人、中共预备党员 26 人、入党积极分子 8 人、共青团员 580 人、群众 46 人。具体分析如下。

1. 横向发展和纵向发展相结合，塑造青年责任担当的正确认知

大多数同学认同爱岗敬业（96.71%）、服务人民（98.5%）是雷锋精神的内涵，约 64% 的同学误以为坚持真理、敢于斗争是其内涵，少部分同学误以为热爱社会主义、自强不息不是其内涵。反映出青年对雷锋精神内涵意蕴了解表浅片面，程度不一。绝大部分同学误认为拾金不昧（93.11%）、礼貌问好（71.86%）体现了雷锋精神的内涵。相反，对光盘行动体现的"艰苦朴素、勤俭节约的创业精神"，超三分之一的同学认识不明。简言之，青年在传承和弘扬雷锋精神时存在认识片面，虚多实少，知行背离等"顽题"。

要坚持横向发展和纵向发展相结合，塑造青年责任担当的正确认知。一方面，青年应自觉学习雷锋精神核心要义和基本内涵，积极参与学雷锋活动，分批次、分时段投身实践和志愿活动，共同构建"身边处处有雷锋，时时学雷锋不止"常态化生态。另一方面，青年传承和弘扬雷锋精神须深刻把握时代背景和需求，创新运用互联网技术加强雷锋精神对外交流、宣传，采取多样化的有效传播方式在湖南省甚至全国范围内宣传、介绍和推广雷锋精神及其背后蕴含的"热爱党、热爱祖国、热爱社会主义的崇高理想和坚定信念，服务人民、助人为乐的奉献精神，干一行爱一行、专一行精一行的敬业精神，锐意进取、自强不息的创新精神，艰苦奋斗、勤俭节约的创业精神"。

2. 榜样引领与自我教育相结合，磨炼青年责任担当的意志品格

大部分同学能主动了解雷锋精神，近74%的同学认识到参与学雷锋活动可以实现自我价值和社会价值，但仍存在意愿不强、主动性不够、行为规划不明等问题。绝大多数同学把为国家、社会贡献力量作为传承和弘扬雷锋精神的动机；近一半同学出于现实利益，动机不纯；部分受到家庭环境影响。综上，多数青年对志愿活动抱有很高意愿，综合考虑服务人民和个人利益等因素，其参与动机呈现出随大流、利益驱动等特点。部分青年存在使命情怀不高、担当自觉不够等问题。

要坚持榜样引领与自我教育相结合，磨炼青年责任担当的意志品格。一方面，青年应弘扬奉献、友爱、互助、进步的志愿精神，坚持与祖国同行、为人民奉献。2023年是中国青年志愿者行动诞生30周年，代代青年在雷锋精神的鼓舞下，在志愿服务实践中立己达人，为乡村振兴、乡风文明建设贡献青春力量。另一方面，青年应立足专业优势，以知促行、知行合一，发挥科学理论对实践的指导作用。比如师范生可以根据青少年的性格、年龄结构等特征，以情景式教学的形式为不同年龄段的青少年精心设计研学课程，在实践中检验对雷锋精神的认识，扩大雷锋精神在青少年中的影响。

3. 思政课堂与社会课堂相结合，拓宽青年责任担当的践行路径

公益活动（87.72%）、网络平台（87.13%）、课堂教学（83.23%）和主题活动（78.74%）是青年了解雷锋精神的主要途径，报刊、书籍等传统媒介亦是重要途径。

要坚持思政课堂与社会课堂相结合，拓宽青年责任担当的践行路径。一方面，青年应以主人翁姿态推动四个"课堂"协同合作、彼此联动。青年要在课堂教学中自觉内化雷锋精神；在文化活动中主动外化雷锋精神；在社会实践中学习先进典型；在网络阵地中树立价值标杆。另一方面，青年要深挖地方资源，结合地域优势传扬雷锋精神。以研究地方文化与雷锋精神的联系为切入点，加强与政府、社会、高校的联系，变被动接受为主动传播，以点带面，发挥星星之火辐射带动作用。

通过深入访谈，明了雷锋精神之所以永恒，是因为一批批时代青年在"站起来""富起来""强起来"的火热实践中绽放青春。正如雷锋好友张建文为传扬雷锋精神奔走五十余年；"雷锋之星"齐文英身残志坚践行雷锋精神，用爱心回报社会；"雷锋杯"青年代表学以致用，关怀成长，助人自助，回馈社会。

做新时代追"锋"人，青年要以习近平新时代中国特色社会主义思想为指导，争做雷锋精神的忠实传承者和社会主义核心价值观的模范践行者，争做学思用贯通、知信行统一的时代标兵。青年要坚定理想信念，发扬为民服务的孺子牛精神。成为全心全意为人民服务的好公仆，投身乡村振兴、西部计划、"三支一扶"计划等社会实践。青年要坚持勤劳俭朴的品质，发扬艰苦奋斗的老黄牛精神。成为投身中国式现代化的建设者，自觉把个人追求同党的事业、国家命运、民族前途相结合。青年要勇于创新创业，发扬创新发展的拓荒牛精神。成为国防安全、国家科技等工作的排头兵，树立总体国家安全观，攻克"卡脖子"难题，以实际行动书写新时代的雷锋故事。

六、启示

百年征程形成了以伟大建党精神为源头的中国共产党人精神谱系，而雷锋精神是其重要的时代成果。在研究过程中，我们砥志研思，精进臻善，增强理论功底；凝心聚力、致知力行，筑牢情感认同；走出书斋，深耕红色文化，把握时代脉搏。

（一）筚路蓝缕建伟业，呕心沥血立新局

经过调研，我们发现雷锋精神是与时俱进的，但其核心要义不变。党在各个时期均倡导雷锋精神，雷锋精神是践行党的初心使命的光辉典范，是党坚守精神高地的重要体现。学习雷锋精神、弘扬雷锋精神，是党和人民想在一起，干在一起，同心协力奋进新征程、实现新目标，走好赶考路的必然选择。

（二）砥志研思行致远，奋楫扬帆启征程

此次研究，我们广泛阅读文献与著作，深耕雷锋精神时代价值。坚持理论实践双向建构，开展针对性问卷调查，切实付诸行动，潜心分析数据，逐渐了悟不足。上下求索、深思钻研，丰厚自身理论功底，脚踏实地、笃行不怠，以实际行动弘扬雷锋精神。

（三）大业于途守初心，宏图欲展担使命

一代人有一代人的长征路，一代人有一代人的责任担当。新时代新征程，作为中流砥柱，我们理应传承和弘扬雷锋精神，赓续红色血脉，争做时代追"锋"人。时代号角已然吹响，青年要挑战自我、突破自我、超越自我，发挥星火燎原之用，以实际行动践行雷锋精神，推动雷锋精神永放光芒。

参考文献：

[1] 陶倩，石玉莹. 60 年来雷锋精神内涵拓展的历史过程、逻辑理路与基本经验 [J]. 社会主义核心价值观研究，2022（3）：53 - 68.

[2] 王晓翔，石肖彤. 党的历代领导集体关于雷锋精神的重要论述研究 [J]. 辽宁师范大学学报（社会科学版），2023（1）：17 - 24.

[3] 杨峻岭. 试论弘扬雷锋精神在铸魂育人中的价值 [J]. 思想理论教育导刊，2017（2）：121 - 124.

[4] 卜振友，张凤莲. 雷锋精神对推动东北全面振兴的价值 [J]. 人民论坛，2021（13）：97 - 99.

[5] 张建学，刘晓鹏，孙志勇. 论雷锋精神融入大学生社会主义核心价值体系教育的方法 [J]. 学校党建与思想教育，2013（6）：52 - 53.

[6] 杨俊峰，冯路，陈伟. 雷锋精神在当代青年思想教育中的时代价值和传播策略 [J]. 学校党建与思想教育，2012（19）：47 - 48.

[7] 杨晔，黄文帝，韩超，等. 国际社会热情赞扬雷锋精神 [EB/OL]. （2013 - 03 - 05）[2023 - 09 - 15]. http://cpc. people. com. cn/n/2013/0305/c64095 - 20679156. html.

红色资源的开发利用在红色教育建设中的作用研究

——以湖南省沅江市为例

课题组成员：黄晨容，张晰然，甘俊懿，肖　彬，
　　　　　　王芷桢，周宇涵
指导老师：罗静伟

摘　要：红色教育以红色作为时代精神的象征，务实的落点在于教育；红色资源是在中国共产党历史进程中，形成的在物质、制度、精神层面的形态总和。为深入探索红色资源，分析掌握红色教育在乡村的普及程度，以及红色资源对当地红色教育的影响，本次调研组前往湖南省益阳市沅江市进行为期十五天的调查，通过线上线下分发调查问卷、参观红色景点、实地走访等形式进行调查。在对资料进行分析后，调研组发现该地红色资源对红色教育的普及发挥了重要作用，但仍存在着一些问题。针对问题，小组从贯彻原则、夯实基础、构建产业等方面提出可行性建议，切实促进红色资源在当地的开发与利用，提高红色教育的普及度。

关键词：红色资源；红色教育；乡村

一、前言

习近平总书记强调："用好红色资源，传承好红色基因，把红色江山世世代代传下去。"为深入学习贯彻党的二十大精神，全国各地纷纷借助红色资源，加大力度进行红色教育。湖南省益阳市沅江市是中国工农红军进行全面革命的重要战略地。沅江市有许多载入史册的重要人物与历史事件，如沅江丰堆仑革命旧址是革命先辈推动抗日救亡和领导农民运动的重要场所，出现了高文华等众多伟大的共产党人。当地政府利用红色资源，广泛开展红色教育活动，例如红色游学，重走伟人毛泽东同志调研之路；建立红色爱国主

义基地——洞庭湖博物馆等。本次调查深入湖南省益阳市沅江市，在沅江现存的红色文化旧址基础上，走进沅江市红色教育，调查当地红色资源在红色教育方面的利用情况；致力于提高红色资源在当地的开发与利用，哺育红色人才。

二、红色资源开发利用现状

（一）红色革命旧址

1. 丰堆仑革命旧址

丰堆仑革命旧址原为廖氏支祠，始建于 1922 年。建成早期，共产党人以此地为据点。1938 年，廖起吾在此地创办学校，随后成为中共常益中心县委的重要联系点。目前，湖南省人民政府发文明确其升级为省级文物保护单位，定为湖南省爱国主义教育基地。

2. 中共金家堤党支部

中共金家堤党支部位于湖南省益阳市赫山区八字哨镇金家堤村，由中共益阳籍早期党员欧阳笛渔、欧阳泽等人于 1924 年 6 月设立。是湖南最早的党支部，对以后南方农村党的建设产生巨大影响。

（二）红色革命事迹

1. 湖南省最早农村党支部的建立

1924 年 6 月 15 日晚，欧阳泽、欧阳笛渔、夏曦等党员在欧阳泽的卧室里开会建立了湖南省第一个农村党支部，夏曦代表中共湘区执委领导，任命欧阳笛渔为支部书记。

2. 青年毛泽东游学经历

1917 年 7 月，青年毛泽东与同学萧子升开展了农村调查实践——游学。他们漫游长沙、益阳等地，来到沅江三眼塘村游学。这段游学经历促进了毛泽东早期革命思想的成熟、转折。他意识到国人应加强哲学思想的学习，于是积极面向工人倡办夜学，随后倡办新民学会，并迅速领导一批批志士走上革命的道路。

（三）红色革命人物

1. 杰出红军将领段德昌

段德昌是湘鄂西根据地最主要的战将和战役组织者，被誉为"常胜将军"。如今段德昌被列为共和国历史上的 36 位军事家之一，并被评为"100 位为新中国成立作出突出贡献的英雄模范人物"之一。

2. 革命英雄李服波

李服波，南县中鱼口乡人，1926 年投身农民革命运动，次年加入中国共产党，1933 年 3 月遭叛徒出卖被捕。在狱中，他坚持斗争，著有《铁窗笔记》。1939 年作抗日演讲时被捕，一年后于沅江牺牲。李服波信仰坚定，始终践行一名中国共产党人的光荣使命，战斗到生命的最后一刻。

（四）开发利用现状

党的二十大报告提到："弘扬以伟大建党精神为源头的中国共产党人精神谱系，用好红色资源，深入开展社会主义核心价值观宣传教育，深化爱国主义、集体主义、社会主义教育，着力培养担当民族复兴大任的时代新人。"红色资源见证着我们党的革命史、奋斗史、英雄史。要通过讲好党、革命和先烈的故事，建设地方特色红色教育基地等方式，培养教育引导广大党员干部群众，特别是青少年，厚植爱党爱国爱社会主义情感，为全面建设社会主义现代化国家、实现中华民族伟大复兴而不懈奋斗。

近年来，益阳市围绕打造"国家全域旅游示范区"和"省级全域旅游示范区"目标，夯实旅游基础设施建设，创新服务体制机制，加大旅游项目投入，全力推进全域旅游示范区创建和旅游经济发展。

2018 年以来，沅江市成功举办各种文化活动，"十三五"期间，益阳市文化及相关产业保持了良好稳定的发展势头，全市旅游产业在游客接待量和旅游总收入等主要指标上保持年均 20% 以上的增长率。

为了解沅江市红色资源的利用情况和当地红色教育的发展情况，探索有效利用红色资源推动红色教育发展的途径，我们开展此项调查，收集数据。

三、数据分析

（一）问卷分析

1. 问卷基本情况

本调查问卷于 2023 年 7 月 12 日进行发放，总计回收有效问卷 81 份，问卷发放采用线上、线下相结合的方式。线上有效问卷 52 份，线下有效问卷 29 份。线上问卷借助"问卷星"平台采集原始数据和进行数据统计，受众主要是 18～21 岁的大学生，占调查总人数的 84.6%，其中以湖南省的大学生居多；线下问卷在莲子塘小学发放，受众全部为莲子塘小学五、六年级的小学生。调查对象的选取与调查主题的相关度较强，能反映调查主题，具有一定的合理性。

问卷内容主要包括学生对所在地区的红色景点等物质文化的了解程度、参观意愿，红色资源与红色教育的结合程度等。

2. 问卷数据分析及讨论

（1）家庭红色文化教育氛围较为浓厚。红色教育中，家庭教育所起到的作用不可忽视。在线上研究选取的调查对象当中大多数属于学生群体，因此展开家庭红色教育的调查和研究较为方便。在政治面貌一问中，共青团员达到67.31%。从问题"你的家庭成员中是否有党员/退伍军人"的回答中可以发现，线上问卷中选择"有"的占34.62%，线下问卷中选"有"的占41.37%。在问题"您是否曾接受过红色教育"中，发现大多数线上调查对象接受过红色教育，占样本总量的92.31%，线下问卷的结果与线上问卷基本一致。

（2）红色精神的宣传方式多样。由于群众了解目的不同，对了解方式的倾向不同，因此人们还会从红色书籍、红色歌曲中学习红色文化，通过接触非物质文化接受红色教育。红色景点的信息来源多样。网络这一信息渠道十分重要，但线下渠道也不可忽视。亲朋好友介绍和学校课堂与线上渠道的占比差距并不明显。在问题"你平时看红色书籍、听红色歌曲吗"中，只有23.08%的调查对象平时很少接触。由问题"你选择观看红色作品的原因（多选）"的数据得知，大多数调查对象观看红色作品的原因不仅出于学校组织，还出于个人兴趣。还有一部分是被家庭氛围感染。

（3）大部分调查对象对红色教育有所了解。在问题"你平时看红色书籍、听红色歌曲吗"中，选"有时看和听"的占比为63.46%。在问题"你选择观看红色作品的原因"中，选"学校组织"的比例最大，占比59.62%。在问题"你看过的红色书籍、红色电影的数量"中，看过5到10部的占比为48.08%。在学校和社会的重视下，学生关于红色教育的日常活动也越来越多。根据调查，学校也向师生们准备了相关的书籍和电影。在孩子的红色启蒙教育中，学校做了一个很好的榜样。红色教育，现在不仅仅存在于学校等公共层面里，也存在于家长和学生自己的日常生活中。

（4）红色教育以线下方式为主。调查显示，沅江市群众目前可以接触到的红色资源主要包括主题线下课堂、红色文化实践活动等，接触最多的是红色讲座，占比76.92%。在问题"你认为红色景点等红色资源对红色教育重要吗"中，回答很重要的人群占比69.23%。在"你认为最有效果的红色教育方式是"这个问题的回答中，认为红色文化实践活动有效的人数最多，占63.46%。在问题"您认为通过哪些方式可以提高公众对红色资源的认知度和利用率"中，调查对象认为最重要的措施是加强与媒体的合作。其次是丰富宣传和推广活动，以及利用网络社交媒体平台进行宣传，占比均为80.77%。

（二）实地观察

为更好地了解和探究沅江市红色资源开发利用的现状和发展情况，分析目前当地红色教育与红色资源之间的联系，并展望当地红色资源的未来发展，调研小组对沅江市具有代表性的红色景点进行实地调查分析。同时，对当地居民、游客和管理人员进行了采访。

1. 交通

沅江市地理位置优越，位于湖南省北部，益阳市东北部，北与南县、大通湖区毗连，通行方式以公路为主。沅江市目前的外部交通网络极为便利，但内部交通网络中存在一定的问题。实地走访中发现部分景区没有公交直达。景区人流量不多的重要原因是部分景区交通不便。

2. 管理

丰堆仑旧址位于益阳市资阳区长春经开区南丰村，被设立为爱国主义、红色文化和廉政文化教育基地和市级文物保护单位，是沅江市发展较为成熟的红色景点。展馆内有丰富的文化宣传形式，管理到位。洞庭湖博物馆内馆藏文物丰富，藏品保护完善。近年来，由国家文物局主办，中国文物报社承办的"红色中国——百年革命文物专题图片展"等活动多次在博物馆内举办。

通过实地走访，我们发现部分景点还未修缮完善，未形成成熟的展厅规模，基地规模较小。除此之外，沅江市还存在有待开发的红色资源，如洞庭乡愁红色旅游基地。

3. 宣传

通过实地走访，我们发现在沅江市的红色景点宣传工作有待加强。不少景点的宣传仅停留在当地居民层面，还没有真正实现"走出去"。绝大多数景点没有官网与公众号，知名度与一些代表性红色景点（如井冈山）相比存在差距。有些景点周围没有标志性路标指引。总体来看，沅江市红色资源的宣传工作还有待完善。

（三）SWOT 分析

沅江市红色资源的优势主要体现在：红色资源较为丰富，红色旧址保存完好，部分红色景点具有一定知名度；红色文化底蕴丰厚，人文历史悠久；沅江市内红色景点较多，开展红色教育活动比较方便。劣势主要体现在：学校红色教育存在不充分的问题；学校红色教育与红色资源的结合不足，学生对红色文化的兴趣未被调动，学习动力较弱；部分红色景点的宣传不到位，且资源融合性较差，无法满足旅客的需要，景点吸引力有待加强。机遇主要体现在：市民对红色文化有一定的兴趣，愿意深入了解当地红色资源；沅江市加强文旅建设，对城市旅游的宣传力度加大，红色景点在外界的知名度逐渐上升；红色氛围浓厚，曾多次举办红色革命教育活动、红色文化学习活动等。威胁主要体现在：进行外出参观、举办实践活动等给学校带来的组织压力较大，存在人身安全隐患；红色文化在基层的渗透度不够，还有许多人对红色资源不了解；沅江市内部交通网络存在问题，部分红色景区没有公交直达，导致红色文化传播渠道受阻。更直观的分析汇总见表 1。

表 1　沅江市红色资源 SWOT 分析

优势（S）	机遇（O）
S1：红色资源较为丰富，红色旧址保存完好，部分红色景点具有一定知名度。 S2：红色文化底蕴丰厚，人文历史悠久。 S3：沅江市内红色景点较多，开展红色教育活动比较方便。	O1：市民对红色文化有一定的兴趣，愿意深入了解当地红色资源。 O2：沅江市加强文旅建设，对城市旅游的宣传力度加大，红色景点在外界的知名度逐渐上升。 O3：红色氛围浓厚，曾多次举办红色革命教育活动、红色文化学习活动等。
劣势（W）	威胁（T）
W1：学校红色教育存在不充分的问题。 W2：学校红色教育与红色资源的结合不足，学生对红色文化的兴趣未被调动，学习动力较弱。 W3：部分红色景点的宣传不到位，且资源融合性较差，无法满足旅客的需要，景点吸引力有待加强。	T1：进行外出参观、举办实践活动等给学校带来的组织压力较大，存在人身安全隐患。 T2：红色文化在基层的渗透度不够，还有许多人对红色资源不了解。 T3：沅江市内部交通网络存在问题，部分红色景区没有公交直达，导致红色文化传播渠道受阻。

四、方案与探索

（一）贯彻当代正确方针原则

1. 要始终坚持党的领导，保证转化的正确方向

坚持党的领导是红色资源转化为教育教学资源所要注意的首要问题。从红色资源角度来说，它是由党领导下的中国人民共同创造的，党赋予了它鲜明的红色本质，红色资源的当代价值要归功于党。从当代的教育教学实际来说，教育教学资源的配置、活动的开展、成就的取得、条件的保障都是置之于党的领导之下的。

2. 要树立科学的资源观，增强转化的思想认识

红色资源作为独具特色和价值的人文资源，人们对它的认识和看法就构成了红色资源观，在本文中所说的资源观即是指红色资源观。马克思辩证唯物主义认为，正确的意识能够推动事物朝着正确的方向前进，而错误的意识往往会阻碍事物的发展。我们这里所说的树立科学的资源观，指的就是用正确科学的红色资源利用开发意识来指导、推动红色资源整体开发，进而推动地方红色教育事业的发展。

3. 要加强体制机制建设，推动转化工作固定化

在研究红色资源转化为过程中，我们发现，当地方重视并开发红色资源，认识到其价值时，红色资源的转化工作就能得到充分推进。从红色资源的本质及其功能角度来看，做好红色资源的转化应该是一项长期的事业。因此，需要加强体制机制方面的建设，从制度、程序、规范等多方面对红色资源转化工作进行统一的谋划，确保红色资源的转化保持常态化。

（二）夯实红色教育基础——红色教育资源的保护利用

1. 整合资源，构建体系

联合各部门整合沅江各地红色资源，构建红色教育体系。沅江市红色教育资源丰富，也因此给资源的整合带来了一定的困难。面对尚未发掘的资源，需要更多的追踪和探索。而对于已有的资源，可充分利用现代技术手段纳入网络档案管理，并根据最新科学研究定期更新相关数据和信息。除了联合本地各部分，沅江市还可以联系权威可靠的学会、学者来共同商讨体系的建设，提高红色教育资源保护利用的效率。

2. 培养专业人才团队

沅江市丰富的红色教育资源需要由与资源保护开发相关的专业人员和教育相关的专业人员来开发和保护。在对沅江市部分红色教育资源的调研中发现，缺乏人才的现象较为普遍。因此可以针对现今大学生就业紧张的情形，设立面向大学生的红色教育资源相关职位，并给予培训。此外还能颁布有关定向培养对口专业人才的相关政策，鼓励学生参与。同时要完善人才管理制度、管理模式。

3. 推动资源数字化发展

进入新时代，越来越多的事物步入数字化，现已有不少成功的案例可供沅江市借鉴。如针对洞庭湖博物馆数字化程度较低的问题，可以先用高精度扫描仪将文物录入数据库，建立完整的数据备份。其次，用数码显示屏展示文物，既能让游客更详细地了解文物，也能避免文物的损坏。但也要注意到在实施数字化保护和展示方案时，需要充分考虑文物的特点和保护需求，以及游客的观赏需求，以确保数字化技术的使用不会对文物造成损害或影响游客的观赏体验。

（三）推进新时代下红色资源向红色教育的转化

1. 打造现场情景教学

学员亲临红色教育现场，使其充分感受红色氛围，实现更直观的学习。调查研究显示，活动和实践体验是实施红色教育最有效的方式。所以沅江市应鼓励扶持各单位进行现场情景红色教学。召集学者、教师及其他工作人员共同研究，打磨教学流程。充分利用当地红色资源，确保学生在红色教育学习中能够收获知识，且有真切的体验和深刻的感悟。

2. 融入校园文化建设

校园环境对学生的学习影响颇深，建立学校浓厚的红色氛围，加深并激发学生对红色文化的了解及兴趣，为校外红色实践打基础。沅江市需要发动各校重视红色文化宣传，充分利用宣传墙，鼓励学生加入红色专题期刊的建设、组织红色文艺表演并设立校园红色文化节，充分发挥学生的主观能动性，增强红色文化的普遍性。

（四）构建"红色文化＋"多产业融合发展模式

1. 红色文化＋旅游产业

将红色文化与旅游产业相融合。依托沅江市红色旅游景点，充分发挥旅游业的辐射作用，将红色文化融入沅江市的点点滴滴。借助网络平台，扶持鼓励当地居民推广红色旅游，创建电商平台，售卖当地特色产品。沅江市需要继续完善旅游景点基础设施，加强对景点工作人员的培养。只有将当地旅游业做好，才能吸引更多游客参观红色资源、接触红色教育，有更多机会将沅江市的红色文化传播出去。

2. 红色文化 + 文创产业

将红色文化与文创产业相结合。文创产业与旅游产业紧密相连，旅游产业的上升带动文创产业。当地相关人才可以充分发挥设计灵感，将沅江市的红色景物、红色标语融入文创产品中，解决产品内容单一无趣的问题，起到红色教育的作用。且要保证产品的质量和价格的合理，吸引更多的外地游客收藏留念。

五、结语

红色资源是重要红色时代精神的一种物质表现形式，让红色资源"活"起来，对弘扬革命精神、传承红色基因、赓续红色血脉具有重要意义。

红色资源的"活"离不开红色教育，近段时间以来，在以地方红色文化资源为载体的红色教育体系的建设中，全国各地红色老区不断深化红色教育改革，依托当地红色资源的独特优势，努力营造出"红色教育"育人的良好氛围。

本次调研立足于湖南省益阳市沅江市红色革命老区，通过对红色资源与红色教育的研究调查，放眼全国；从贯彻方针、夯实基础、推进教育、打造产业等多方面提出可行性建议。我们期望能够看到全国利用好红色资源，使红色资源和红色教育在新时代中国"活"出精彩。

参考文献：

[1] 朱小理. 红色资源转化为教育教学资源的方式及路径研究 [D]. 南昌：南昌大学，2011,

[2] 李娟. 数字化背景下红色教育资源挖掘与应用研究——以石家庄红色资源为例 [J]. 湖北开放职业学院学报，2023 (8)：161 – 163.

[3] 王书平. 用好红色资源高质量发展汪清红色教育 [J]. 延边党校学报，2022 (6)：86 – 88.

[4] 吴梦媛. 利用东北抗联遗址资源开展红色教育的探索与实践 [J]. 奋斗，2023 (8)：

59 – 61.

［5］聚焦红色资源开发　树立红色教育品牌　蓟州区着力构建党性教育培训体系［J］.
求贤，2023（2）：29.

［6］万炳月. 红色资源转化为教育教学资源的路径探索［J］. 牡丹江教育学院学报，
2021（11）：116 – 118.

［7］曾宏. 红色资源转化为教育教学资源的现实困境及突破思路［J］. 牡丹江教育学院
学报，2021（11）：119 – 121.

［8］杨果. "思想道德与法治"课问答式教学模式的价值意蕴与立体优化［J］. 中国高
等教育，2023（9）：41 – 44.

关于多元主体协同下红色
研学活动对培育中小学生
使命担当意识的研究调查
——以韶山市"我的韶山行"红色研学活动为例

课题组成员：项和烽，敬　爱，刘思宇，郑裕峰，
　　　　　　郭福军，高禹哲，周雍城，刘星宇，
　　　　　　曾奕嘉，陈小禹，张思颖，李妍霏，
　　　　　　章　潇，徐一鸣
指 导 老 师：邓　验，陈　淼

摘　要： 在国家支持红色研学活动发展、中小学生红色素养亟待提高的民族复兴的大背景下，本文通过实地调研访谈和调查问卷分析探究了跨领域、多方位、多层次的多元主体协同模式对红色研学活动的优化发展，探究党的理论与路线方针政策融入红色研学活动，对多元主体协同下有效进行红色精神文化传播的可行性，以及多元主体协同模式下的红色研学活动培养中小学生使命担当意识的实现路径及相关建议。

关键词： 多元主体协同；红色研学；使命担当

一、引言

（一）研究背景

1. 国家大力支持红色研学活动

自 2013 年 2 月国家提出"逐步推行中小学生研学旅游"的设想以来，2014 年，国务院颁布的《关于促进旅游业改革发展的若干意见》将研学旅游纳入中小学日常教育；2016 年，教育部等十一部门出台的《关于推进中小学生研学旅行的意见》，明确要求"把研学旅行纳入学校教育教学计划"。继

2017 年教育部印发《中小学德育工作指南》之后，2018 年，《教育部基础教育司 2018 年工作要点》指出，中央专项彩票公益金支持校外教育事业发展项目，推进研学营地和基地建设，鼓励研学活动的开展。

2. 充分挖掘当地红色资源

韶山拥有毛泽东同志故居、毛泽东广场、毛泽东同志纪念馆等实地参观场所，更有与之相对应的《最忆韶山冲》《中国出了个毛泽东》等大型实景演出，供来客身临其境沉浸式体验。"我的韶山行"自 2023 年 4 月中旬在韶山试点以来，至当年 5 月 24 日，约 1.5 万名中小学生来韶山开展红色研学活动，下一步计划在全省全面展开。

3. 中小学生红色素养亟待提高

在实地调研中我们发现，中小学生对《没有共产党就没有新中国》等红色歌曲的熟识程度并不高，历史认识不足，党建知识储备有限，红色素养亟待提高。

（二）研究目的

1. 探求多元主体协同对红色研学活动的影响

从长远来看，红色研学要想更持久地发展，需要多元主体的协同参与。本研究旨在探究多元主体协同参与红色研学活动的效果，以期寻找提升红色研学活动教育效果的有效途径。

2. 了解红色研学活动对培育中小学生使命担当意识的效果感知

目前关于红色研学活动对中小学生使命担当方面的效果感知研究还不够充分，本研究希望通过深入探究学生在参与红色研学活动过程中的使命担当意识的感受和体验，进一步了解红色研学活动对于学生使命认同意识的影响，为红色研学活动的设计和实施提供科学依据和指导建议。

（三）研究方法

1. 问卷调查法

问卷调查法是本次调查使用的主要调查方法，由此获得符合课题研究目的的一手数据。按照样本量要求，我们在调查范围内向参与韶山市"我的韶山行"红色研学活动的青少年群体发放问卷，并回收了 357 份有效问卷。

2. 深度访谈法

我们在调研过程中，对本次调查对象——研学师生和"我的韶山行"相关负责人员做了深度访谈。通过线上和线下相结合的深度访谈的方式，来获取参与"我的韶山行"的深层次信息和研学者对红色研学活动最真实的感受，以此进行分析。

二、相关概念

（一）红色研学

2016 年颁布的《研学旅行服务规范》给研学旅行的定义为："以中小学生为主体对象，以集体旅行生活为载体，以提升学生素质为教学目的，依托旅游吸引物等社会资源，进行体验式教育和研究性学习的一种教育旅游活动。"而据目前相关文献资料显示，对红色研学尚无官方的定义解释，本文对红色研学的理解是红色旅游与研学旅行二者的融合。红色研学是以红色旅游景区为研学目的地，以学习红色知识、了解红色文化、传承红色基因、赓续红色血脉、争做时代新人为目的开展的一系列以红色文化教育和体验为主的教育旅游活动。相对于普通的红色文化教学，其更具实践性和体验性，能让研学参与者获得沉浸式的文化体验。

（二）多元主体协同

现代协同理论认为，协同有助于整个系统的稳定性和有序化，能从量和质两方面放大系统的功效，创造演绎出局部所没有的新功能，实现力量增值。多元主体协同本质而言是一种工作模式，是指来自多个不同领域的主体相互协作，共同完成，将不同主体的优缺点结合起来，进行跨领域、多方位、多层次的协作活动。多元主体协同模式相比于单元主体模式而言，多元主体协同模式以团队的形式完成，更有助于工作完成的全面性和秩序化。

（三）使命担当意识

1. 使命意识

习近平总书记在"不忘初心、牢记使命"主题教育工作会议上指出："担使命，就是要牢记我们党肩负的实现中华民族伟大复兴的历史使命。"行百里者半九十，中华民族伟大复兴是一个长期的过程，中小学生作为未来社会的建设者和发展的希望，在新时代背景下同样肩负着重要的使命。在现代社会的快速发展中，中小学生需要培养强烈的使命感，学习历史，了解民族的过去与未来，从小树立正确的价值观和理想信念。中小学生不仅需要在学习中提升自己，还要在实践中增强自己作为社会主体的意识，铭记肩负着为民族复兴而努力的历史使命，积极担当，为国家和人民贡献自己的力量。

2. 担当意识

顾炎武的"保天下者，匹夫之贱与有责焉"，岳飞的"精忠报国"，范仲淹的"先天下之忧而忧，后天下之乐而乐"，文天祥的"人生自古谁无死，留取丹心照汗青"，林则徐的"苟利国家生死以，岂因祸福避趋之"等都体现着中国传统文化对担当的理解。中国是一个有着悠久文化历史底蕴的国家，中华民族从古至今一直是一个有担当的民族，在五千年的文化传承中担当精神文化不断积累，并始终贯穿我们中华民族的奋斗历程，融入每一位中华儿女的基因里。在中国传统文化中，担当是一个经久不衰的话题。现在进入新时代，国家富强、民族复兴、人民幸福，是中小学生必须担当的使命任务。

三、问卷数据分析

（一）问卷设计与调研

1. 问卷设计

文章实证研究部分采用问卷调查法获得韶山游客的相关数据。调研之前综合考虑问卷调查法的原则和韶山实际情况，调查问卷设计主要如下所述：原始的 SERVQUAL 量表设置了 7 个反映尺度，文章考虑到游客回答时便于区分，选择采取 3 个反映尺度，感知值分值对应是 3—非常认同、2—基本认同、1—不认同。研究选取韶山作为实证研究区域，问卷调查主要针对来韶山研学的中小学生，故而发放方式选定为实地发放。调查问卷的发放数量，主要由研学学生数量决定。

2. 实地调研过程

调研团队首先来到韶山市教育局，对"我的韶山行"思政大课堂负责人进行了深度采访，了解"我的韶山行"活动的基本情况，并对红色研学活动对青少年使命担当意识问题进行了探讨。随后来到韶山红旅教育培训集团，对集团总经理进行了采访，并获邀与株洲市南方中学师生共同体验为期两天的"我的韶山行"红色研学活动，亲身体验真实的研学活动。在活动结束后，调研团队对研学师生发放了调查问卷并抽样进行了深度访谈。最终我们得到了 356 份有效问卷数据。

（二）描述性统计分析

1. 政治面貌

表1 政治面貌频数占比统计分析表

政治面貌	总人数	是否来过韶山			
		是		否	
		人数	占比	人数	占比
共青团员	153	105	68.63%	48	31.37%
群众	203	166	81.77%	37	18.23%
合计	356	271	76.12%	85	23.88%

由上表可知，在本次被调查者中，群众有203人，共青团员有153人，占比分别为57.02%与42.98%，政治面貌结构较为平衡。共青团员中有105人来过韶山市，48人未来过韶山市，占比分别为68.63%和31.37%；群众中有166人来过韶山市，37人未来过韶山市，占比分别为81.77%与18.23%。

2. 红色研学活动参加形式

表2 红色研学活动各形式人数占比统计分析表

项目	人数	占比
政府机构	17	4.78%
学校收费组织	155	43.54%
学校公益组织	114	32.02%
在社会机构报名参加	14	3.93%
学校与政府共同组织	43	12.08%
没有参加过	13	3.65%
合计	356	100%

由上表可知，针对本次被调查者，其红色研学活动参加形式主要以学校收费组织和学校公益组织为主，占比分别为43.54%、32.02%。另外，参加学校与政府共同组织的活动的人数占比为12.08%，参加政府机构组织的占比4.78%，在社会机构报名参加的占比为3.93%，还有3.65%的被调查者没有参加过任何形式的红色研学活动。

3. 对研学活动印象深刻的部分

表3　研学活动印象深刻的部分人数占比统计分析表

项目	人数	占比
合唱及宣誓	201	56.46%
献花	227	63.76%
音乐思政课	286	80.34%
红色电影	152	42.70%
专题展区	104	29.21%
生平展区	115	32.30%
故居参观	125	35.11%

由上表可知，被调查者主要对合唱及宣誓、献花和音乐思政课三部分印象最为深刻，占比分别为56.46%、63.76%与80.34%。另外，被调查者中有42.70%的人对红色电影印象深刻，29.21%的人对专题展区部分印象深刻，32.30%的人对生平展区印象深刻，35.11%的人对故居参观印象深刻。

4. 令人印象深刻的红色研学项目特色

表4　令人印象深刻的红色研学项目特色人数占比统计分析表

项目	人数	占比
参与形式新颖	237	66.57%
互动感强	182	51.12%
可获得沉浸式体验	235	66.01%
英雄生平事迹感人	210	58.99%
可引起对现实生活的反思	204	57.30%

由上表可知，被调查者中认为参与形式新颖的和可获得沉浸式体验的，占比分别为66.57%与66.01%。另外，有51.12%的被调查者认为互动感强的项目令人印象深刻，58.99%的被调查者认为英雄生平事迹感人的项目令人印象深刻，57.30%的被调查者认为可引起对现实生活反思的项目令人印象深刻。

5. 令人印象深刻的环节

表 5　令人印象深刻的环节人数占比统计分析表

项目	人数	占比
学校的筹备工作	180	50.56%
教官与志愿者的帮助	193	54.21%
思政课主讲者的授课	283	79.49%
展区讲解人员的讲解	198	55.62%
基地工作人员的服务	192	53.93%

由上表可知，被调查者中有 79.49% 的人对思政课主讲者的授课印象较深刻，55.62% 的人对展区讲解人员的讲解印象深刻，54.21% 的人对教官与志愿者的帮助印象深刻，53.93% 的人对基地工作人员的服务满意，50.56% 的人认为学校的筹备工作做得较好。

6. 令人印象深刻的工作人员特征

表 6　令人印象深刻的工作人员特征人数占比统计分析表

项目	人数	占比
相互配合，提供便利	211	59.27%
工作与服务态度温和	222	62.36%
工作尽职尽责	248	69.66%
讲解内容质量高	226	63.48%
对自己提供了切实帮助	173	48.60%

由上表可知，在被调查者中，有 69.66% 的人认为工作人员工作尽职尽责，有 59.27% 的被调查者对工作人员能够相互配合为他们提供便利印象深刻，有 62.36% 的人对工作人员的工作与服务态度表示满意，有 63.48% 的人认为展区讲解人员和思政课主讲者讲解的内容质量较高，且有 48.60% 的被调查者认为工作人员对自己提供了切实帮助。

7. 是否可以增强身份认同

表7　是否可以增强身份认同人数占比统计分析表

选项	人数	占比
是	328	92.13%
否	7	1.97%
不确定	21	5.90%
合计	356	100%

由上表可知，有92.13%的被调查者认为本次红色研学活动可以增强自身的身份认同，但有1.97%的被调查者认为不能增强，5.90%的被调查者认为不确定。

8. 量表题目

表8　量表题目统计分析表

选项	不认同		基本认同		非常认同	
	人数	占比	人数	占比	人数	占比
多方协同参与	8	2.25%	55	15.45%	293	82.30%
可增强革命历史认同感	5	1.40%	43	12.08%	308	86.52%
可提高国家认同感	4	1.12%	35	9.83%	317	89.04%
可增强对党的信仰	6	1.69%	36	10.11%	314	88.20%
可增强社会奉献意识	4	1.12%	43	12.08%	309	86.80%

由上表可知，大部分被调查者对于多方协同参与能更好地促进研学活动的开展均非常认同，占比为82.30%。另外，大多数被调查者对研学活动可以提高国家认同感、可增强对党的信仰、可增强革命历史认同感与可增强社会奉献意识均选择非常认同，占比分别为89.04%、88.20%、86.52%和86.80%。仅有一小部分被调查者选择基本认同或不认同。

（三）质性分析

我们将问卷简答题答案进行收集整理，筛选之后得到有效回答100多条，使用Nvivo软件分析得到的结果如下。

1. 词云统计

从图1中可以看出被调查者对红色研学活动仍存在不少负面情绪，主要表现为部分被调查者认为红色研学活动是"走过场""形式主义"。这说明仍然有一定比例的学生对红色研学活动存在误解，需要提高觉悟，转变观念；同时红色研学活动本身在一定程度上存在问题，需要改进。

图 1　问卷简答题词云统计

2. 情感分析

通过 Nvivo 软件，对收集到的回答自动编码进行情感分析，我们得到的结果如下（见图 2）：对红色研学活动持有正向态度的青少年多于持有负向态度的青少年，但是持有负向态度的青少年所占比例仍然不小。这说明红色研学活动还未得到青少年的普遍认可，还有相当一部分的青少年并非自愿参加红色研学活动。

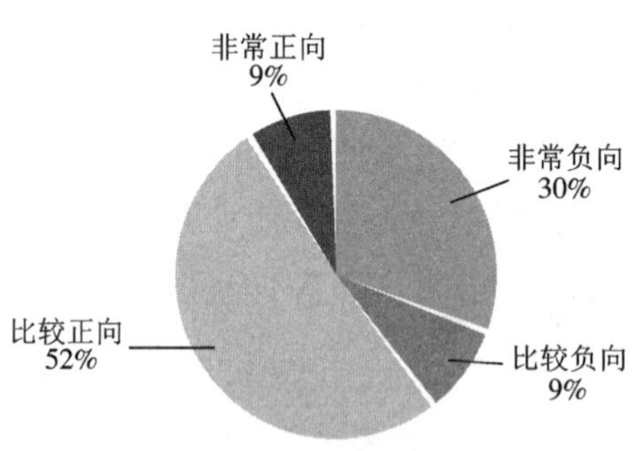

图 2　情感分析

四、"我的韶山行"红色研学活动经验

学校是多元主体协同育人机制中的重要主体和主阵地，在整合优质教育

资源、人力资源、平台资源等方面发挥着重要作用，为学生筑牢红色文化根基。红色研学基地作为红色教育研学的主办方，依托当地红色资源深厚的文化底蕴，为学校进行红色教育提供了鲜活素材。政府方统筹安排研学工作布局，提供资金与政策保障，切实发挥多元主体的教育优势，充分挖掘红色资源多元应用的可能性。不同社会主体之间的合作互动充分利用红色资源，实现有序协同发展。本文以韶山市"我的韶山行"红色研学活动为例进行分析。

（一）提高管理效率

在政府及相关部门的支持之下，韶山市为研学师生开辟了"绿色通道"。如在毛泽东广场前坪单独开辟区域让研学师生进行相关纪念活动，在毛泽东同志纪念馆相关展区开辟专属通道让研学师生沉浸式游览等。这样单独划分专门区域让研学师生集中活动，避免了研学师生与游客的冲突，一定程度上提高了学校和红色研学基地的管理效率。

（二）提高安全系数

安全是学校活动的第一要素，多元主体协同模式极大提高了活动的安全系数。在"我的韶山行"中，政府及相关部门提供宏观支持，红色研学基地配置了专门教官及安全管理员全程管理，在食堂、宿舍、景点等研学学生活动的目的地对学生的安全问题进行把控；学校层面，每班班主任也会跟班研学，班长作为领队进行相关管理，实现多层次、全方位的协作式安全管理。

（三）保证红色研学活动内容质量

"我的韶山行"是省市支持下开展的具有官方性的活动，所有流程都经过了层层审核。在官方协调下，红色研学活动的内容质量得到了保障。通过"行前、行中、行后"的"三行教育"（"行前"活动由学校负责开展，"行前"教育负责对"行中"教育进行科普，以助"行中"教育的顺利开展；"行后"教育负责对"行中"教育成果进行验收），实现了红色研学活动的教育闭环。

（四）减轻学生经济负担

研学收费一直是研学活动中存在的具有一定争议性的问题，"我的韶山行"的所有费用全部由政府承担，大大减轻了学生的研学资金压力。完全免费的"我的韶山行"红色研学活动只是个例，但在有政府主体保障下的红色研学活动和有多元主体共同承担的红色研学活动会在资金方面获得一定程度上的支持，打消学生和家长在经济方面的顾虑。

五、多元主体协同下的红色研学活动培育使命担当意识的实现路径

问卷调查结果显示，音乐思政课、合唱、献花等仪式性活动对中小学生的影响显著，占比分别为 80.34%、56.46%、63.76%。通过音乐和仪式的情感激发，学生更加深刻地感受到历史的重量和时代的精神。音乐和仪式作为非言语的传达方式，能够直接触及学生的情感层面，从而在他们心中种下对历史的尊重和对使命的认同，为培养使命担当意识打下基础。

82.3% 的被调查者对于多方协同参与能更好地促进本次研学活动的开展表示非常认同。认为研学活动可以提高国家认同感、可增强对党的信仰、可增强革命历史认同感的被调查者占比分别为 89.04%、88.20% 和 86.80%，这些认同感的增强是使命担当意识培养的关键。首先，国家认同感的增强使学生更加深刻地理解自己作为国家一员的角色和责任，进而激发他们对国家未来的关心和贡献愿望。其次，对党的信仰和革命历史的认同感为学生提供了强烈的精神支撑和价值引导，帮助学生明确自己的历史位置和社会责任。

86.80% 的被调查者表示，红色研学活动有效增强了学生对社会的奉献意识。访谈发现，学生对学校的筹备工作、教官与志愿者的帮助和展区工作人员的讲解与基地工作人员的服务印象深刻，认为他们之间的相互配合为研学之旅提供了便利，温和与尽职尽责的服务态度为自己提供了切实的帮助。无论是专属通道的开辟，抑或是政府方面宏观支持之下的交通、卫生与食宿的保障，降低经济方面负担，都帮助学生对于社会生活中的角色身份进行了再确认。同时，在自我与外界及他人的持续性交流中，在个人与世界的互动中，个人意识也得到了进一步明确。社会奉献意识的增强则是使命担当意识的直接体现，它使学生意识到个人的成长和发展不仅仅是自身的事，也是对社会的贡献。

根据"对研学活动印象深刻的部分"的调查，"献花""故居参观""生平展区"与"专题展区"的选项占比分别达到 63.76%、35.11%、32.30% 和 29.21%。研学活动充分发挥红色地区红色资源丰富的优势，通过组织学生活动来协同挖掘红色资源，帮助研学学生感悟红色精神。红色记忆的形塑

使得游客将个体生命与国家和民族命运相结合，从而感受到个体归属感和社会凝聚力。红色景观可以作为媒介，传达独特的地方情感与地方精神，雕像等物质性纪念建造对地方意义进行固化，让学生与韶山研学地建立情感联系，唤起其对群体的归属感，留下由红色地标与红色文化储存的公共记忆，进一步构筑由群体归属感引发的使命担当意识。

六、多元主体协同下的红色研学活动培育使命担当意识的建议

（一）活动形式上

1. 学校主"研"，发挥教育资源优势

学校作为红色教育主阵地，具备优质完备的教育资源与对学生进行全面系统红色教育的条件。学校应该充分做好调研工作，尊重学生参与意愿。同时对不同年级学生进行针对性红色教育，将红色教育更多与日常课程设计结合起来，提高各年级学生对红色文化的理解程度，是学校在发挥多元主体协同的合作优势的切入点。

2. 红色资源方主"游"，充分利用红色资源

红色资源方应该充分发挥自身的"游学"优势，加强自身建设，丰富体验感，设计一批参与度高、趣味性强的创意活动和针对性研学产品，创造性推出诸如音乐思政课程与《少年毛泽东》动漫电影相关分享，实现与学校的协同联动教育。可以设计相关红色衍生品或纪念品以增强学生黏性；对解说员进行集中培训以优化学生体验，或者针对性推出让学生亲身体验解说的形式；应用新技术以建设多维、多样化体验。

（二）宣传方式上

从宣传实效出发，推动宣传形式创新，可以从新媒体入手。如邀请一批同学拍摄研学视频，推出学生喜闻乐见的说唱歌曲等形式，鼓励自发创作，打造专属小游戏以提升兴趣。

红色资源方可以建设自己的新媒体平台，将资源情况同步更新到公众号等社交平台，优化小程序的使用。这样既方便学校和家长掌握信息，也方便学生自己了解红色资源，促进家长和学生自发对研学活动进行宣传，起到口碑传播的效果。

（三）参与人群上

目前，"我的韶山行"研学活动集中于中小学生，在各地进行试点。但

数据显示，市面上大部分研学活动多针对中小学生进行，以高校学生为主体的研学活动较少，并且大学生群体有较高意愿参与相关活动，市场存在一定空缺。高校学生鲜有实地研学的机会，间接导致了其对红色精神认识停留在表面的问题。因此，针对性推出以高校学生为主体的特色研学活动项目也是红色研学活动可以改进的一个方向。

七、研究结论

跨领域、多方位、多层次的多元主体协同模式有利于提高管理效率与活动安全系数，保证了红色研学活动内容质量，减轻了学生的经济负担，可以深入挖掘红色研学活动的意义，对红色研学活动进行全面化、秩序化的优化发展。

此外，调查结果显示，音乐和仪式的情感激发，可以增强学生对国家、历史和社会的认同感，多元主体协同参与下的红色研学活动在多方面对中小学生的使命担当意识培养产生了积极影响。

参考文献

[1] 刘羿良, 冷娟. 乡村振兴战略下乡村多元主体协同生态治理路径研究 [J]. 云南财经大学学报, 2022 (11): 100 – 110.

[2] 郭媛媛, 王帅. 多元主体协同视角下市域产教联合体建设: 内在机理、实然困境和应然路径 [J]. 职业技术教育, 2023 (22): 41 – 49.

[3] 王琦. 红色旅游视域下红色研学教育发展机制研究 [J]. 哈尔滨学院学报, 2022 (11): 134 – 137.

[4] 李卫红, 何强, 仲晨星. 基于中国共产党人精神谱系的河南红色研学旅游产品开发策略 [J]. 商展经济, 2023 (13): 22 – 24.

[5] 彭爽. 红色研学旅游基地服务质量评价研究 [D]. 长沙: 湖南师范大学, 2020.

[6] 袁晶晶, 何丽芳, 沈冰, 等. 韶山红色旅游发展模式创新初步研究 [J]. 旅游纵览, 2021 (21): 169 – 171.

[7] 潘云国. 中国式现代化与新时代青年的使命担当 [J]. 现代商贸工业, 2024 (1): 85 – 87.

[8] 惠小峰, 梁淑敏. 新时代青年践行使命担当路径探析 [J]. 吉林工程技术师范学院学报, 2023 (6): 12 – 17.

道县红色文化资源
宣传情况的调查研究

课题组成员：黄佳敏，夏　媛，李孟卓，杨依依

指导老师：邓　验

摘　要：红色是中国共产党、中华人民共和国最鲜亮的底色，文化是一个国家、一个民族能够经久不衰的关键。永州道县地处湖南省南端，毗邻广西壮族自治区，红色资源十分丰富。本调研小组针对道县现已开发的红色资源及红色文化的宣传情况展开调研。通过走访、问卷、查阅资料等多种调查方法，研究道县群众对当地红色文化的了解程度，同时调查红色文化在不同地域、不同群体中的了解程度，并为红色文化的进一步宣传寻找方向。

关键词：道县红色资源；红色资源的开发利用；红色文化宣传

一、引言

（一）现实背景

党的二十大报告指出："意识形态工作是为国家立心、为民族立魂的工作。"红色文化资源是红色文化具体的表现形式，也是红色文化重要的呈现载体。红色文化在思想政治、社会经济、民族历史等方面具有不可替代的重要地位。而历史上，革命道路艰险漫长，红色旧址分布零散、偏远，进一步增加了红色文化资源的整合和宣传难度。

湖南永州道县，地处红军长征重要途经地，是湘江战役的重要遗址，红色文化资源丰富。初步调查发现，道县红色文化宣传及开发存在不均衡、形式单一现象。以道县为例，调查研究现今红色乡镇的红色文化宣传成效及今后文化宣传的发展，进一步思考其未来的走向。

（二）调研的目的及意义

1. 调研目的

（1）了解永州道县现已开发的红色资源及红色文化的宣传情况。

（2）研究道县群众对当地红色文化的了解程度。

（3）调查红色文化在不同地域不同群体中的了解程度，并为红色文化的进一步宣传寻找方向。

2. 调研意义

（1）通过对被调查者关于道县已开发的红色资源及当地红色资源的利用程度进行调查，研究红色文化资源的优劣势，进而更好地帮助当地进行红色文化的宣传。

（2）通过对道县红色文化基地了解程度的调查，研究道县红色文化在不同地域不同人群中的宣传成果，并为道县红色文化的进一步宣传寻找方向。

（3）调查居民对不同红色文化宣传方式的接受程度，得出大众喜爱的宣传方式，为政府进行红色文化宣传提供路径参考。

二、调研内容分析

（一）道县红色资源现状

红色基因，是镌刻在中国人骨子里，流淌于华夏人血脉中的精神记忆；红色文化，是我们无数先辈用热血、用毅力铭刻的历史符号，是留给我们的精神丰碑。道县隶属湖南永州，有较多的红色革命文化遗址。1934 年 11 月中旬，红军长征经过这里，并在此为渡湘江做准备，战斗了 54 日，在道县当地留下了许多可歌可泣的英雄故事及珍贵的革命文物。

1. 陈树湘红色文化园

寸土千滴红军血，一步一尊英雄躯。陈树湘曾任中国工农红军师长，在湘江战役中牺牲。为致敬并弘扬他的革命精神，湖南省道县梅花镇建立了占地 48 亩的陈树湘红色文化园，主要建筑包括大牌坊、陈树湘生平事迹陈列室、陈树湘烈士墓、红三十四师烈士墓、革命烈士纪念碑、红军亭等。陈树湘烈士生平事迹陈列室入选湖南省爱国主义教育基地，陈树湘烈士墓已被列为湖南省第十批省级文物保护单位。

2. 何宝珍烈士故居

巾帼不让须眉，红颜可胜儿郎。何宝珍是我国历史上著名的巾帼英雄，也是刘少奇同志的妻子。故居作为何宝珍红色基因的"孕育地""储存库"，核心区占地面积约6000平方米，由烈士故居、生平陈列室、铜像广场和何氏公祠组成。正门"何宝珍烈士故居"为刘少奇书法集字，内陈列文物120余件，生平陈列室分设"苦难童年""潇湘女杰""血沃雨花""薪火传承"四个部分，介绍了何宝珍烈士短暂而壮烈的一生。

3. 湘江战役豪福红军指挥部旧址

血脉情深红土地，古韵长存谱华章。豪福村位于道县西北方向，距离县城20多千米。旧址坐北朝南，砖木结构，东西长8米，南北宽12.5米，占地面积100平方米，为二进单开间砖木结构，由大门、前厅、左右厢房、厨房组成。湘江战役豪福红军指挥部旧址是长征国家文化公园道县段"血战湘江"精品线路上重要展示点和重要现场教学点，为3A级红色旅游景区。

4. 红军墙

胸中有丘壑，立马振山河。红军墙原址位于濂溪河北岸，是道县文庙（后为道州宾馆）前厅照壁。红军墙是一道高高厚厚的红色墙体，矗立在道县濂溪与潇水交汇的西洲公园。这道高8米，长12米，通体朱红的高墙，雄伟壮观，是红军长征所经历的省份中，在县城所写标语最完整的一面红军标语墙。红军墙现为省级文物保护单位、爱国主义教育基地。

（二）道县红色文化宣传情况

在红色文化宣传方面，道县重点打造陈树湘红色文化园，并开展长征国家文化公园道县段7个重要节点一期保护工程。

陈树湘入选100位为新中国成立做出杰出贡献的英雄模范人物，是道县红色文化中影响力和知名度较大的，更容易推广宣传。所以道县集中力量打造陈树湘红色文化园，在红网、永州政府网、湖南日报等媒体上进行推广宣传。目前该文化园已被评为国家4A级旅游景区，建立了陈树湘红色文化园官网。截至2023年10月19日，文化园已累计接待游客近180万人次。

永州政府将红色文化与思政教育相结合，着力打造精品课堂，陈树湘红色文化园已被授牌"全国关心下一代党史国史教育基地"。2023年5月30日，湖南省委书记沈晓明率省委常委赴陈树湘红色文化园接受革命传统文化教育，新闻媒体进行了相关报道，大大提高了文化园的知名度和影响力。道县政府高度重视长征国家文化公园建设保护工作，于 2020 年 10 月 9 日召开长征国家文化公园道县段建设会议，制定了总体策划，备受媒体关注，后续进程由搜狐网、红网等网站报道。

红网发布了"道县红色印记 | 红色遗址"系列报道，详细阐述了每一个红色遗址发生的故事，向大众普及红色文化。道县红色资源较多，为了使各个资源联系更加紧密，道县规划了文化旅游精品路线并在各网络平台发布，涵盖了 58 处红军长征旧址遗迹，大力开发独具特色的"初心之路""使命之路""忠诚之路"三条红色旅游路线，串联起 20 余处主要红色革命遗址，和之前着力打造的文化园结合，带动各个路线的发展，吸引广大受众体验"行走中的红色党课"。

道县注重网络阵地的开拓，借助红色旧址虚拟展馆、微信公众号等平台，开办线上课堂，创新实施"实地＋网络"的教学模式，用文字、图片及音视频等形式开发红色网络教育资源，推动实体场馆向线上延伸，让红色阵地辐射全国乃至走向世界。"教材＋荧幕"让红色资源活了起来，道县将红军长征留下的宝贵资源作为鲜活的教育素材，创作《后卫师长陈树湘》《断肠明志陈树湘》等影视作品 10 余部，专题片《陈树湘：断肠明志铸忠魂》入选湖南省首批党员干部党性教育精品课，《革命理想高于天》获省委组织部"党课开讲啦"活动精品党课评选一等奖。拍摄、制作、推送"道州之道""忠诚正道"党员干部教育片 29 期，大力弘扬陈树湘"绝对信仰、绝对英勇、绝对担当、绝对忠诚"的革命精神，激发了观众的使命感和责任感。

（三）调研分析

表 1　调查对象情况表

地域	年龄				
	0～18 岁	18～28 岁	28～48 岁	48 岁以上	总人数
道县人	18	20	6	8	52
非道县人	4	33	11	24	72
总人数	22	53	17	32	124

调研涵盖了不同年龄段与地域，通过对比分析揭示当地红色文化的传播程度。从年龄上看，28 岁以下的有 75 人，28 岁以上的有 49 人；从地域组成上看，道县的有 52 人，非道县的有 72 人。

对调查结果进行数据统计和分析发现，学校是宣传红色文化的主阵地，学生是学习红色文化的主力军。年轻人更乐于、更热情、更有时间主动探索，通过新技术了解红色文化。对于研学旅行与情景体验这些十分耗费时间的活动，学生群体体现出了高度的热情，虽然这些活动耗费时间，但其所带来的体验感正是年轻人所需要的。关于"您愿意用哪种方式接触红色文化知识"的调查，从结果可以得出：在接触红色文化的媒介方面，学生群体与从业者群体有相似之处，但亦有时代性导致的差别。相同的是：两类群体最热衷的媒介是互联网、电视、电影、广播等，通过此类传播媒介获取信息简单快捷，具体形象，符合现代快节奏生活的要求。

从宏观角度看，调查对象整体对传承和弘扬红色文化抱有较高的热情，但道县调查对象的积极度略低于非道县调查对象。关于"您对红色文化相关活动的参加意愿"的回答，愿意参加相关活动的道县调查对象比例略低于非道县调查对象，而选择"不愿意"的道县调查对象比例略高于非道县调查对象。愿意参加相关活动的道县调查对象比例达60%以上。大部分调查对象认为红色文化会给人和社会带来积极正面的影响。关于"您认为学习了解红色文化的重要性"的回答，选择"非常重要"和"比较重要"的道县调查对象略少于非道县调查对象，但比例十分接近且较高，均高于80%。

三、调研结论分析

（一）问题及成因分析

1. 存在的问题

（1）资源开发形式单一，整合度低

道县当地的红色文化资源丰富，但是当地政府对现有资源的开发形式单一，文化园和文化陈列馆的文献资料少，多以文字、影视和雕塑呈现，对参观者的吸引度低。同时，道县当地的红色文化资源整合度低，分布零散，缺少较为全面的介绍，不利于进行红色文化宣传和游客参观。

（2）宣传工作浮于表面，缺乏深度

道县政府相关部门积极打造当地红色文化品牌，融合红色教育，开创红色精品旅游路线，扩大当地已有红色文化资源的影响力。但根据调研结果，道县调查对象对当地的红色文化资源的反应并不理想。陈树湘同志的事迹在网络平台广泛传播，但对当地红色文化资源的带动力度较小，连接性不强，县级媒体的文章和音视频作品浏览量低，评论者局限在永州本地，尚未走进全国受众视野。

2. 成因分析

（1）区域条件制约

道县位于湖南省南部、永州市中部，远离经济发达城市，地理位置较为偏僻，同时当地红色资源以长征革命资源为主，分布零散，整合困难。根据实际考察及对当地居民的随机采访，可知当地公共交通工具只有公共汽车，且往返班次和覆盖路线均较少。此外，列车设施建设条件落后，对扩大当地红色文化资源的影响产生较大阻力。

（2）形式内容单一

道县相关部门对当地红色资源的宣传形式与其他地区的高度雷同，亮点不明显，吸引力不足，缺乏独特性和竞争力。通过走访调查道县知名红色景点，发现当地红色文化的相关展览及主要讲解点规模较小，对参观者的容纳数量十分有限。陈列展品较少，主要以文字讲解为主，缺少图片、音视频、实物等辅助宣传。红色氛围不够浓烈，相关产业较少，出现"留客难"的现象。

（3）宣传脱离生活

道县主要针对政府工作人员及中小学学生宣传红色文化，疏于对其他群众红色文化意识提升的关注。当地大多数居民受教育水平较低，红色文化普及较为欠缺，大多数居民对红色文化的认识不足，导致学习红色文化的意识局限于当地的政府工作人员和中小学师生群体之中，与当地普通居民的日常生活融合较差。

（二）红色文化宣传建议

1. 增加基础建设投入，夯实文化宣传基础

（1）完善基础交通设施建设

政府及相关部门应当合理设计开发红色文化专项公共交通路线，促进道县红色精品文旅活动的发展，为红色文化的宣传提供基础保证。完善当地基础交通建设，不仅有利于当地红色文化的宣传，还能满足当地百姓的出行需要，加深居民对本地红色文化资源的了解，保证外地游客参观游览出行的便捷。通过基础建设，促进资源开发，吸引游客参观，进一步引发红色文化宣传的链式反应，达到红色文化的宣传目的。

（2）加强文化成果展览建设

展览红色资源的开发成果，一般需要借助文字、物件等媒介。红色文化景点是红色文化成果的重要展览地，红色文化景点中文化成果展览的建设对红色文化的宣传有着至关重要的影响。

道县的红色文化景点可以大致划分为文化陈列馆和文化园。文化陈列馆用于展示可移动文化物质及演播相关媒体资源，其进一步建设应当将重心置于借助现代科技手段再现情境或以相关方式整合现有红色资源。文化园用于展览不可移动文物，除了注意文化园与自然环境的和谐，也应当加强文化园的文化宣传工作。通过实地走访调查，发现道县当地文化园建设多承担休闲景点作用，应当加强其红色文化的载体建设，增强红色文化对参观者的内化作用。

（3）打造红色文化精品产业链

道县红色革命文化资源较多，除了精品路线的规划，还应当推出当地红色文化产品，打造革命文化相关产业链。产业链的建设可以帮助参观者认识和理解参观地的红色文化及文化的内在精神，同时产业链的开发也具有发散效应，可以扩大红色文化的宣传范围。红色文化产业链还能在一定程度上拉动当地经济发展，解决当地部分居民的就业问题。

2. 发展特色文化宣传，形成特色红色品牌

（1）科技融合，以虚拟场景辅助宣传

目前科技发展迅速，改革日新月异，意味着我们不能再以传统的方式进行红色文化的宣传，应当与时俱进，利用好科学技术工具，帮助红色文化宣传。道县除了用短视频、公众号等新型媒体协助红色文化传播外，还应当发展3D影视或VR/AR技术，帮助参观者切身体会红色文化的内涵，引发参观者情感上的共鸣。

（2）突出亮点，以新颖角度收获流量

随着新媒体不断发展，人们日渐习惯精炼简短的宣传方式。在调查中发现，部分群体对道县当地的红色文化不感兴趣是因为他们认为，道县当地的红色文化与其他地方的红色文化没有差别。针对这一问题，政府相关部门在开展不同地区的红色文化宣传时，应当结合当地特有的红色文化资源，开发出专属于当地文化的特色主题或热点词进行重点引导式宣传。

（3）资源互补，以资源组合促进发展

道县当地的红色文化主要和长征相关，可以根据长征主题将道县不同的

旅游景点进行串联讲解，同时也可以通过一些知名度较高的红色景点，如陈树湘红色文化园带动其余知名度较低的景点。同时，红色文化可以流动或捆绑宣传，树立并巩固道县的红色文化小镇形象。

四、结语

习近平总书记在十九届中央政治局第三十一次集体学习时发表重要讲话指出："红色是中国共产党、中华人民共和国最鲜亮的底色，在我国 960 多万平方公里的广袤大地上红色资源星罗棋布，在我们党团结带领中国人民进行百年奋斗的伟大历程中红色血脉代代相传。"时代在发展，技术在革新，新时代的文化宣传也应当顺应时代的变化，依据地方特色采用适当的方式、方向，并进行技术革新，这样才能帮助红色文化更好地渗入普通大众之中。

参考文献：

[1] 杨雪萍. 机遇、困境与突破：新媒体时代背景下的红色文化传播 [J]. 新闻爱好者，2022（6）：75 - 77.

[2] 李珍珍，张辛欣. 红色文化资源赋能乡村振兴的多维价值与实现路径——基于湖南地区的调查研究 [J]. 湖南社会科学，2023（3）：66 - 75.

[3] 陈永典，于丽娜. 红色文化资源赋能乡村振兴的路径——以大别山地区为例 [J]. 中南民族大学学报（人文社会科学版），2023（12）：192 - 197 + 212.

第四部分　社会发展篇

健康中国背景下网络媒介使用对农村留守儿童积极心理资本的影响

——以湖南省邵阳市为例

课题组成员：吴裕婷，吴英楠，张厚扬，王慧婷，
　　　　　　高薇淇，杨元媛，许晨茜，刘宇轩
指导老师：陈安琪，单文盛

摘　要： 本调研聚焦农村地区儿童心理健康问题，以邵阳市大祥区檀江中心完小、檀江中学为样本，针对两校6～16周岁的青少年儿童开展田野调查和实证研究，采用深度访谈与问卷调查相结合的方法，从积极心理学视角出发，结合留守儿童身处的媒介环境，深化网络媒介使用对农村留守儿童积极心理资本的影响研究。得出网络媒介具有情感补偿作用、在工具性使用方面具有积极影响，网络媒介使用具体情况的五维度与积极心理资本的四因子呈线性相关等结论，提出要从根本上解决父母"缺场"问题、平衡好情感性使用与工具性使用、防范虚拟空间的过度沉溺、守卫网络空间的风清正气。

关键词： 留守儿童；积极心理资本；网络媒介

一、引言

（一）研究意义

自20世纪80年代以来，城市化的浪潮推动形成进城农民工和农村留守儿童两类社会群体，由此也催生一系列留守儿童难题。网络媒介出现后，其衍生的全媒体、交互性的现代传播方式使其得以作为沟通桥梁，通过提供文化资本、扩大社会交往、调试精神取向等功能提升留守儿童与外出务工父母的沟通效率，并对农村留守儿童心理产生一定影响。

近年来，国家也愈加重视学生心理健康的教育引导，将其作为健康中国战略的重要内容，置于现代化建设的重要位置，特别是在农村地带。而在学

术研究方面，目前学界的研究重心大多聚焦于网络媒体对农村地区留守儿童的消极心理影响，如网络成瘾、抑郁自闭，很少看到其中积极的一面。在对留守儿童媒介使用的已有研究中，主要还是停留在探讨教育、娱乐及通信等作用的层面，也很少有学者将积极心理学视角与留守儿童身处的媒介环境结合起来进行系统性研究。但其实作为个体拥有的一种心理能量，积极心理资本在有效进行情绪调节、积极应对挑战、提升整体幸福感等诸多方面起到正向作用，是心理健康教育的重点部分之一。

基于此，调研组决定依托积极心理学原理，关注新时代、新媒介视域下农村留守儿童心理健康的现状，利用数据模型构建网络媒介使用与农村留守儿童积极心理资本的关联性，具体到网络媒介使用的五个维度——社交增益、突显性、强迫性、冲突性、戒断性，以及积极心理资本的四项积极心理品质——自我效能、韧性、希望、乐观。并在探究影响的同时，结合涵养理论和社会置换假说，针对网络媒介的工具性使用，以及预防网络成瘾、缓解数字代偿现象等方面提出切实可行的对策建议，为推进健康中国战略、破解农村留守儿童心理问题困境献智献计。

（二）研究框架

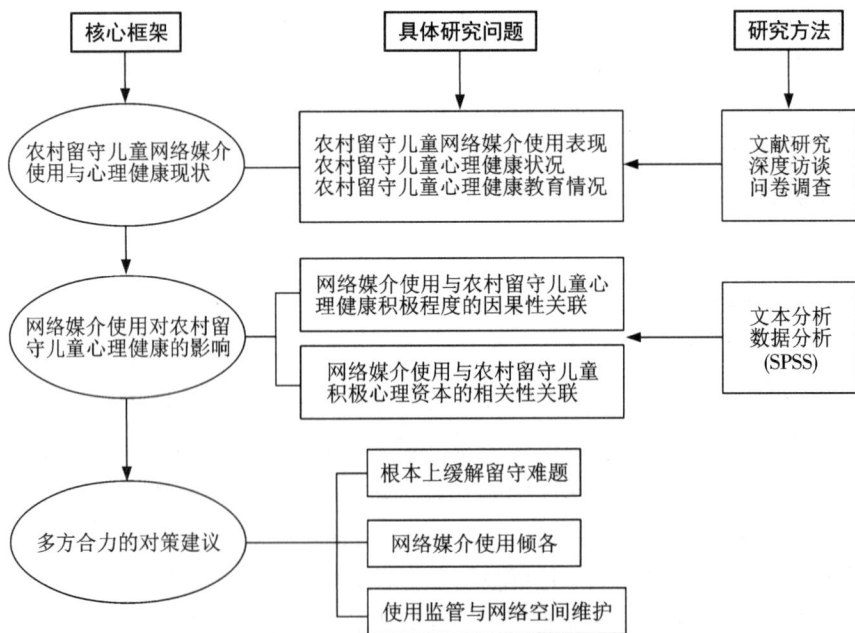

图 1　研究框架

（三）研究方法

1. 深度访谈

访谈部分的研究依托公益支教进行一对一的访谈和观察，主要目的为调研农村留守儿童的心理健康整体现状、家庭情况影响、能接触到的社会帮扶，以及互联网接触程度、接触内容，同时也为问卷调研的方向进行积极验证，以衡量积极心理资本研究的可行性。

调研组一共选取了18个典型样本进行深入的访谈，其中留守儿童10人，非留守儿童8人。访谈内容涉及个人的性格与情绪、直系血缘参与程度、在校情况、亲社会行为，以及电子产品使用情况5个层面，并采用代填式问卷的方法、依托成熟的量表补充调研了18位对象抑郁、逆反、焦虑等心理问题的程度。

2. 问卷调查

为了进一步研究网络媒介使用对农村留守儿童心理健康的影响程度，特别是网络媒介使用与农村留守儿童积极心理资本的关系，调研组针对檀江中心完小、檀江中学两校6～16周岁的青少年儿童进行问卷调查。

问卷第一部分为基本信息调查；第二部分为网络媒介使用情况调查，设置五个维度——社交增益、突显性、强迫性、冲突性、戒断性；第三部分采用了张阔等（2008）编制的积极心理资本问卷，囊括积极心理资本的四因子——自我效能、韧性、希望、乐观。

调查共发放问卷250份，回收问卷243份，有效问卷231份，有效问卷回收率为92.40%。调研组依据预调研结果，将父母双方或一方长期身体"缺场"者判定为留守儿童，共计收集到169个留守儿童样本，62个非留守儿童样本。在留守儿童中，由父亲或母亲一方在家照顾的占40.26%，由祖辈照顾的占31.17%。在被调查的儿童群体中，男生118人，女生113人，性别比例接近1∶1，且年级分布较为均匀，样本质量良好，有效样本的代表性适当。

二、现状分析

（一）网络媒介使用情况

1. 网络媒介拥有

在众多网络设备中，手机作为一种集通讯、学习、娱乐等多种用途于一体的便携式媒介工具，无疑成为农村留守儿童的首选电子设备。调研组接触到的农村儿童媒介拥有率较高，很多孩子有自己的手机，甚至平板、电话手表，个别儿童会借用祖辈的手机。问卷结果显示，农村儿童拥有率最高的网络设备为手机，占比高达85.52%。

2. 网络媒介使用途径

农村儿童的网络媒介使用途径多是娱乐、学习和社交并举，或是偏向工具性使用（认识世界），或是偏向情感性使用（娱乐）。数据统计结果显示，在231份使用网络媒介的有效样本中，调查对象网络媒介的"获取信息""娱乐消遣""人际交流"三部分使用动机占比相近。

3. 网络成瘾表现

在网络成瘾表现方面，农村留守儿童使用网络媒介的频率略频繁于非留守儿童，沉迷和心理依赖的程度也高于非留守儿童。

表1　留守儿童与非留守儿童网络媒介使用频率对比

使用频率	169个留守儿童	占比	62个非留守儿童	占比
每天都会使用	82	48.52%	34	54.84%
经常使用（每周4~5天）	47	27.81%	15	24.19%
偶尔使用（每月4~5天）	26	15.38%	8	12.90%
不太使用	7	4.14%	2	3.23%
跳过	7	4.14%	3	4.84%

表2　留守儿童和非留守儿童网络媒介使用时长对比

使用时长	169个留守儿童	占比	62个非留守儿童	占比
2小时及以内	70	41.42%	27	43.55%
2~4小时（包括4小时）	53	31.36%	17	27.42%
4~6小时（包括6小时）	25	14.79%	7	11.29%
6小时以上	14	8.29%	8	12.90%
跳过	7	4.14%	3	4.84%

4. 数字代偿现象

根据访谈和观察的结果，虽然网络媒介给留守儿童带来了使用愉悦与情感获得，但这并不能完全填补父母身体和情感"缺场"带来的成长环境漏洞。甚而，在网瘾儿童的情感世界中，网络媒介的调节和参与作用已大打折扣，无法再从中获得有效而充足的情感陪伴。值得注意的是，良好的社交情况能为留守儿童带来足够的友情陪伴，有效缓解了数字代偿现象。

5. 网络媒介使用影响

根据问卷结果，在农村儿童看来，网络媒介使用"影响学习专注度、注意力"和"熬夜使用、作息不规律"数值较高且占比相近，分别为74.66%和74.21%；"导致现实中的社交能力减弱"和"分辨是非能力降低、容易被虚假信息蒙蔽"占比次之，分别为42.53%和40.27%。留守儿童和非留守儿童在该项上表现相近，仅极少数人否定了网络媒介使用的弊处。

（二）心理健康状况

总体来看，情绪积极程度方面，非留守儿童优于留守儿童；学习压力和考前焦虑方面，留守儿童的严重程度显著高于非留守儿童。不少留守儿童在访谈中表示虽然父母会时常电话联系自己，但多数情况下都是关心学业，因此自己学习压力较大、非常在意考试成绩。

综合短期观察结果，相比非留守儿童，留守儿童的同龄陪伴（交友情况）、社会化表现（亲社会行为水平）呈现良好状态，甚至略优于非留守儿童，但情绪稳定值、心理健康素质水平不及非留守儿童。

（三）心理健康教育状况

访谈结果表明，乡村教师对学生（包括留守儿童和非留守儿童）的关心不到位、不充分。而在前期的预调研中，学校老师表示会特别关注留守儿童的心理健康问题，学校还成立了专门的心理健康室，但目前没有配备专业的心理辅导老师；会采取家访等形式，但由于乡村教师的数量有限，因此对学生的心理健康洞察还是不足。

三、线性相关分析

调研组采用SPSS 27.0进行验证性因子线性回归分析，以检验四因子模型及其高阶因子模型的合理性。

（一）模型拟合

鉴于积极心理资本作为成熟的心理学量表，已有研究证明可以比较因子总分测试得分（总分越高，反映出被试个体积极心理资本越好），因此调研分别以积极心理资本的四个子品质（自我效能、韧性、希望、乐观）以及积极心理资本的总分为自变量，以社交增益、突显性、强迫性、冲突性、戒断性这五个使用维度为因变量，以性别为控制变量，采用逐步回归法进行多重回归分析，得到的模型摘要如表 3 所示。模型的拟合程度较好，且由德宾—沃森指数得出，变量的独立性较好。

表 3 模型汇总表

模型	R	R 方	调整后 R 方	标准估算的错误	R 方变化量	F 变化量	自由度 1
1	.250a	0.062	0.045	0.888	0.062	3.570	4
2	.147a	0.022	0.004	0.983	0.022	1.197	4
3	.140a	0.020	0.002	1.055	0.020	1.086	4
4	.184a	0.034	0.016	1.131	0.034	1.886	4
5	.134a	0.018	0.000	1.127	0.018	0.988	4

（二）刻画具体模型

通过频率分布直方图和正态概率图具体刻画这五个模型的直观表现，如图 2 至图 6 所示。五个维度均与心理资本的四因子呈线性相关，且频率分布直方图所刻画的正态分布较为明显，其中拟合程度最好的是模型 1（社交增益）和模型 4（冲突性）。即在本次问卷调查中，社会增益和冲突性最能从调查者的选择中体现出来，因此可以认为当代网络媒介的使用对青少年在社会层面具有一定正向作用，并且与青少年的积极心理资本正相关。

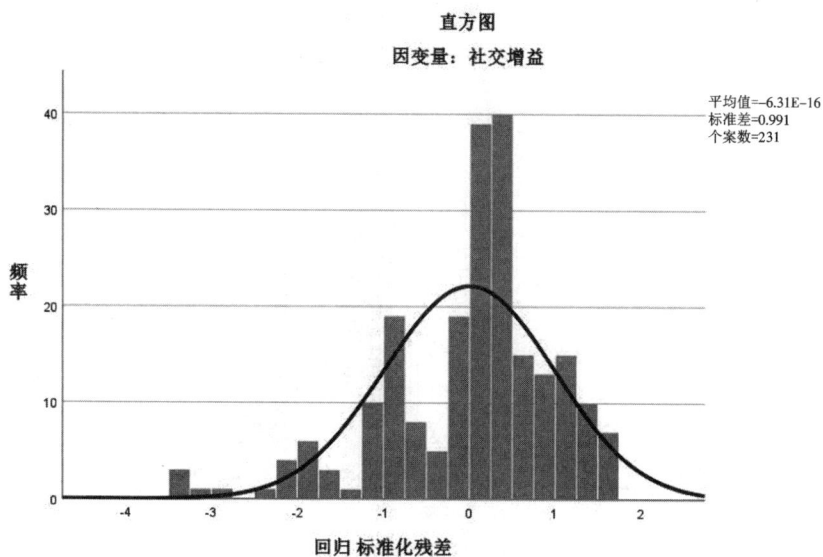

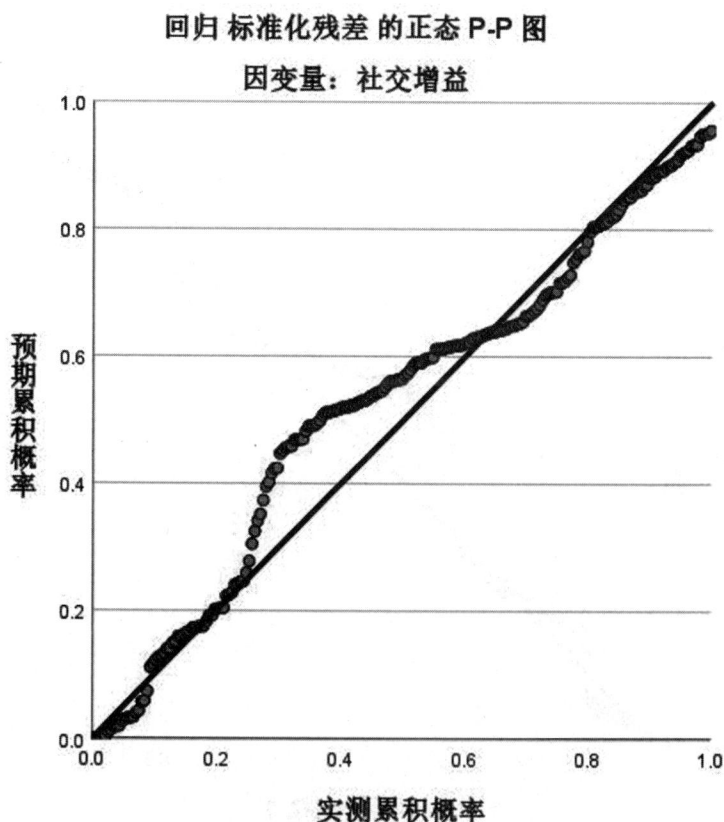

图2 社会增益与四因子的线性回归方程

直方图

因变量：突显性

平均值=1.21E–16
标准差=0.991
个案数=231

频率

回归 标准化残差

回归 标准化残差 的正态 P-P 图

因变量：突显性

预期累积概率

实测累积概率

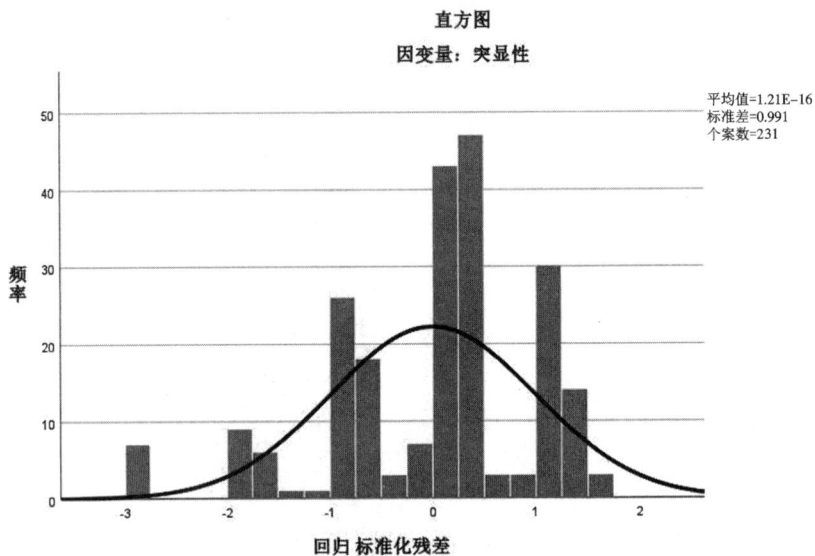

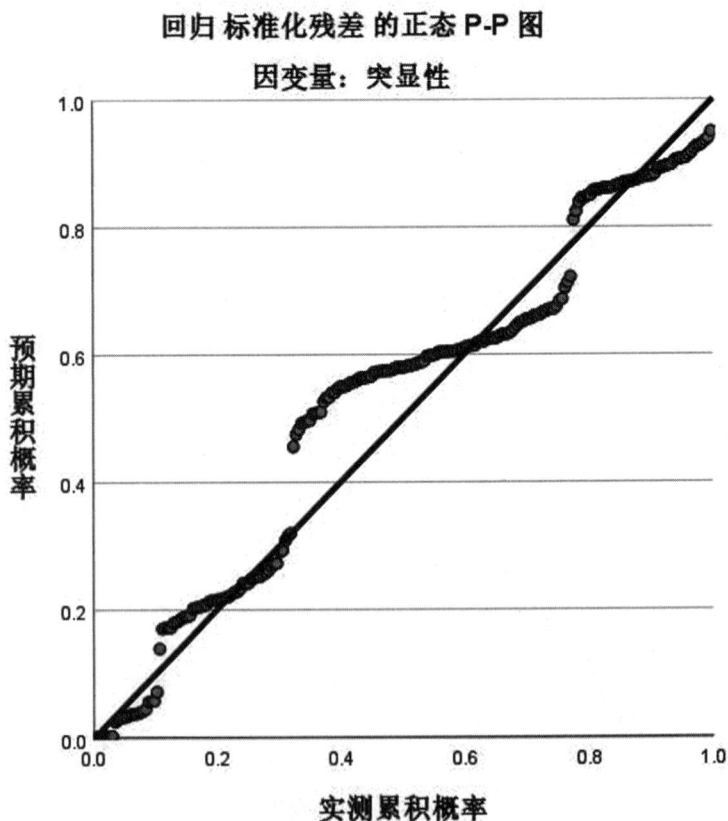

图 3　突显性与四因子的线性回归方程

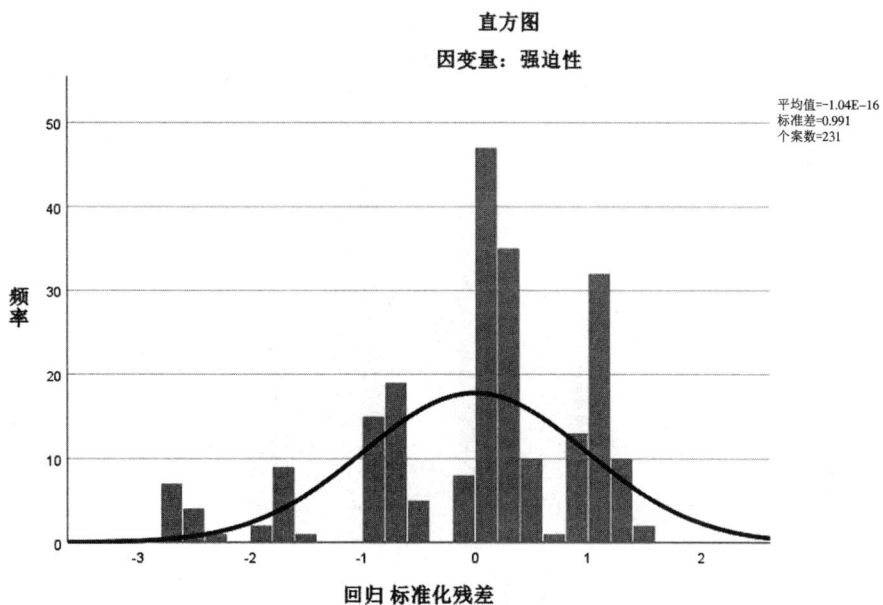

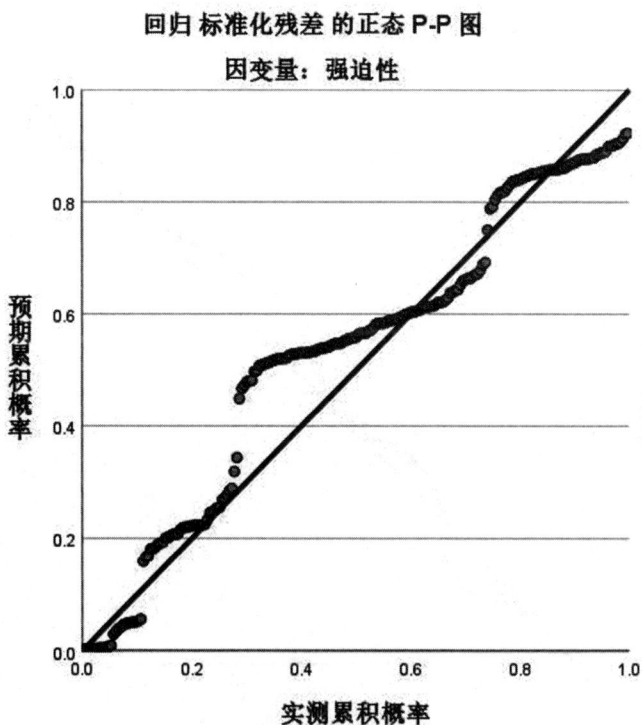

图4 强迫性与四因子的线性回归方程

直方图

因变量：冲突性

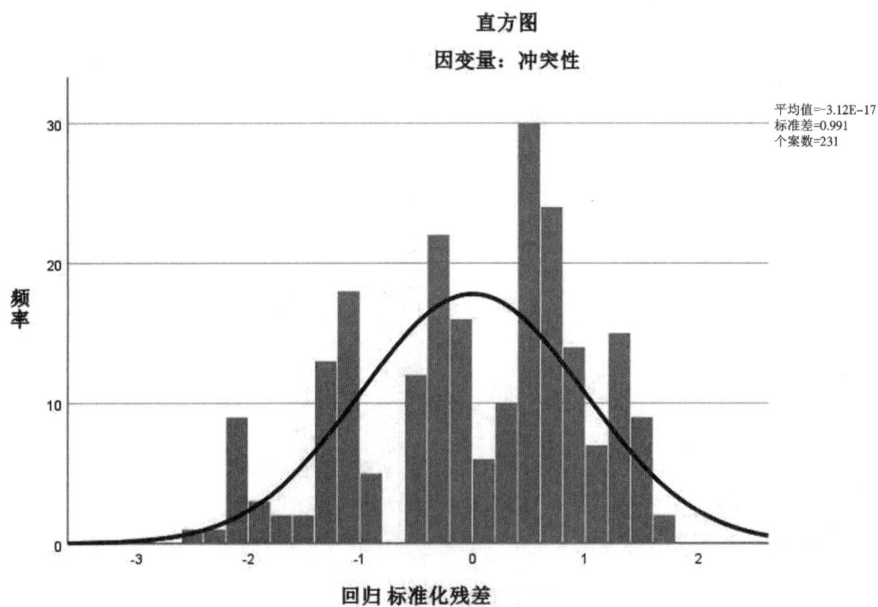

平均值=-3.12E-17
标准差=0.991
个案数=231

回归 标准化残差

回归 标准化残差 的正态 P-P 图

因变量：冲突性

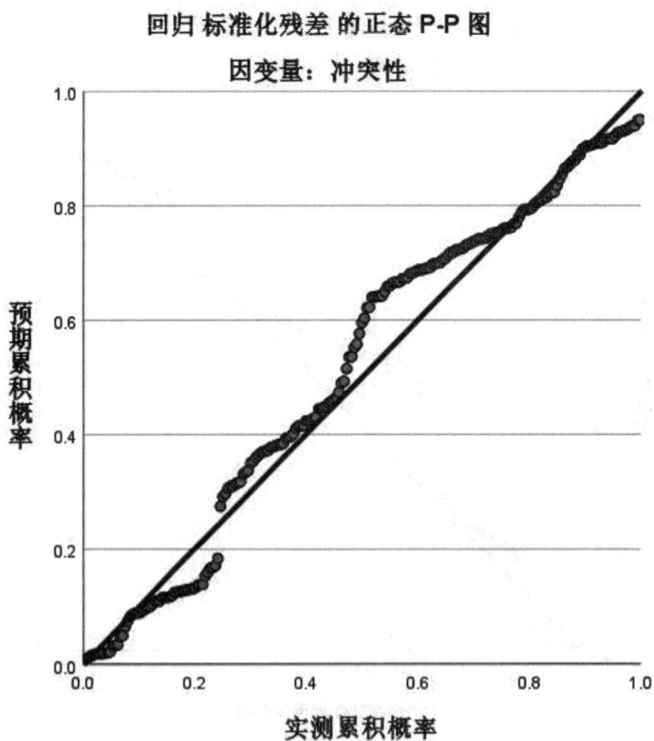

实测累积概率

图 5　冲突性与四因子的线性回归方程

直方图

因变量：戒断性

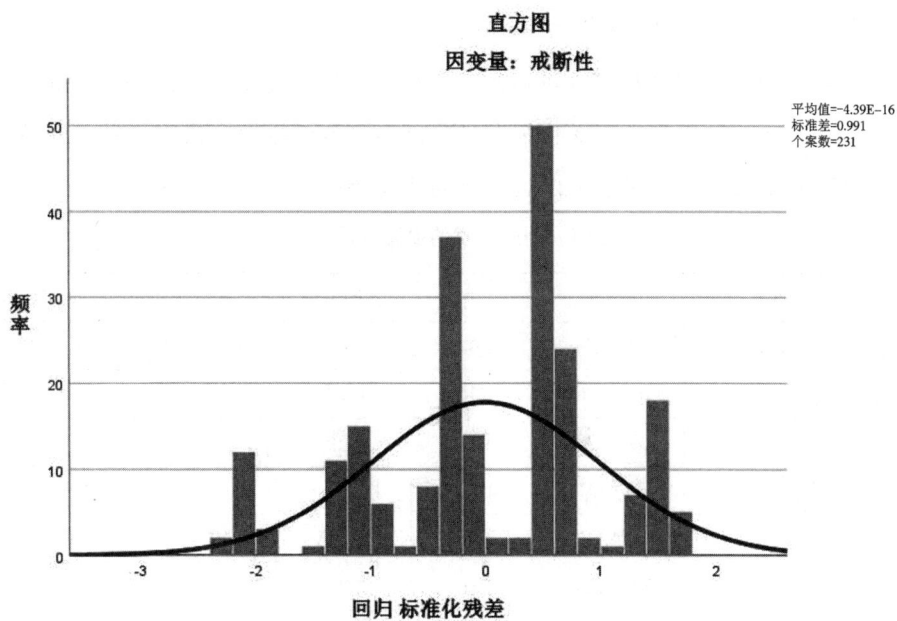

平均值=-4.39E-16
标准差=0.991
个案数=231

频率

回归 标准化残差

回归 标准化残差 的正态 P-P 图

因变量：戒断性

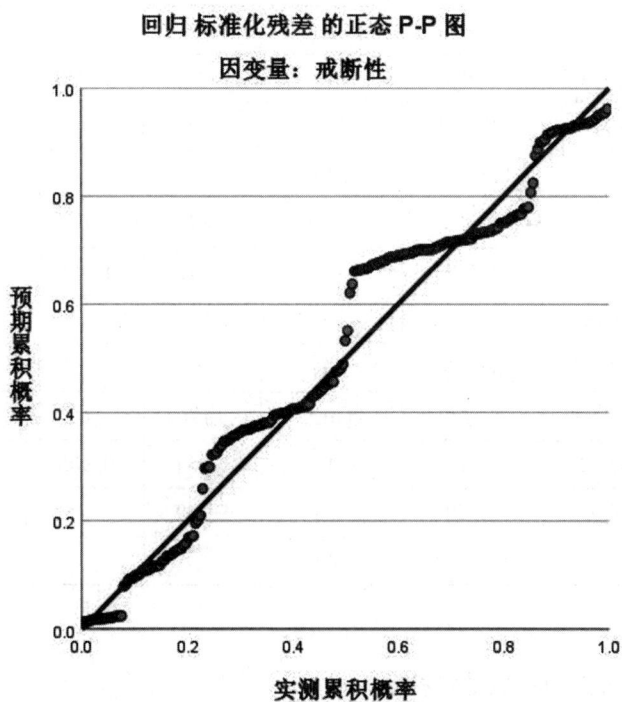

预期累积概率

实测累积概率

图 6　戒断性与四因子的线性回归方程

（三）回归方程的显著性检验

继续对回归方程的显著性进行检验，得到结果如表 4 所示，F 值和 sig 系数中空白表示回归系数不显著，显著性程度由高到低排序，依次为社会增益、冲突性、突显性、强迫性、戒断性，这与正态频率图的表现相对应。

表 4 回归方程的显著性检验

模型 1		平方和	自由度	均方	F	显著性
社会增益	回归	11.257	4	2.814	3.57	.008[b]
	残差	169.470	215	0.788		
	总计	180.727	219			
模型 2		平方和	自由度	均方	F	显著性
突显性	回归	4.622	4	1.156	1.197	.313[b]
	残差	208.608	216	0.966		
	总计	213.231	220			
模型 3		平方和	自由度	均方	F	显著性
强迫性	回归	4.838	4	1.210	1.086	.364[b]
	残差	240.555	216	1.114		
	总计	245.394	220			
模型 4		平方和	自由度	均方	F	显著性
冲突性	回归	9.649	4	2.412	1.886	.114[b]
	残差	276.216	216	1.279		
	总计	285.864	220			
模型 5		平方和	自由度	均方	F	显著性
戒断性	回归	5.016	4	1.254	0.988	.415[b]
	残差	274.205	216	1.269		
	总计	279.222	220			

（四）回归系数的显著性检验

由表 5 中对回归系数的分析可得，社会增益、突显性、冲突性、戒断性均和自我效能及乐观成正相关，和韧性及希望成负相关，但负相关指数并不明显，而强迫性与自我效能成正相关，和韧性、希望及乐观呈现负相关。自我效能因子对社会增益影响最大，韧性因子对戒断性影响最大，希望因子对冲突性影响最大，乐观因子对冲突性影响最大。此外，希望因子和乐观因子在对心理健康影响的程度上较为相近，表现在正态频率图上的拟合效果也较为相近，社会增益是心理健康五个维度中体现最为强烈的指标。

表5 回归系数的显著性检验

	未标准化系数		标准化系数	t	显著性	共线性统计	
	B	标准错误	Beta			容差	VIF
模型1							
（常量）	2.009	0.983		2.044	0.042		
自我效能	0.044	0.015	0.211	2.878	0.004	0.81	1.235
韧性	−0.006	0.015	−0.029	−0.392	0.695	0.809	1.235
希望	−0.022	0.019	−0.075	−1.133	0.259	0.995	1.005
乐观	0.036	0.02	0.118	1.781	0.076	0.991	1.009
模型2							
（常量）	2.807	1.088		2.58	0.011		
自我效能	0.031	0.017	0.138	1.848	0.066	0.814	1.229
韧性	−0.009	0.016	−0.044	−0.585	0.559	0.813	1.23
希望	−0.014	0.021	−0.045	−0.663	0.508	0.995	1.005
乐观	0.019	0.022	0.058	0.852	0.395	0.991	1.009
模型3							
（常量）	4.279	1.168		3.663	0		
自我效能	0.025	0.018	0.102	1.372	0.172	0.814	1.229
韧性	−0.007	0.017	−0.03	−0.396	0.693	0.813	1.23
希望	−0.036	0.023	−0.106	−1.575	0.117	0.995	1.005
乐观	−0.002	0.024	−0.005	−0.07	0.944	0.991	1.009

（续表）

	未标准化系数		标准化系数	t	显著性	共线性统计	
	B	标准错误	Beta			容差	VIF
模型4							
（常量）	2.725	1.252		2.177	0.031		
自我效能	0.033	0.019	0.127	1.715	0.088	0.814	1.229
韧性	-0.011	0.018	-0.045	-0.6	0.549	0.813	1.23
希望	-0.04	0.025	-0.11	-1.634	0.104	0.995	1.005
乐观	0.032	0.026	0.084	1.252	0.212	0.991	1.009
模型5							
（常量）	2.635	1.247		2.113	0.036		
自我效能	0.015	0.019	0.058	0.775	0.439	0.814	1.229
韧性	-0.02	0.018	-0.082	-1.09	0.277	0.813	1.23
希望	-0.014	0.025	-0.04	-0.587	0.558	0.995	1.005
乐观	0.039	0.026	0.102	1.506	0.133	0.991	1.009

四、研究结论

（一）网络媒介使用对农村留守儿童心理健康的影响

1. 网络媒介具有情感补偿作用

父母、老师的"虚置"存在往往导致留守儿童在实际生活中缺乏真实的情感互动、情感教育，留守儿童难以获得持续的、稳定的、充分的情感支持与情感陪伴。尤其是直系血缘与自己的"地理空间阻隔"，不可避免地造成了"间歇性情感断裂"，影响留守儿童对于外部情绪环境的敏锐度、反馈值，继而影响心理健康的稳定性、积极性。

在留守儿童父母情感陪伴普遍缺位的现实困境之下，网络媒介作为留守儿童认识世界的一个"窗口"媒介，不仅帮助其联通了远在异乡的父母，而且为虚拟社交、鸡汤文学、亚文化交流等他种情感性使用方向提供了更多场景和空间的可能性，让他们得以习得相关的情感文化并将其内化至自我意识，通过共同话题的分享、同一领域的成就建立群体认同感和归属感。

2. 网络媒介使用存在一定积极影响

农村儿童对于网络媒介的使用途径较为丰富且大致相同，基本上可以归类为工具性使用和情感性使用两种方式。在工具性使用方面，网络媒介为留守儿童提供了一个认识世界、获取新知、增长见识的平台；而在情感性使用上，网络媒介对留守儿童的社交能力培养有一定积极作用，有助于提升其亲社会行为水平。因此，不必一味规避网络媒介使用。

3. 儿童网络媒介使用自控力普遍有限

在访谈和观察中，调研组发现留守儿童对网络媒介的沉迷程度、依赖程度高于非留守儿童，部分缺乏关心和管教的留守儿童存在较为严重的网络成瘾问题。在非成瘾前提下，网络媒介使用对于留守儿童的成长可谓是利大于弊。然而一旦超越限度，网瘾带来的是生活节奏、日常作息的混乱，学习效率、学习成绩的下滑，并且弱化了网络媒介在情感世界中的调节和参与作用，提升了情感陪伴满足感的阈值，弊大于利。

（二）网络媒介使用对农村留守儿童积极心理资本的影响

通过数据分析，调研组发现网络媒介使用具体情况的五个维度——社交增益（使用满足）、突显性（使用习惯）、强迫性（使用时长）、冲突性（生活、学习冲突）、戒断性（使用依赖）与积极心理资本的四个因子——自我效能、韧性、希望、乐观均呈线性相关关系。

其中，社会增益、突显性、冲突性、戒断性四个维度和自我效能、乐观两个因子成正相关，和韧性、希望两个因子成负相关，但负相关指数并不明显；而强迫性这一维度仅与自我效能这一因子成正相关，和韧性、希望、乐观这三个因子呈现负相关。因此可以得出网络媒介使用与留守儿童的自我效能呈显著正相关，对其在社会层面的行为活动具有一定正向作用。

调研组还得出，希望因子和乐观因子表现在正态频率图上的拟合效果相近，对心理健康的影响程度相近；社会增益是五个维度中体现最为强烈的指标，对积极心理资本的影响程度最大，使用与满足的需要应是网络媒介使用的直接动机，也是导向使用效果走向的重要因素。

（三）积极心理资本对网络媒介使用的反哺影响

为便利数据统计与分析，调研组在研究中未能够用数据形式直观呈现出网络媒介使用对农村留守儿童积极心理资本影响的因果关系，但是在回归系数的检验中，调研组得出自我效能因子对社会增益影响最大，韧性因子对戒断性影响最大，希望因子对冲突性影响最大，乐观因子对冲突性影响最大。

积极心理资本对于网络媒介使用的反哺影响一定程度上也体现出网络媒介使用对积极心理资本影响值的大小，例如网络媒介使用与学习、生活的冲突显著影响留守儿童坚韧前进和持久努力的能力和决心。

五、对策建议

（一）从根本上解决父母"缺场"问题

要让留守儿童父母"回得来"，需要持续推进乡村振兴战略，助力乡村本土种植业、养殖业、旅游业等特色产业的发展，实现经济实力的稳步提升，吸引外出就业的农村留守儿童父母大批量返乡，破除地理空间阻隔和间歇性情感断裂，解决首要的身体"缺场"问题。要让返乡的留守儿童父母"留得住"，需要进一步完善农村基础设施建设，大力推进农村精神文明建设，高质量满足农村人民的美好生活需要，提振乡村文化自信。

（二）平衡好情感性使用与工具性使用

由涵养理论可知，网络作为大众传播的重要媒介，将潜移默化地影响价值观等思想。为更好地发挥网络媒介在增长知识见识与沟通情感联系两个层面的积极作用，必须引导留守儿童平衡好情感性使用与工具性使用。在此过程中，家长需要起到积极干预与榜样示范作用，提升自己的媒介素养，以身作则。学校可以开设新媒体知识识别和传播方面的技能课程、媒介素养课程及网络媒介使用方向的引导课程。

（三）防范虚拟空间的过度沉溺

农村留守儿童的网络媒介使用存在不容小觑的心理依赖问题，网络媒介过度沉溺占据了留守儿童更有价值的生活活动时间，并影响现实社交等日常行为。为解决这一问题，可以采取短焦疗法＋朋辈互助＋家校合作的"组合拳"。

1. 焦点解决短期治疗（Solution-Focused Brief Therapy，SFBT）

针对网络成瘾难题，可以以 SFBT 理念作为主要沟通方式，通过一系列的小组活动，拓展学习形式、丰富娱乐活动，引导留守儿童独立寻找解决自身网络成瘾倾向的方法，发现自己擅长的领域，增强现实获得感与成就感，降低对虚拟空间的兴趣、热度、依赖性，将注意力和生活重心转移回实际生活中。

2. 朋辈互助

通过访谈发现，有效的友情陪伴可以缓解数字代偿现象。留守儿童与同辈互动时间占据大部分日常，相互间更容易建立身份认同与群体认同。因此，可采用朋辈互相监督鼓励的方式缓解数字代偿，促进留守儿童积极参与人际交往。

3. 家校合作

学校和家庭应当通力协作，厘清责任分工，及时沟通交流。学校通过家长群、家校联系本、成长记录档案袋等方式加强关注与沟通；家长通过严格管理网络媒介使用，积极主动地支持配合学校教育管理，关注孩子心理变化，及时回应其情感需求。

（四）守卫网络空间的风清正气

一方面，网络平台应遵守法律规范，加强内容审核，适当牺牲部分经济效益，限制青少年儿童的网络使用时间；另一方面，要对诱导不良行为的平台做到"零容忍"，落实责任主体，坚决清退低质量软件、网站，培育积极健康、向上向善的网络氛围。同时，社会公众也是互联网监管的重要组成部分，公众在发现互联网上的违法违规现象时要坚决进行举报。只有形成对互联网企业和媒体行业的监督合力，才能更加有效减轻负面影响，维护儿童网络媒介使用安全。

民族地区小学生"陪读妈妈"产生机制与社会支持研究

——以绥宁寨市苗族侗族乡为例

课题组成员：张媛媛，李禹霏，肖雨晴，阳妮娟，
马嘉祯
指导老师：冯　元，杨　果

摘　要：近年来，父母为孩子读书而在各地进行"移民"的现象已经屡见不鲜，调查发现，妈妈是城市和农村陪读群体的重要力量。湖南省邵阳市绥宁县寨市苗族侗族乡的"陪读妈妈"现象普遍，本研究组选取寨市苗族侗族乡中的一个村——黄桑村，对其展开调查，探究该村"陪读妈妈"的成因。本研究采用结构访谈法，通过与 13 名黄桑村的"陪读妈妈"进行深度访谈，发现黄桑村"陪读妈妈"的产生原因与户籍和生育政策、城乡发展不均衡、地域交通不便和家长追求优质教育等因素有关，同时政府补助、房租较低、他人认可与互联网等信息获取对陪读妈妈给予了社会支持。本研究认为，通过提升"陪读妈妈"家庭支持作用、构建"陪读妈妈"正式支持体系、赋能"陪读妈妈"能力建设能够提升"陪读妈妈"的生活幸福感，帮助构建更为良性的陪读关系。

关键词：农村；陪读妈妈；社会支持机制；儿童福利

一、引言

近年来在城市中，为了让小孩读重点小学，不少父母竭力把户口迁至重点小学附近，这种为读书而在各地区进行"移民"的现象已经屡见不鲜。而在农村中，一种类似的迁移行为也逐渐走入人们视野，众多家长纷纷随着孩子从原住地搬迁出来，在孩子就读的学校附近租房安家，悉心照料孩子的学

习和生活,此种现象在近年来已经蔚然成风。受教育资源不匹配、子代年龄尚幼、对子代期望值较高等诸多因素的影响,湖南省邵阳市绥宁县寨市苗族侗族乡"陪读"现象同样显著。妈妈是这一地区陪读群体的重要力量,为更全面探究此现象成因,帮助提升"陪读妈妈"的陪读幸福感,本研究围绕此问题展开深入探究。

二、相关研究

对于"陪读妈妈"这一现象以及社会支持体系,众多学者都对此做过多方面深入的探索,发表了许多有价值的见解,主要包括以下几个方面。

(一)陪读的相关研究

对于陪读的研究主要从以下两个方面进行。

1. 陪读妈妈的心理与实践困境

陪读妈妈的心理与实践困境是受多种因素综合作用的结果。一方面伴随着孩子的照料与求学问题,加附在她们身上诸多的角色期待和职责使其在陪读过程中承受巨大的陪读压力。同时,受客观条件的限制,陪读妈妈进入陌生的城市空间,在人际纽带及主观身份认同上的传统脱离,导致情感支持与陪伴缺失,容易形成内心的失调。另一方面,陪读妈妈表现出高度投入的母职,具体表现为劳动力的投入、时间的投入、精神投入、情感投入。但是这一投入与回报并不完全成正比,虽然陪读是希望子代获得优质教育资源而做出的选择,但事实上,农村地区被陪读小学生的学习状况不容乐观。首先,受到家长知识结构、观念及生活习惯等多方面的影响,子女较难适应城镇生活。其次,农村地区的小学生进入城镇读书只能进入寄宿制学校,这无形之中影响了子女的学习和生活。

2. 陪读家庭的亲子关系与家庭形态

让孩子接受更好的教育是"陪读妈妈"选择陪读的重要动因,但是由于观念差异、环境改变、沟通障碍等因素,陪读家庭亲子冲突问题比较严重,主要表现为言语冲突和肢体冲突等。同时,在教育城镇化的背景下,家庭教育动力强化、学校教育公共性弱化、家庭教育去社区化和互联网时代社会环境的复杂化共同塑造了"一家三制"的家庭模式,即年轻妇女进城陪读、青壮年男性异地务工、中老年夫妇村庄务农的策略安排。并且，家庭结构在陪读过程中也逐渐呈现出核心家庭再组合为主干家庭的趋势。

（二）社会支持体系的相关研究

对"社会支持"的研究最早源自 19 世纪末法国社会学家迪尔凯姆（Durkheim）对社会关系网络与自杀的关系的探讨。本质上，社会支持通过向个体提供工具性支持和情感性支持，达到补充工作（或家庭）领域资源、舒缓个体的心理应激反应、增强其社会适应能力的效果。按照支持的来源可将社会支持分成不同的类型。社会支持的结构维度即社会支持的来源，可以分为正式结构和非正式结构。正式的社会结构一般是政府机构或社会组织，它具有特定的功能、正式的规则和程序，对人们获取帮助和服务的资格有明确的评价标准。非正式的社会支持结构则具有高度的多样性和灵活性，能够及时、有效地为个体提供所需要的支持。

（三）现有研究评价

以往有关陪读妈妈的研究为我们认识陪读妈妈的家庭劳动、关注这一特殊群体的社会处境、促进家庭教育的进步、探索城乡教育资源差异、推动教育公平积累了宝贵的文献资料和研究经验，但就当前的研究状况看，还存在以下不足。

1. 对少数民族地区陪读妈妈形成机制的研究较少

回顾以往文献，虽有对少数民族地区陪读妈妈的研究，但大都关于陪读困境与家庭形态，缺少对其形成机制的研究。本研究认为，少数民族地区特殊的历史文化与地理环境会形塑当地的教育与经济发展，从而造成这一地区"陪读妈妈"的独特性与特殊性。

2. 缺乏宏观视角下对陪读妈妈社会支持系统的研究

前人对陪读妈妈的心理和实践困境研究深入并提出了微观的解决之道，但是本研究认为若要解决陪读妈妈的困境，需要将目光放到宏观的社会层面，探索家庭、人际关系网络、社会资源等对陪读妈妈所提供的支持。

三、研究设计与过程

研究借鉴国内外现有的研究成果，并结合绥宁县的县情，重点探讨当地农村"陪读妈妈"的形成机制与社会支持机制。首先,阐明"陪读"这一现象在城市与农村中已屡见不鲜的现实的背景与帮助"陪读妈妈"走出困境的意义,并在社会支持理论之上提出问题。其次,对"陪读妈妈"和社会支持机制的相关文献进行梳理,发现目前相关研究的亮点与不足,确立相关概念和所运用的理论基础。然后按照结构访谈法的调查流程与调查原则,设计合理有效的访谈问题,经过分组派出进行实地访谈和访谈资料的回收整理。根据整理出的访谈内容进行情境分析,结合当地经济、政治、文化等实际状况,探究该地区"陪读妈妈"的形成机制与社会支持机制。最后,从家庭、人际关系网络、社会资源等层面为增加对"陪读妈妈"的社会支持提出合理化建议。

四、"陪读妈妈"产生机制与社会支持状况分析

黄桑村由湖南省邵阳市绥宁县寨市镇管辖。该村旅游资源丰富,附近分布有中国工农红军第七军指挥所旧址、黄桑自然保护区、湖南绥宁花园阁国家湿地公园、黄桑林海石峰、绥宁神龙洞等旅游景点,以绥宁绞股蓝、绥宁青钱柳茶、薏米、绥宁花猪、绥宁玉兰片等为特色。但是由于政策支持不足、交通不便等多种因素,当地旅游业发展较为落后,仍存在大量外出务工人口。该地为少数民族聚居地,常住人口700多人,少数民族占半数以上。黄桑原为乡一级行政单位,后因常住人口过少、地区发展需要等原因改为村一级行政单位,并入寨市苗族侗族乡。该村拥有一所幼儿园和一所小学,小学共有学生70多人。由于黄桑村大部分儿童都前往绥宁县城——长铺接受教育,该村"陪读妈妈"现象普遍。

(一)"陪读妈妈"产生机制

认识到读书的重要性为"陪读妈妈"产生的心理动因。陪读妈妈选择陪读行为还基于教育城镇化和受国家生育政策影响的现实考量,有赖于户籍政策的松动为进城陪读提供的政策支持和丈夫外出务工收入为家庭提供的物质支持,同时受制于来回交通不便和往返产生的费用支出。以下为具体阐述。

1. 教育城镇化

我国旨在优化农村教育资源配置的撤点并校政策,现实中使得教育有了

城镇化的趋势，优秀师资的流失带来了农民对农村教育教学质量的信任问题。部分受访者反映："对于黄桑本地的教育很难说，不知道是孩子还是老师的问题，因为在孩子上没看到太多成效。而且老师年龄都比较大，可能教育方式需要更新。""这里都是上一个星期就一个星期，该几点放学就几点放学，不会说拖延啊什么的。那要教育的话肯定要说实在的，肯定是没有外面城市的好嘛，农村的话，肯定管没有那么严。"长铺镇作为绥宁县的县城，在政策作用下拥有更多优质教育资源，家长为了获得更优质的教育资源，大都希望让孩子去长铺读书。这又造成了黄桑村小学优秀生源的流失，多是成绩没那么好的同学留在黄桑村小学，导致原来未有此打算的部分家长为了自己的孩子拥有更积极的学习氛围选择将孩子转学到县城小学。

2. 国家生育政策的变化

我国一直坚持计划生育的基本国策，受生育政策影响，很多家庭只有一个子女，因此在核心家庭中父母会将更多的注意力放到孩子身上，对孩子的教育注入更多的心血。为了保障孩子的健康成长，很多妈妈辞去工作，成为陪读妈妈。

2021 年 8 月，《中华人民共和国人口与计划生育法》第二次修正，"一对夫妻可以生育三个子女"。选择生育三孩的家庭有了更重的抚养负担，许多母亲不得不辞去工作全职带娃，这促成了陪读群体的扩大。"我们陪读的时候在长铺子租房，就在三小（小学简称）旁边。我这三个孩子，有一个上小学，一个上幼儿园，一个还没有上学，那两个上学的出去了，我就在那边带老三。"在陪读期间也能带年龄最小的孩子，这位三孩陪读妈妈认为这是一件一举两得的事情，所以照顾小孩的需求促成了陪读妈妈的产生。

3. 户籍制度松动使孩子满足进城读书条件

新中国成立之初，在城乡二元社会体制之下，国家颁布了严格的户籍制度。改革开放以后，户籍制度有所松动，黄桑村青壮年得以外出进城打工。在绥宁县，满足有父母在城或在外务工的条件，孩子即可进入县城小学读书。黄桑村大部分在外务工子女都满足这一条件，这为黄桑村的学生提供了更多的教育选择。

4. 农村父母认识到孩子读书的重要性

当地陪读妈妈受教育水平普遍较低，多是小学或初中毕业便辍学外出打工。一位陪读母亲在访谈中表示:"我也是在外面打工,在广州和深圳都打过工。我和他爸爸是在工厂里打工认识的。"她切身体会到缺乏特定的知识技能对职业发展与工资水平的局限,说:"有个好成绩才有好出路。主要是现在社会,没有文凭不行。像我们在家带孩子带了十来年的,没有学历出去找工作很困难。"因此寄希望于抓好下一代子女的教育,不让孩子重蹈覆辙。"因为我们很早就出去打工,我们都是希望孩子多读一些书,不要走我们的老路。"因而宁愿放弃自己的那份打工收入也要回乡陪读。

5. 丈夫在外收入可满足陪读所需消费

打工经济下,陪读妈妈的丈夫在外获得了可以支持全家生活及陪读费用的经济收入。访谈对象的丈夫在外打工获得的收入都在每月 5000～15000 元的范围。绥宁县人民政府于 2023 年 6 月 5 日发布的《绥宁县 2022 年国民经济和社会发展统计公报》中写道:"2022 年全体居民人均可支配收入 19394 元。"折算成每月的人均收入为每月 1616 元。以三口之家计算,每月每家平均可支配收入为 4848 元。由此看出,访谈对象的丈夫一人挣全家花销的同时,所挣收入依然可以使全家的人均收入处于全县的中等水平。正是因为丈夫个人的收入足以使全家过上较好的生活,所以陪读妈妈愿意放弃自身工作全职陪读。

6. 农村县城往返读书交通不便、费用较高

从黄桑村到县城长铺镇读书需要搭乘班车,而班车仅通行到中午 12 点,下午无法搭乘班车回黄桑村,交通非常不便。搭乘班车一次需要花费 10 元,学生若在村镇间走读,一个月需要花费 600 元,此费用已经能够在县城租房。于是陪读妈妈们选择"干脆去长铺子租房子陪读"。

(二)"陪读妈妈"社会支持状况分析

从本研究的研究视角出发,笔者将从工具性支持、情感支持、信息支持三个方面展开对黄桑村"陪读妈妈"社会支持机制的分析。

1. 工具性支持

家庭经济收入支持。打工经济盛行,丈夫外出务工收入可以基本满足家庭日常开支。由于当地房租价格较低,生活成本不高,陪读妈妈家庭经济压力较小。访谈对象提到的房租价格基本在每年 1000～10000 元的范围,大致可折算成每月 83～830 元。通常,房租收入比低于 25% 是合理的,25%～

30% 处于可承受范围，超过 30% 则说明租房负担过大。而即使是最贵的房租与最低的收入（丈夫所挣收入的 2/3）进行房租收入比的计算，也只占到 24.9% 的水平。低房租引申出有较多的可自由支配的金钱，可以支持给孩子报补习班、培养自己的个人爱好、进行深造等支出。访谈对象陆妈妈表示："我现在在自考成人本科，以后说不定还会成为你们的校友呢。""之前给她报过书法，学 Python，想锻炼一下她的逻辑。还有学校组织的一些课外活动，我也会让她们参加。"访谈对象陈妈妈也表示："平时孩子去上课，我自己会在家织毛线，织出的小东西我会拿去集市上卖。"

代际照顾长期支持。陪读妈妈所获得的工具性支持除了来自丈夫外，很大一部分陪读妈妈在陪读过程中得到了孩子的爷爷奶奶或是外公外婆至少一方的长期帮助，而长辈的帮忙照料给陪读妈妈们很大的支持，减轻了陪读妈妈照料的负担。

人际关系网络支持。大部分母亲在陪读过程中或多或少地得到了亲戚朋友的短期帮忙，在突发状况或是忙不过来时请求亲友照看孩子。通过访谈对比可知，邻近亲友关系网络紧密的陪读妈妈能够获得更多的社会支持，享有更多的自由支配时间，个人也因此有更好的生存发展状况。访谈对象陆妈妈表示："其他陪读妈妈可能就没我情况那么好，我家附近都是我的亲戚朋友，我可以随时把孩子丢给他们，出去放松心情。"

2. 情感支持

时代发展生发个人陪读内驱动力。随着社会知识经济的发展，陪读妈妈们认识到国家对科技文化的重视，社会发展对拥有高知识文化水平人才的需要，以及受教育水平对个人美好生活的重要影响，而这些认识让母亲们拥有对陪读结果的期待，从而有了陪读的信念与力量。

陪读结果正向反馈提高个人情绪价值。在访谈过程中，多数母亲认可自己陪读的结果，认为其陪读对孩子产生了积极正向的影响，如保障了孩子的安全健康、促进其学习教育、培养其良好生活习惯和增进亲子关系……而正是这些结果给了陪读妈妈们陪读劳动一个积极正向的反馈，促使陪读活动的持续进行。

正式情感支持缺位，非正式情感支持发挥主导作用。外部环境对陪读妈妈工作的认可给了陪读妈妈情感上的支持。在本次调查过程中，受访者普遍表示亲戚邻里以及家人朋友对孩子的以及自己的认可与夸赞都给了她们极大的鼓舞。访谈对象陆妈妈表示："孩子他爸、爷爷、奶奶都蛮认可我的,然后亲戚朋友他们都说,哎呀,你养一个好女儿。"

3. 信息支持

线上信息支持。随着手机网络的普及,在几乎人手一部手机的时代,陪读妈妈在育儿教育方面求助于网络,十分迅捷便利。而且通过手机网络,陪读妈妈能够及时求助老师,了解相关教育教学信息。

线下信息支持。在访谈中可知,陪读妈妈了解升学教育信息的来源不仅是老师、学校,还有具备相关育儿经历的亲友邻居。这些人都帮助陪读妈妈打破一定的信息差,更好地陪伴孩子。访谈对象陈妈妈表示:"我一般在孩子学习方面有什么不懂的,我就会在手机上查或者问她老师嘛,然后帮她报了一些网课,用一些什么手机上的学习 APP 帮她学习什么的。育儿嘛,有时候会去专门搜网上的视频像抖音快手啊,上面都有的。然后关于升学信息方面,我们都是问老师学校,然后还关注了专门的公众号。"

五、陪读妈妈社会支持与服务的优化建议

(一)提升陪读妈妈家庭支持作用

陪读妈妈一般不愿意向娘家人倾诉自己陪读的不易,并且认为对婆家人倾诉会导致家庭矛盾,于是更多地选择向丈夫诉说或是干脆不说。然而教育孩子并非母亲一人的职责,陪读也不是妈妈单独作出的选择,整个家庭都应该认识到陪读的不易,为"陪读妈妈"提供支持,参与到教育孩子的过程中来。政府和社会应该加大宣传,让更多人尤其是家庭成员认识到自己支持陪读妈妈的重要性。

(二)构建陪读妈妈正式支持体系

应该杜绝形式主义,加大宣传力度。正式支持方面不应该停留在形式上,应该切实服务群众。妇联、村委会、居委会、社工站都应该加大宣传,让陪读妈妈了解到有问题可以求助他们;重视陪读妈妈的心理状况,进行针对性服务。

（三）赋能陪读妈妈能力建设

因为信息不够流通，"陪读妈妈"不太了解教育孩子的方式途径，不懂得奖助学金的申报，对升学体系、成绩要求、目标学校了解较少，较少利用学校中的兴趣班和当地免费的博物馆等，较少求助于妇联、村委会、居委会、社工站。陪读妈妈在闲暇时间应该通过更多方式寻求社会支持，无论是在与朋友的交谈中寻求有利信息，还是加强与老师的沟通交流，真正了解孩子在学校中的状况；与妇联、村委会、居委会、社工站密切联系，了解升学政策，寻求社会帮助；多与孩子进行平等的交流，从孩子身上了解到自己陪读应该怎样做，让孩子懂得自己陪读的价值，从被陪伴主体——孩子身上获得爱与支持。

参考文献

［1］王瑞. 农村陪读妈妈压力缓解的个案工作研究——以天水市 M 镇 C 某为例［D］. 兰州：西北师范大学，2022.

［2］闫明东. 影像发声法应用于农村陪读妈妈自我效能感提升的研究——以甘肃省天水市 M 镇 H 地为例［D］. 北京：中国青年政治学院，2021.

［3］王旭清. 农村进城陪读母亲的母职实践［J］. 青年研究，2022（6）：68－79＋92－93.

［4］谈军艳. 农村小学陪读学生的学习现状分析与教育对策研究［J］. 考试周刊，2021（56）：11－12.

［5］段晓雪. 高中生进城陪读家庭亲子冲突化解的个案工作研究——以 S 县 Y 高中 M 家庭为例［D］. 长春：中共吉林省委党校（吉林省行政学院），2022.

［6］李永萍. "一家三制"：教育城镇化背景下的亲代陪读与农民家庭形态调适［J］. 经济社会体制比较，2022（6）：75－84.

［7］张新培. 云南小凉山老人陪读与彝族主干家庭再组合研究［D］. 昆明：云南师范大学，2022.

［8］张一晗. 教育变迁与农民"一家三制"家计模式研究［J］. 中国青年研究，2022（3）：61－69.

［9］李芬. 二孩政策背景下工作母亲的职业历程研究［D］. 南京：南京大学，2016.

［10］李在军，尹上岗，张晓奇，等. 中国城市流动人口房租收入比时空格局及驱动因素［J］. 地理科学，2020（1）：103－111.

微雨众乡新，一雷岳阳始

——基于岳阳市乡村基础设施建设
与公共服务布局现状调查分析报告

课题组成员：黄　磊，金亦榕，黄斐岳

指导老师：肖　笛，杨　果

摘　要： 党的二十大报告提出"坚持城乡融合发展""统筹乡村基础设施和公共服务布局，建设宜居宜业和美乡村"，明确将统筹基础设施和公共服务布局作为全面推进乡村振兴与城乡融合发展的重要任务。为确保城乡居民最大限度共享高质量发展成果，统筹城乡基础设施和公共服务布局是两个重要着力点。为深入了解乡村基础设施体系和公共服务布局存在的问题并提出相应解决策略，调研团以岳阳地区为例，开展了"线上＋线下"调研活动，整理出各因素对乡村基础设施体系和公共服务布局的影响，并对此加以陈述和分析，提出充分发挥群众自身的基石作用、政府的主导作用和企业的协力作用的建设性策略。

关键词： 党的二十大；政府；乡村基础设施；公共服务布局

一、前言

（一）研究背景及意义

1. 研究背景

随着经济和社会的不断发展，城乡之间基础设施与公共服务的差异日益明显。乡村地区落后的基础设施和公共服务难以普遍满足乡村地区人民需要，造成乡村地区的孤岛化以及与外界联系的困难。

在党的二十大上，习近平总书记指出，全面建设社会主义现代化国家，最艰巨最繁重的任务仍在农村。乡村的基础设施建设和公共服务开展作为乡村振兴战略的重要组成部分和最难跨越的两座大山，其重要性不言而喻。乡村基础设施体系多层次的建构和公共服务的多维度布局对提高乡村地区人民获得感、归属感、幸福感，擦亮共同富裕金名牌，打通城乡间隔心墙具有深远意义。

2. 研究意义

近年来，脱贫攻坚与乡村振兴工作的逐步开展明显改善了我国乡村基础设施建设和公共服务布局。但在往村覆盖、往户延伸等方面还存在明显薄弱环节和较大发展空间。党的二十大指出，要重视乡村基础设施体系和公共服务布局，使乡村基本具备现代生活条件。在此基础上，本团队以政策方针、民生热点为导向，通过实地调研、问卷调查等方式，以岳阳市为视域进行研究。

在理论层面，目前关于乡村基础设施体系和公共服务布局的研究仍不完善，大部分研究多将视域置于北京、广州等地区，缺乏对内陆地区的深入调查和研究，代表性不足。而本团队的研究可以较为客观真实地呈现出当代中国乡村情况，有利于进一步创新理论研究，为国内其他地区乡村建设发展提供一定的借鉴，为我国乡村形态良性演化提供帮助。

在实践层面，统筹城乡基础设施和公共服务布局有助于保障城乡发展机会公平，更好地发挥城乡比较优势。一是有助于保证城乡居民能公平享有教育、医疗等基本公共服务，提升乡村对人才的吸引力。二是有助于改善城乡基础设施条件，提高城乡基础设施互联互通水平，降低要素流动成本。三是改善乡村发展环境质量，拓展乡村潜在发展空间，为实现城乡一体化蓝图增添色彩。

（二）研究思路

本研究先通过线上爬取网络评论和相关政策，初步感知社会各界对乡村基础设施及公共服务布局的关注情况，后进一步查找相关资料，制作相关问卷并且实地访谈。最后，结合调查问卷数据的 SPSS 分析和访谈结果，研究基础设施建设及公共服务布局的影响因素，进一步提出解决乡村基础设施不健全和公共服务布局不合理问题的对策建议。

二、调查方法

本调研旨在研究乡村基础建设和公共服务布局问题及原因分析，采用"线上＋线下"的模式进行调研。在确定样本后，采取线上文献查阅和数据抓取分析、线下调查采访的方法进行。

（一）线上数据抓取和分析

我们利用网络工具对相关政府的新闻门户网站和知乎等平台进行乡村基础设施或公共服务布局缺陷事件评论数据和相关政策的抓取，并利用文本分析法、对比分析法、数据分析法等相关方法对收集到的数据进行统计分析。

为更全面地了解岳阳市乡村的整体情况，我们阅读了政府颁布的相关文件，对健全乡村基础设施建设和合理化公共服务布局的政策及实施情况有了详尽了解；查阅了有关乡村振兴的相关文献，为探索新思路积累知识储备。

（二）线下实地调研

1. 问卷调查

此次调研问卷共20个题目，涉及个人基本信息的有3个，涉及乡村基础设施问题的有6个，对于公共服务了解情况的有3个，关于遇到的困难及求助情况的有3个，对于国家相关政策了解情况的有1个，关于政府工作情况的有4个。结合实际，我们采取家户走访的形式，根据一户一卷的原则，得到300份有效问卷。问卷结果由团队成员进行整理收集，并将结果制成可视化表格，以便直观分析。

2. 深度访谈

我们提前了解当地的相关政策，在设计访谈提纲时追求普遍性与特殊性的结合，对相关干部和群众，以及公共事务人员进行了线下专访。

三、有关"乡村基础设施与公共服务布局"的网络舆情分析

（一）网络舆情分析预调查

针对互联网出现的各种舆论，我们使用百度指数进行预调查。百度指数

可以分析关键词的趋势，监测网民的观点变化，定位搜索者特征。

在百度指数中，我们以"乡村基础设施"为关键字进行查询分析，在对无关内容进行筛选和排除后，得到以下结论。

1. "基础设施与公共服务"搜索指数

我们选取 2011 年 9 月 26 日到 2023 年 7 月 10 日的数据，分析得出，随着年份的推移，"基础设施与公共服务"的搜索指数总体呈上升趋势，且 2022 年增幅明显，说明基础设施建设愈发得到重视。

2. "基础设施"相关词的搜索指数及词频分析

通过分析搜索词的相关指数和来源相关词，我们得出以下结论：首先，网民对基础设施建设的定义缺乏了解；其次，大多数网民对乡村基础设施十分关注；最后，部分网民会搜索与统筹兼顾相关的问题。

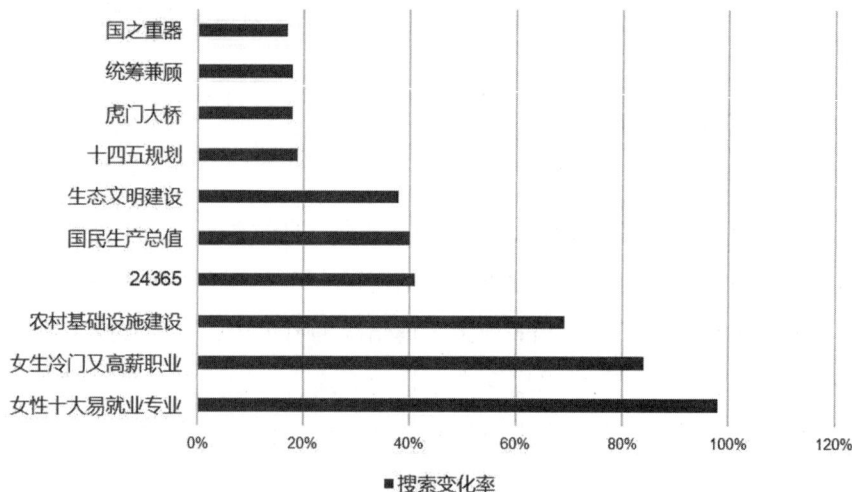

图 1　来源相关词

3. 全国搜索分布指数

关于"基础设施建设"，广东、浙江、北京、山东及四川五地的搜索指数排名前五。这表明上述地区网民对基础设施较为关注。除此之外，我们通过分析得知，排名前十的省（自治区、直辖市）均是人口较为稠密、经济较为发达的地区。以上特点说明经济水平一定程度上影响人们对基础设施建设的关注。

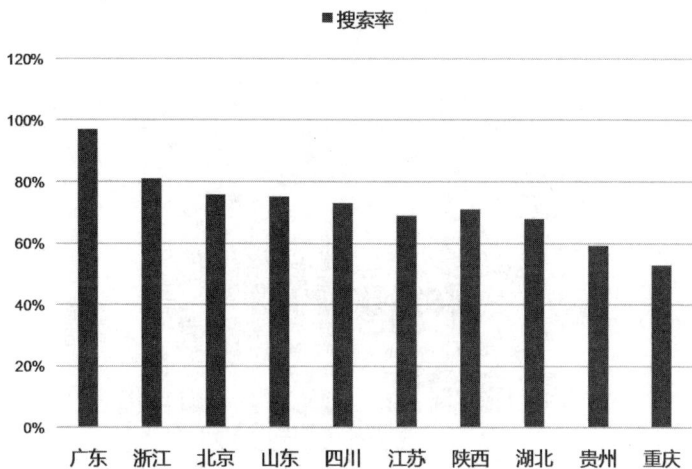

图 2　全国搜索分布指数

4. 年龄段分布

从图 3 我们可以看出，20～29 岁人群占比近 50%。而作为中国现阶段网络使用的主力军。29 岁以下网民在与"基础设施建设"有关话题搜索中占比达 60% 以上。这一现象表示年轻一代对基础设施建设较为关注。

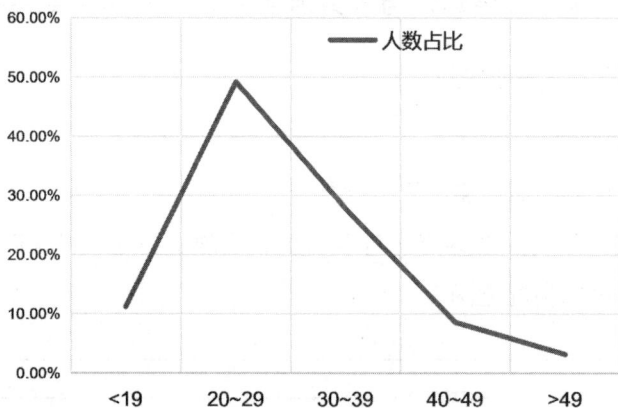

图 3　搜索人年龄段分布

（二）网络数据处理分析

为进一步了解所面临的问题及网民对基础设施的看法，我们进一步选取了国内网络平台的相关内容进行分析。如图 4 所示，多数网民认为，政府政策实施及规划是影响乡村基础设施的重要因素。

图 4　词云图

四、农村基础设施建设与公共服务布局问题调查结果描述

（一）调查对象基本情况

1. 年龄分布情况

本次调查的 300 名对象的年龄分布层次差异略大，以 20 ~ 30 岁和 51 ~ 60 岁的人群为主，分别占比 34.7% 与 26.7%，反映了当地农村人口结构的孤岛化现象，具体分布情况见图 5。

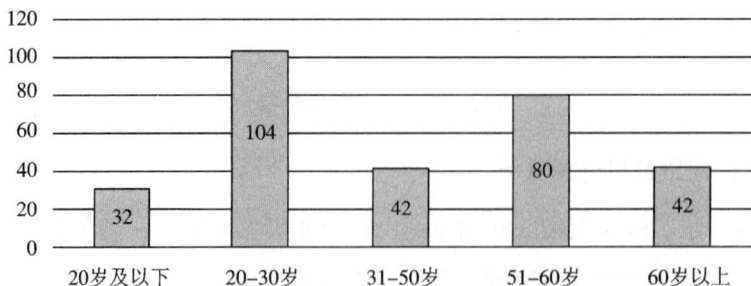

图 5　调查对象年龄分布图

2. 受教育情况分布

从调查对象的文化程度来看，未接受过教育的有 90 人，占比 30.0%；小学学历 64 人，占比 21.3%；初中学历 46 人，占比 15.3%；高中学历 58 人，占比 19.4%；大专或大学及以上 42 人，占比 14.0%，整体文化水平较低。

3. 就业分布情况

从调查对象的就业情况来看，农民占主体，共 94 人，占比 31.3%；个体经营户 64 人，占比 21.3%；外出务工者 42 人，占比 14.0%；从事公共事业人员 46 人，占比 15.4%；灵活就业人员 26 人，占比 8.7%；其他职业人员 28 人，占比 9.3%。

4. 出行方式情况

从调查对象的出行方式情况来看，各类出行方式分布层级较均匀。选择"步行为主"的占 16.0%，选择"公共交通工具为主"的占 17.0%，选择"轿车或网约车"为主的占 16.0%，选择"单车、电瓶车和三轮车为主"的占 28.0%，选择"其他"的占 23.0%。

（二）基础设施建设和公共服务布局现状

随着乡村振兴战略的提出，乡村落后的面貌得到一定改善。但通过实际走访考察和问卷调查，我们发现仍存在一些问题，具体情况如下：

首先，道路交通状况有待提高。调查中，乡村居民对道路状况整体满意度较低，选择"非常满意"与"较为满意"的分别占比 8.0% 与 7.0%，选择"一般"的占比 29.0%，而选择"较不满意"与"非常不满意"的分别占比高达 31.0% 与 25.0%。结合出行方式的调查结果来看，我们认为当地公共交通设施存在较大问题。落后的公路交通难以适配公共交通工具的普及和私家车、网约车的出行，因而电瓶车一类的小型交通工具成为出行主要方式。

其次，基础设施与公共服务不够全面。虽然当地公共教育等基本设施与服务均有所提供，但文化活动中心等更高层次基础设施与公共服务数目较少。

最后，基础设施规划存在不合理。在问卷调查中，就"基础设施是否存在冗杂现象"一问，选择"存在，且现象较为严重"的占比达 19.0%，选择"存在，但现象较轻"的占比 53.0%，选择"不存在"的占比只有 19.0%，其余 9.0% 的被调查者对这一问题表示不了解。

五、解决"乡村基础设施不健全和公共服务布局欠合理"问题的对策与建议

解决乡村基础设施不健全和公共服务布局欠合理问题应从政府相关部门、企业、当地居民三个层面入手，在途径选择上应注重地域性、有效性、综合性。提升个人意识、构建支持系统、完善功能设计应成为优化乡村基础设施建设，使公共服务布局合理化的重点选择。

（一）政府要发挥擘画蓝图的主导作用

1. 用好"望远镜"，长远统筹规划土地空间

对于数目有限且珍贵的土地资源，政府应持长远眼光，坚持发展利益最大化原则，把握好"分界点"，因地制宜对土地空间及职能进行划分与建设。严格保障耕地数量及人民住房数目，在此基础上开展服务。此外，政府在进行乡村基础设施建设和公共服务供给的工作时，要坚持动态性原则和多样性原则。一方面，基础设施和公共服务要因时而变、因地制宜；另一方面，应提升公共服务的服务半径与服务深度。

2. 善用"显微镜"，加强基础设施监管维护

长期以来，我国部分乡村地区存在着重建设轻管理、管理维护制度不健全等问题，乡村基础设施难以长久运行，形成反向恶性循环，造成资源大量浪费。政府应健全乡村基础设施监管与维护机制，充分发挥工程的巨大潜能与效益，为乡村振兴注入时代动能。

3. 打开"多棱镜"，多维度折射政策与工程

通过对调查结果的分析，我们发现许多受访者及企业对政府政策不清楚、不明白、不了解，政府工作的开展在一定程度上缺少群众理解与支持，以致受到阻碍。政府应发挥好引路人的职能，利用好现代传媒手段，向社会各界积极宣传政府工作，让广大群众谙悉政府政策。

4. 善做"选择题"，适当加大资金投入力度

受地理位置、自然环境等因素影响，不少乡村地区的政府资金数量有限，无法同时建设大规模的基础设施和公共服务站点。面对此等现状，政府应对工程建设进行优先级排序，再进行建设。此外，政府还应看到基础设施与公共服务内部的巨大效益，积极推进融资工作的进行与资金的引入。可参考已较为成熟的 BOT 模式或 PPP 模式，获得足够的资金资源，并借此加大资金投入以建设更多高质量基础设施，提供更多优质公共服务，增强群众的认同感、

获得感、幸福感。

5. 接听"收音机"，及时听取人民群众意见

乡村地区由于经济相对落后，许多年轻人外出务工，大量资源被闲置，造成严重浪费。此外，部分基础设施在使用过程中可能出现问题。为此，政府应建立健全反馈上报制度，及时并妥善处理相关问题，以保证基础设施正常运转，防止资源浪费。

（二）企业要发挥好帮促协力作用

1. 上好"助推器"，引入并融合时代新科技

如今人民生活水平不断提高，先前的基础设施逐渐难以满足社会经济发展要求及人民需要。企业应立足于市场主体地位，充分发挥创新能力，将创新成果转化为实际生产力，投入新型基础设施与公共服务中，加快数字化，适应新发展。

2. 勇挑"千斤担"，紧跟政府脚步合作共赢

基础设施建设及公共服务对企业生产和再生产有举足轻重的反哺作用。为此，企业应有长远目光，积极配合政府融资工作，为政府提供一定的资金帮助。企业可以通过与政府建立合作伙伴关系，为基础设施建设和公共服务提供必要投资和技术支持并加强建构自身信息库，最终实现企业和政府、乡村居民互利共赢的局面。

（三）人民要发挥成果修缮的基石作用

1. 摆好"反光镜"，合法表达合理需求建议

乡村居民应由被动的受益者角色转变为积极的参与者角色，在政府进行乡村基础设施建设和公共服务布局的规划过程中，通过政府座谈会、信息反馈制度等渠道，合法参与规划过程，表达合理诉求与建议，为政府规划的科学性和适用性提供保障。

2. 绘好"同心圆"，努力共建和谐美好乡村

乡村基础设施的完善和公共服务合理布局离不开乡村共同体意识的增强。一方面，增强乡村共同体意识有利于村民集思广益，实现资源共享、整合。另一方面，乡村共同体意识的增强有利于村民更好地监督基础设施和公共服务工作的开展，并持续改进乡村发展策略，实现可持续发展，形成独特的乡村精神。

让发展更有温度：基于长沙市白箬铺镇儿童参与的 EPS 干预策略研究

课题组成员：陈　茜，李俊奇，吴诗涵，卢婉怡，
邓姝涵
指导老师：陈云凡

摘　要：儿童的发展事关国家的未来。促进儿童发展，不仅需保障儿童的生存权、受保护权和发展权，更要重视儿童的参与权。团队基于白箬铺镇"我是小主人"夏令营活动，从 EPS 社会工作的视角出发，采用实验法、访谈法、观察法、问卷调查法，从参与意识、参与权利、参与渠道、参与能力四个方面对儿童的家庭参与、学校参与、社会参与三个维度进行调查，发现存在儿童主体意识不强、参与权利被忽视、参与机制不健全、参与能力不足等问题。基于此，团队采用 EPS 社工模式介入儿童参与，提出了社会多主体携手鼓励儿童参与、搭建儿童议事平台和构建双向联动机制的建议，试图为赋能儿童参与提供经验参考。

关键词：儿童权利；儿童参与；EPS 社工介入模式

一、引言

儿童是国家的未来、民族的希望。习近平指出，当代中国少年儿童既是实现第一个百年奋斗目标的经历者、见证者，更是实现第二个百年奋斗目标、建设社会主义现代化强国的生力军。最大程度地满足儿童发展需要，赋能儿童参与，对全面提升国民素质、建立人才强国具有重大战略意义。

"儿童友好型城市"于 1996 年联合国第二届人居环境会议上首次提出，它以实现《联合国儿童权利公约》中规定的儿童权利为目标，旨在更好地把儿童福祉融入社会发展和城市治理。此后，"儿童权利"一词逐渐受到世界

各国人民的重视。新时代背景下，国务院印发了《中国儿童发展纲要 2021—2030 年》，提出"保障儿童权利的法律法规政策体系更加健全，促进儿童发展的工作机制更加完善，儿童优先的社会风尚普遍形成"的目标，为世界儿童权利保护以及赋权理论的发展提供了中国经验。然而，成人要促进儿童权利的实现，不仅要保障儿童最基础的生存权、受保护权和发展权，更要重视儿童的参与权。

为贯彻《长沙市望城区白箬铺镇创建儿童友好先行先试镇工作方案（白政发〔2020〕17 号文件)》精神，白箬中心小学将儿童友好理念融入学校整体发展规划，推动实现"儿童平等、儿童优先、儿童参与"的建设目标。作为白箬铺镇儿童参与友好型校园建设的实践点，白箬中心小学正围绕儿童参与理念，优化设施、创新管理模式、加强校园文化建设，试图探索出一条可持续发展的儿童友好之路。

EPS 社会工作介入模式于 2016 年由香港城市大学的甘炳光首创。内地关于 EPS 社会工作介入模式的实务研究较为欠缺，且集中于该模式对目标群体的应用成效研究。其中，鲜有作用对象为儿童的实务研究，尤其是经济欠发达地区的农村儿童。

国内对于儿童参与的研究聚焦于社会参与领域，探讨儿童社会参与的现状与对策，但对家庭参与和学校参与方面的关注度不够。另有部分文献着眼于别国儿童参与的经验做法，期望获得借鉴。国外学界对于儿童参与进行了广泛而深入的探索，研究成果颇丰，且较为成熟，研究内容大致可分为四类：儿童参与概念探讨、儿童参与影响因素研究、儿童参与作用研究、儿童参与路径探讨。

基于上述研究背景，本文选取长沙市望城区白箬中心小学为实验点，以 10~12 岁儿童为研究对象，在 EPS 社会工作介入模式的指导下，通过"我是小主人"夏令营活动对儿童在家庭、学校、社会三方面的参与能力建设进行探索性研究，旨在探讨以下三个问题：一是儿童参与现状如何；二是 EPS 社会工作介入模式如何实现儿童家庭、学校、社会等方面的参与能力的提升；三是通过 EPS 模式介入儿童参与，能力提升的效果如何。

二、研究设计

（一）研究对象

本研究从儿童友好出发，依托夏令营平台，以"儿童友好乡镇"试验点

——白箬中心小学的部分 10～12 岁学生为研究对象。

（二）研究方法

1. 实验法

本研究结合儿童参与阶梯理论，对不同参与层次的研究对象进行干预研究。在实施刺激前后分别对同一组研究对象进行问卷调查和访谈，通过数据对比，对儿童参与意识与能力进行过程和结果评估。

2. 质性访谈

访谈以半结构化为主，研究者利用面谈、微信、电话的方式，从参与意识、参与权利、参与渠道和参与能力多方面，对儿童参与涉及的不同主体展开访谈。共进行了 16 个半结构化访谈和 7 个无结构化访谈，进而了解儿童参与现状及干预刺激后的参与情况。

3. 参与观察法

本研究采用实地观察法。研究者参与式观察孩子们的课堂参与表现，并且选取部分研究对象，进行深入的访谈、行为观察，为分析儿童参与情况前后对比提供真实、详细的资料。

（三）实验环境

2020 年，白箬铺镇建设儿童友好先行先试镇，谋划特色亲子游、儿童乐园等项目，大力发展"儿童友好型"乡村文旅。白箬铺镇"儿童友好"社会设施建设发展迅速，而对儿童权利主体的参与的关注较欠缺。

本研究基于 H 大学 Z 暑期实践团"我是小主人"夏令营，针对当地儿童参与的现存问题，探讨在 EPS 社会工作介入模式指导下，提升儿童家庭参与、学校参与和社会参与能力的可能性。

三、干预策略及结果分析

（一）儿童参与的现状分析

由研究对象及其家长的问卷调查和半结构化访谈可知，现阶段儿童参与存在的问题表现为四个方面。

1. 儿童参与意识较薄弱，表达信心不充足

处于学龄期的儿童，身心未发育完全，自我意识和自我表达的基础尚不稳固。儿童的逻辑思维和知识在不断发展，但决策议事的能力尚且不足。同

时，由于缺乏家庭、学校和社区等相关部门的针对性培养，儿童参与意识和能动性薄弱，尤其是社会参与方面，大多数儿童未发觉自己的参与权利，对自身建言献策的能力认知不足，缺乏表达的勇气。

2. 儿童参与权利被忽视，参与主体常缺位

作为参与主体的儿童，在事关自身的决策上应拥有话语权。然而《儿童蓝皮书：中国儿童发展报告（2022）》指出：在家庭、学校、社区三个场域中，儿童并未被作为一个有独特需求、独特眼光的行动主体来看待。经访谈与实地观察发现：有关儿童娱乐设施建设的决策，大多由社区直接决定，并没有询问儿童意见或未与儿童达成共识。不尊重儿童参与权利的现象在基层社会较普遍，儿童的独立思考与行动能力被忽略，参与决策、提议的权利被剥夺，导致应为参与主体的儿童在社会场域常常缺席。

3. 儿童参与机制未健全，参与渠道不明晰

白箬铺镇致力于打造"儿童友好"公共空间，基础设施逐步完善，但儿童参与机制尚不健全。由访谈得知，受住宅区分布、宣传力度、社区关注度等因素限制，儿童社会参与的渠道不明确、意见反馈不及时、消息传递不到位。根据调查，儿童意见表达的途径集中于向父母（54.20%）、老师和学校反映（43.60%），采用向村委会提意见（11.20%）、开展儿童议事堂（5.70%）、拨打村民热线电话（8.80%）等方式的只占少数。

4. 儿童锻炼机会受限制，参与能力待提高

因教育资源地区分配不均，农村学校培养的大部分学生社会参与能力未能得到有效锻炼。与儿童访谈得知：周末主要用于补习、兴趣培养，自由支配时间很少，参与社区活动更是奢望。学校学习对于儿童参与的影响已渗透至校外生活，并在时间和空间上不断施压，严重剥夺儿童参与其他议题的机会，导致儿童议事商讨、建言献策的能力缺乏有效锻炼与提升。

（二）EPS 社工模式促进儿童参与的干预策略

1. 机制建立：分组讨论规则，夯实自主参与基础

建立有效的议事规则，是儿童意见合理表达、儿童议事高效运转的重要前提。研究者引导儿童分别从主持、发言、表决三方面进行讨论，共商共建议事规则，为后续开展系列实践提供制度规范。

2. 强项视角：挖掘儿童潜能，强化儿童参与意识

成人占主导的世界，儿童的意愿往往受压制，漠视儿童参与权和强项的

行为不仅会挫伤其积极性和创造性，而且容易使其产生自我认知非理性偏差，不利于发展自我潜能。

因此，从EPS社工模式的强项视角出发，强调不仅关注儿童的问题和弱项，更需要寻找和发掘其优势和强项。在实验中，"自我认识课"帮助儿童自我定位，发现自己和他人的优点，树立自我强项意识；建立"童声童议"倾听平台，鼓励儿童表达心声，充分尊重儿童的想法，关注儿童的优势和能力。

强项视角传递了一种信念，即个人所具备的能力及其内部资源能够有效地应对生活中的挑战。在强项视角的指导下促进儿童充分参与夏令营，让儿童的声音被听见、行动被看见、决策被落地，进而促进儿童达致个性发展与人格完善。

3. 参与过程：引导主动参与，提升儿童参与能力

家庭参与方面，"我来主持家庭会议"活动鼓励儿童积极参与家庭事务决策，并布置了主动向父母发起一场家庭会议的任务，旨在推动儿童主动建立家庭参与的表达平台，从中获得参与感，进而培养儿童家庭参与的意识和共同商讨家庭事务的能力。

学校参与方面，"模拟政协——校园建设之我见"活动让孩子们依次谈论对学校建设当前存在的不足，以及日后改进的看法，并一起完成模拟提案的制作。各小组代表进行模拟提案展示，并对听众自由提问予以解答。最终意见汇总成七份校园建设提案和八份社区简报。

社会参与方面，研究者带领各小组一同前往白箬村进行实地考察，引导孩子们从儿童视角出发，发现社区设施方面可能存在的问题，并与村民对话、向村委会询问近期社区建设文件和方案等。考察后，借助"红领巾议事堂——我为社区建言献策"平台，依据儿童自主建立的议事会机制，让孩子们充分地讨论，通过团队合作、群策群力，最终完成议案的撰写。

在实验过程中，研究者对儿童的自我认同感、能力觉知、公共事务热情、参与信念感有目的地进行锻炼，培养了儿童分析问题、议事决策的能力，以促进儿童客观看待事物、主动参与学校决策、献计公共事务、承担相关责任。

4. 赋能效果：意见正向反馈，实现赋能儿童参与

赋能既是一个成人放权的过程，也是儿童获得参与权的过程。赋能旨在实现权利的转移，实现儿童与成人的平等，促进儿童从被服务者到服务者角色的转变，同时帮助儿童获取和发展个人参与能力。

家庭参与上，从对家长的半结构化访谈得知：孩子主持家庭会议时，表现得自信大方，并与父母一起商讨建立议事规则。部分家长表示：此次家庭会议成效不错，后续会定期开展家庭会议，与孩子共同商讨相关事务。家庭会议搭建亲子沟通桥梁，家长的肯定与支持赋能儿童共商家庭事务。

学校参与上，校园建设提案由儿童代表向校长汇报，校长给予了正向反馈；承认目前学校所存问题，并表明会加强改善公共区域卫生，做好后勤保障工作。校长表示该种儿童代表联系制度，能够鼓励儿童勇于表达自我意见，发挥自身创造性思维优势，促使"校长—儿童代表"的沟通渠道更畅通，为赋能儿童学校参与夯实基础。

社会参与上，社区简报递交至白箬村村委会。村委会委员回应：孩子们制作的社区简报内容丰富，其意见在社区日后建设中会适当予以采纳。村委会将紧跟白箬铺镇建设"儿童友好型乡镇"步伐，为孩子们提供一个安全、可靠的公共成长环境。社区负责人的正向反馈提振了孩子参与社区建设的信心，激发了其参与公共事务的热情，赋能儿童参与社会公共事务。

（三）儿童参与的社会工作干预效果评估

1. 总体评估

本研究将前后测数据分析作为衡量研究对象在干预刺激后的参与意识与参与能力的变化依据。从整体情况看，前后测结果变化较显著①。前后测得分变化幅度为 11.04 分，说明经实验刺激，大多数儿童的情感、认识和行为参与均有一定程度的提高（见表 1）。

表 1　前后测数据配对统计表

		平均值	个案数	标准差	标准误差平均值
配对 1	前测得分	74.3	32.0	8.7	1.5
	后测得分	85.4	32.0	16.0	2.8

利用 SPSS 统计软件对 32 位儿童的参与数据进行统计学上显著性差异分析（见表 2），结果表明在接受课程刺激后，大多数儿童参与意识与能力呈现不同程度的提升，说明通过 EPS 社工介入模式干预学龄期儿童的参与对于提高参与意识觉知、增强表达意愿和信心，以及锻炼决策议事能力等具有一定

① 问卷围绕参与情感、认知和行为三个维度设计，旨在获得儿童参与意识和参与能力的量化数据。

效果。

表2　前后测数据配对样本检验表

前测得分–后测得分	配对差值						*t*	自由度	显著性（双尾）
	平均值	标准差	标准误差平均值	差值95%置信区间					
				下限	上限				
	−11.031	11.443	2.023	−15.157	−6.906		−5.453	31	<.0001

2. 参与情况评估

（1）撬动与转变：儿童参与权利的重视

受"儿童生而弱势"的狭隘观念与刻板印象影响，成人主导甚至干涉儿童权利的行使，儿童对成人的依赖也加剧了儿童权利的易受侵害性，因而关键在于使成人和儿童从思想和行为上重视儿童的参与权，并培养对儿童参与相关事务能力的认同感。

表3　问卷题目"在决定补习班报名时，我的意见得到父母尊重"前后测得分表

选项	非常不符合	比较不符合	一般符合	比较符合	非常符合
前测占比	43.7%	9.4%	28.1%	9.4%	9.4%
后测占比	25.0%	12.5%	37.5%	9.4%	15.6%
变化幅度	−18.7%	+3.1%	+9.4%	0.0%	+6.2%

由表3可知，通过亲子议事堂、家庭会议等活动，成人逐渐接受儿童权利主体的观念，更愿意召开家庭会议，与儿童共商家庭事务，并对儿童参与给予支持和肯定。成人对儿童参与权利的认可是儿童参与家庭决策的有效保障，也是儿童参与公共事务的前提条件。对儿童权利的重视在于帮助儿童培养参与家庭、学校和社会事务的自主意识，让儿童感受到社会主体的尊重，进而促使其主动表达、议事决策等。

（2）培养与提升：儿童参与意识的强化

儿童参与意识与其参与情况相互作用。在模拟政协的活动中，研究者从强项视角出发，鼓励儿童表达有关校园建设的建议。7份高质量的模拟提案反映了儿童参与学校建设的积极性。其次校长对提案的反馈，使儿童为学校建言献策的兴趣显著提升，并尝试追加提问，还有部分儿童提出学生组织定期举办民主会议的想法。由表4可知，儿童参与校园建设的意愿呈上升趋势，为校园建言献策的信心增强。

表4 问卷题目"我想拥有更多向学校提建议的渠道"前后测得分表

选项	非常不符合	比较不符合	一般符合	比较符合	非常符合
前测占比	9.4%	15.6%	40.6%	31.3%	3.1%
后测占比	0.0%	3.1%	50.0%	37.5%	9.4%
变化幅度	−9.4%	−12.5%	+9.4%	+6.2%	+6.3%

此外，通过向儿童讲授家庭、社会沟通技巧，强调家庭、社会参与的意义，鼓励儿童主持家庭会议、赴社区进行考察等，儿童讨论家庭事务和社区建设的频率有所上升，参与意识增强。经实验刺激，儿童对进行更深层次的家庭参与意识有所提高（见表5和表6）。社会参与方面，儿童的认知从原先的"父母决定"变为"我也是社区的一员，应当有参与社区建设的权利""我期待和伙伴们一起参与社区志愿服务"。儿童的话语变化反映了其社区事务参与热情的上升，是社会参与意识增强的表现。

表5 问卷题目"我认为了解家庭的财政支出状况是有必要的
（比如服装费、饮食费、水电费、交通费）"前后测得分表

选项	非常不符合	比较不符合	一般符合	比较符合	非常符合
前测占比	15.6%	18.7%	31.3%	34.4%	0.0%
后测占比	6.3%	12.5%	31.3%	43.6%	6.3%
变化幅度	−9.3%	−6.2%	0.0%	+9.2%	+6.3%

表6 问卷题目"我应当参与家庭生活用品的购买决定"前后测得分表

选项	非常不符合	比较不符合	一般符合	比较符合	非常符合
前测占比	18.7%	34.4%	46.9%	0.0%	0.0%
后测占比	9.4%	18.7%	53.1%	9.4%	9.4%
变化幅度	−9.3%	−15.7%	+6.2%	+9.4%	9.4%

（3）关注与实践：儿童参与能力的增强

结合 EPS 社会工作介入模式，研究者实施"技能培训＋案例示范＋过程督导"的能力提升计划，将课堂讲授和课后实践结合，对儿童参与进行专业知识输出，帮助儿童化被动为主动，靶向式赋能儿童参与，保障儿童在家庭、校园和社会发展中的权益。经课堂学习后，当发现学校、社会生活中不易于自身权益的事时，大多数儿童掌握了提建议、表心声的反馈方法；建言内容从基本的生活保障，如暑期安全、食堂饮食卫生，逐渐向多元的社会领域过

渡，如儿童议事机制建立、公共设施设计等；参与程度由纯粹的知情、提议献计转向主动发起、自觉表达、共同协商，参与深度和广度有所拓展。儿童思辨、商议、组织的能力得到了锻炼，家长、老师及社区人员逐渐意识到儿童参与之于成长的价值，并将为促进儿童深入参与保驾护航。

（4）跃迁与成效：儿童参与阶梯的递进

本研究以EPS社会工作介入模式对32个研究对象进行课程刺激，并在教学之余对家长进行了半结构化访谈。结合问卷调查前测数据和访谈结果，依据儿童参与阶梯理论对32个研究对象进行参与梯度和参与层次划分（见表7）。

表7 32个研究对象参与层次和参与梯度前测表

参与层次	参与梯度	研究对象
自主式参与	8 儿童发起，与成人共同决策	—
	7 儿童发起，成人指导	wky2
配合式参与	6 成人发起，与儿童共同决策	hyl2、fjc1、wty2、ljh2、pry2、wyx2、tyx1、nyb1
	5 咨询和知情	lyb1、xsx2、wyc1、zhy2、fzh2
	4 委派但要知情	lzm1、lsr2、zyx2
无参与	3 表面文章	ljj1、lhp1、csr2 lzx2、lqs1、yyh1、lsy2
	2 装点门面	lzx1、lmj1、hrx1、xsy2、tjz1、lzzx1、dhw1
	1 操纵	lhy1

研究者运用EPS社工介入模式，从强项视角出发，对儿童参与事务的能力给予信任，鼓励儿童主导各环节；并通过线上交流、线下访谈等方式引导家长、学校、社区尊重儿童的参与权，营造社会多主体协商的氛围。结合儿童参与阶梯理论，通过儿童参与梯度和参与层次划分，从而获得参与意识与参与能力的量化数据。对比前后测表儿童参与梯度和层次的跃迁，表明其参与意识和能力取得一定的成效，佐证EPS模式干预介入对儿童参与可持续路径研究具有借鉴意义。

四、赋能儿童参与的对策建议

（一）社会多主体携手合作，强化参与权利认识

政府在制定有关儿童政策时，应提前做好调研和宣传工作。一方面，政

府在建设乡镇公共设施时，应对本区域的儿童进行问卷调查和访谈活动，鼓励儿童发表心声，收集儿童的建设意见，并在具体建设中予以采纳和落实。另一方面，在学校、广场、公园等公共场所，宣传部门及组织应印发宣传手册，并进行儿童权利专题宣讲、主题讲座。同时，政府部门引导社会新闻媒体积极为儿童群体发声，培养儿童的参与意识，提高成人对儿童权利的认识，形成全社会协商参与的氛围，让尊重儿童参与权利成为社会风尚。

（二）搭建儿童议事平台，畅通社会参与渠道

基层人民政府通过公开招募、自愿报名、民主选举的方式建立儿童议事会，聆听儿童有关乡村建设的声音，提供平等对话平台。居委会、村委会开展"红领巾议事堂"、搭建"童声童议"倾听平台等，鼓励儿童表达心声，激发儿童参与意识和信心，并对其建议及时回应、选择性采纳。社区相关部门设计举行"保卫社区环境卫生""一米视角看社区"等活动，鼓励家长与孩子共同参与，实现儿童主体式参与，推进儿童参与社会治理。

（三）构建双效联动机制，赋能儿童社会参与

政府联合多部门构建"儿童成长＋成人支持"双效联动机制，建立"能力提升课程＋专业队伍助力"双体系。一方面，由乡镇政府整合社会资源，联合爱心商家、专业讲师，开展思维导图培训、少年演说家、模拟政协等多元课程，在满足儿童成长需求的同时，靶向式提升儿童逻辑思维、语言表达、分析问题的能力。另一方面，政府协同社会组织、儿童工作者、专业志愿者等团队，对儿童决策议事能力提供方向规划、专业指导及全过程陪伴，助力儿童社会参与。共青团通过"七彩假期"等平台设置儿童参与专题，引导大学生暑期三下乡活动，开展聚焦提升儿童参与能力的研究与实践。

五、结语

儿童是祖国的未来，民族的希望。习近平总书记寄语儿童："今天的儿童是强国建设、民族复兴伟业的接班人和未来主力军。"当前，儿童参与权利被忽视、参与能力尚未得到锻炼的现象较为普遍。为强化儿童参与内生动力的主体意识，保证儿童在家庭、学校、社会三大领域中的参与主体地位，构建双效联动机制是关键，社会各主体携手合作是重要途径。下一步研究将继续以儿童友好建设为契机，围绕儿童参与权，展开横向和纵向对比研究，进而探究赋能儿童在家庭、学校、社会的参与的可持续路径，以期实现儿童

真正地融入其生存的社会环境，形成尊重儿童权利、鼓励儿童表达的社会观念，以及"成人 + 儿童"共商共建共享的社会氛围，为儿童的健康成长保驾护航。

参考文献：

［1］中华人民共和国国务院．中国儿童发展纲要（2021—2030）［N］．人民日报，2021 - 09 - 28（002）.

［2］甘炳光．EPS 社会工作介入模式研究［J］．香港社会工作期刊，2016，50：93 - 115.

［3］刘嘉倩．EPS 社会工作介入模式下社区儿童参与能力建设研究——以 Q 社区"议路同行"儿童议事会培育项目为例［D］．湘潭：湘潭大学，2021.

［4］谢倩雯，王玉雪．生态系统理论视角下儿童社区参与现状与影响因素的质性研究［J］．少年儿童研究，2023（2）：84 - 93 + 83.

［5］蔡丽安．增能社区儿童：我参与、我发声、我作主［J］．中国社会工作，2023（6）：26 - 28.

［6］靳璐，饶从满．挪威促进早期儿童参与教育的背景、举措及挑战［J］．外国教育研究，2022，49（4）：64 - 76.

乡村老年人数字鸿沟的破解路径研究

——基于沅陵县的调查分析

课题组成员：栾昊昱，张缪楠，黄嘉颖，杨天一

指导老师：张明明

摘　要：随着我国数字智能的迅速发展，其与人口老龄化的碰撞使老年人数字鸿沟问题日益凸显，在乡村尤为突出，成为亟需解决的社会问题。本文以沅陵县城、深溪口乡的老年人为研究对象，综合运用文献研究法、调查问卷法等，对乡村老年人的数字鸿沟现状进行调研，发现当地的主要问题体现在老年人智能设备拥有率和使用率偏低、乡村老年人身心状况差、社区支持不足，以及市场环境对老年人特殊需求的忽视等方面。破解这些难题，需要创造数字友好社会，提升老年人数字素养，共同助力老年人跨越数字鸿沟，享受智能美好社会。因此，我们应从提高老年人学习意愿、改善支持网络等方面入手，提出增强老年人数字生活适应性的方案，积极探索实现老年人数字融入的可行路径。

关键词：老年人；数字社会；社会工作

一、绪论

（一）研究背景与研究问题

1. 研究背景

随着我国人口老龄化程度的不断加深，人口老龄化已经成为我国重要的社会结构问题。我国第七次人口普查结果显示，60 岁及以上人口为 26402 万人，占 18.70%，其中，65 岁及以上人口为 19064 万人，占 13.50%。与 2010 年相比，60 岁及以上人口的比重上升 5.44 个百分点，并且仍呈上升趋势，我国的老龄化程度将持续加深。

步入大数据时代后，我国智能社会的发展趋向愈发明显，数字智能技术在我国迅猛发展，不断提升人们生活和工作效能的同时，也制造了新的挑战。数字社会和人口老龄化的碰撞导致老年人使用智能媒体的难度增加，老年人数字鸿沟问题日益凸显，这些难题直接影响着他们的出行、就医和日常消费等，成为影响他们生存和生活质量的重要问题，也是当前整个社会都在关注的难题。同时，该现象在乡村显得尤为突出，成为亟需解决的社会治理问题。

2. 研究意义

由于乡村老年人融入数字社会问题的成因较为复杂，本文在许多文献研究的基础上，从几个具有代表性的方面研究影响乡镇老年人融入数字社会的因素与困境，并进行阐释与系统分析，归纳总结后提出新的观点，对理论进行深化。

当今社会，老龄化问题已经成为一个世界性问题。对老年人如何及时融入数字社会进行研究，十分具有现实指导意义。老龄群体由于身心健康、学习能力等方面影响，面对当前社会的数字化发展有些力不从心。通过分析老年人数字融入过程中的难题，并根据乡村具体条件，探索能够帮助乡村老年人融入数字社会的策略方法，满足其物质和精神需求，提升其幸福感和满足感，在提高全体居民生活质量的同时实现人文关怀。

3. 研究问题

鉴于以上背景，本研究以沅陵县县城、深溪口乡及周围村镇的中老年人为研究对象，通过文献研究法、问卷调查法，了解该地区村镇老年人智能设备的使用情况和了解程度等，在此基础上分析老年人在智能设备的使用、电子设备知识、数字技术的应用等方面的融入困境及其困境成因，并站在社会工作者的视角，尝试运用社会工作专业方法来化解这一困境，寻找弥合老年人数字鸿沟的途径。

（二）调研方法

1. 文献研究法

在经过实地调研后，笔者查阅了许多关于老年人数字融入方面的文献，对文献的理论视角、研究方法、研究结果进行总结归纳，并与本次调研成果相融合，从数字鸿沟的接入端、使用端、知识端三个层面探究当代老年人数字融入的难题，聚焦老年人自身及其社会支持层面，同时提出有关政策建议和需求，为乡镇老年人的数字融入提出有效建议。

2. 问卷调查法

在进行实地调研之前，本团队调研组成员设计了调查问卷，通过对当地老年人的智能设备的使用情况，以及当地关于老年人数字融入的政策及其发展状况的调查，了解当地老年人在日常生活中是否有智能设备使用方面的障碍与不便，以及当地政府对有关事项的重视程度。通过问卷调查，我们能够从中总结出当地老年人数字融入困境的成因和影响因素，从而得出结论，提出建议。

二、文献综述

数字鸿沟的概念最初被定义为网络接入者和网络未接入者之间的差异，即数字鸿沟的第一条沟——"接入沟"；随着研究的深入，学者们又发现了不同人使用互联网获取知识的效率和取向不同，"知识沟"这一概念应运而生，最终又形成了以接入、使用、知识这三个角度为核心的分析框架并沿用至今。从更实际的角度来说，数字鸿沟是一种由信息、技术及应用程度差别造成的信息落差现象，老年数字鸿沟是数字鸿沟按照年龄维度划分的一个分支，是指老年人与年轻一代在信息获取、数字资源使用等方面的差别造成的行为差异。

导致数字鸿沟的原因有很多，从宏观角度来说，地区之间的经济发展水平的不平衡是主要因素。由于经济的影响，互联网基础设施建设、居民收入、受教育程度、地区文化环境等其他影响因素应运而生；从微观角度来说，个人年龄、收入、文化水平、认知状况、家庭和社会反哺支持、政府政策等也是重要因素。

就我国的国情而言，数字化新时代和老龄化时代重叠，老年群体中的绝大多数人缺乏现代信息知识，甚至没有智能手机。在乡村地区，该现象更突出，原因主要有二：一是客观因素，如经济水平、文化水平较低等；二是老年人自身难以克服畏惧心理，尽管越来越多的老年人拥有智能设备，但真正能让设备为己所用的老年人却屈指可数，老年群体与其他群体在信息技术拥有程度、应用程度上存在着巨大差别，最终导致巨大的信息差，与信息化时代脱节，被排斥在数字社会外，沦落为"数字遗民"。

另外，数字鸿沟对老年人生活的影响体现在生活的方方面面。在消费金融领域，老年人受生活环境、文化背景、身体状况等因素影响，不能充分享受数字化智能服务带来的便利，无法做到线上缴费、网上购物，而处于信息弱势地位的人面临的经济机会也在减弱，进而拉大了农村家庭消费水平的差距。在养老资本方面，乡村地区老年人文化资本、健康资本、社会资本相对较低，接入互联网的意愿较低，使数字鸿沟影响加剧。除基础消费、养老方面之外，数字鸿沟对老年人的影响还体现在法律保障、交通出行等方面。

纵观有关数字鸿沟的调查研究，前人研究大多为数字鸿沟在老年人金融及法律权益保障方面的体现，对社会工作领域数字鸿沟的影响研究较少。本团队立足前人调查基础，针对湖南省沅陵县深溪口乡开展老年人融入数字化社会相关调研，探讨数字鸿沟在该地区老年人生活中的具体体现，并研究社会工作在弥补老年人数字失能方面的作用，即社会工作如何解决乡村老年人数字鸿沟问题。

三、老年人融入数字社会调研结果分析

（一）访谈对象的选择和基本情况介绍

本次调查的对象是湖南省怀化市沅陵县的城镇和深溪口乡及其周围乡村的中老年人。本地区内中老年人职业多为农民，文化程度集中于高中或职高及以下，多数老人的可支配收入不高，智能设备的使用主要是智能手机。

沅陵县城的经济发展状况相对较好，智能设备的使用也相对普遍，公园、商城、医院分布相对集中，公交站点较多。

深溪口乡地理位置较好，乡政府周边有社区医院、超市、定期集市，能够满足日常需求；深溪口九校也坐落在其周边，但附近无高中、大学；交通便利程度尚可，有大巴车站点，经约 40 分钟车程可到达沅陵县城，为当地老年人主要出行方式。绝大多数老年人选用现金支付。乡政府内设有活动中心，具有投影等新媒体设备，但社区活动开展较少，暂未开展过老年人智能手机培训相关活动。

（二）老年人融入数字社会的困境现状分析

1. 接入端

2021 年，中国互联网络信息中心在京发布《第 48 次中国互联网络发展状况统计报告》。该报告显示，至 2021 年 6 月，我国 50 岁及以上网民占全体网民的比例为 28.1%，老年网民数量为 1.23 亿；截至 2021 年 6 月，我国农

村网民规模为 2.97 亿，农村地区互联网普及率为 59.2%。虽然老年人的互联网使用率和农村地区互联网普及率都有显著提高，但是仍有相当一部分老年人未接触互联网，不想使用、不会使用互联网。

数字融入的接入沟主要指人们在上网基础设施和终端条件方面存在差距。由图 1 可知，当地老年人会使用的智能设备主要为手机，其他设备如电脑、电视等相对较少，而拓展类的智能设备如智能手表、智能家居等极少，并且据调查分析，老年人对智能设备的使用熟练度较低。

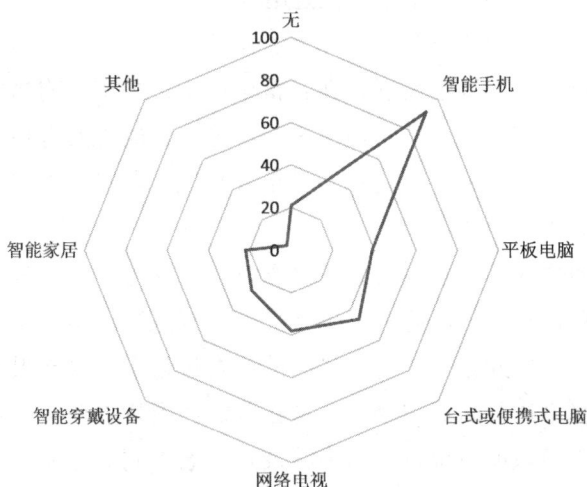

图 1 调查对象智能设备使用状况

被调查者大多为农民，可支配收入数量不定，购买智能设备时会率先考虑成本，购机价格和网费往往让他们退却。而老人已经习惯传统联络方式，认为使用智能手机没有太多必要，并且手机较为复杂的操作方式给他们带来的麻烦更让他们对智能设备产生进一步的抵触心理。

2. 使用端

智能设备的使用问题是老年人数字融入的核心问题。受生理、心理等因素的影响，老年人对新事物的接受程度较低，学习能力较差，从而对操作复杂的智能设备产生一定的排斥心理。从调查问卷中，可以总结得出，当地老年人智能设备的使用主要有以下几个问题。

（1）使用程度浅且偏向娱乐性

随着乡村互联网的普及程度得到大大提高，人们生活的各项活动已经和互联网息息相关。由于许多老人的子女在外地工作，只能通过智能手机与子女进行交流，因此老年人对智能手机的依存性逐渐加强，对语音通话、视频聊天的掌握度较好。此外，大多老人身边有孙辈陪伴，小孩子们多使用抖音等短视频软件，老人有时也会刷短视频，同时看新闻的频率也较高，刷短视频和看新闻日渐成为老人们的主要娱乐活动。

虽然视频聊天、刷短视频、看新闻这些功能基本能够被老年人掌握，但是由于其需求较为单一，老人们学习其他功能的积极性很低。比如老人们会经常使用微信发消息、打视频通话，但对朋友圈、小程序、公众号、微信支付等其他微信具有的功能则基本不会使用。

（2）对日常使用功能掌握度低

随着互联网时代的逐渐发展，在日常生活中，乘车、购物、办理业务等事项都可以在网上完成，手机的功能进一步增多，成为具有各种功能的移动终端，带给我们许多便利。但是对于老年人来说，这些功能的不断更新很有可能为他们带来许多不便。

在日常消费方面，许多购物渠道仅支持线上支付，相对繁琐的操作把老年人隔绝在这些便利之外。此外，也有部分老年人即使学会了网购，也在网购维权上面临一定的问题。比如在我们的调查过程中，发现很多老年人担心网购被骗而选择不进行网上购物，并且在网购遇到货不对板、货物质量有问题时，往往不知道该如何维权。因为涉及钱，老人们更加谨慎，因此很多会怕出错而放弃线上支付。

据调查分析，很多日常业务由于线上支付的普及而变得便利许多，但也给一部分老年人带来众多问题，如生活缴费不便、智能端身份验证出问题、不会使用银行和医院等处的自助服务终端等。大部分老人学习手机通过朋友和家人，没有经过专门的社区培训，难以顺利完成线上业务的操作。

另外，本团队学生作为医学专业学生，特在调查询问中加入医学元素，询问受访者在就医方面受智能设备影响的情况。在深溪口村收集到的数据中，由于村中设有社区医院，而社区医院并未配备智能终端，村中的老人在就医时并未体会到智能设备带来的便利，大多数选择"没有影响"；而在沅陵县进行调研时，大部分老年人都选择的是偏向便利的方面，但也有部分由于不会操作而选择了"严重不便"。在加快医用智能终端普及的同时，也应该加强老年人智能终端使用的普及，或在智能终端附近增加志愿者岗位，帮助老年人实现便捷就医。

3. 知识端

知识沟，是指不同社会群体因互联网可及性、使用方式和技能的差别而在最终知识获取上的差异，也是数字时代信息资源和知识的鸿沟。知识沟也被称作"素养沟"，而媒介素养是指在人们面对不同媒体中的各种信息时所表现出的选择、质疑、理解、评估、创造和生产，以及思辨的反应能力。而在老年数字鸿沟中，接入鸿沟是基础，使用鸿沟是过程，知识鸿沟是结果。

当前，我国老年人的媒介素养普遍偏低，是老年人智能技术掌握较少、数字生活参与少的后果。本次调研结果显示，在知识端老年人最常遇到如下几个问题。

（1）网络知识获取无门

对于逐渐发展的互联网和各种 App 中复杂的操作流程，受访老年人获取信息的渠道较少，处于互联网知识困境当中。老年人使用智能设备的水平偏低，使用程度也较浅，难以从互联网获取知识和信息来满足其需要，从而拉大了老年人与中青年人之间的网络知识鸿沟。完全自发的学习和摸索对老年人的主动性要求很高，并且需要耗费相对较长的学习时间，不利于老年人接受新事物。并且，受访者在此过程中可能出现错误操作，反而起到负向作用，更加难以接受网络知识。可以看出，大部分老年人没有主动获取网络知识的能力，在网络知识接入的源头就遇到障碍。

此外，在被动学习网络知识方面，当地并未开展相应的社区工作，也在志愿者招募问题上有一定的困难，难以在村中进行相关知识的普及。加之老人们多忙于农务和照看幼儿，不愿去也无法去主动了解这方面的问题，导致在当地老年人群体中，网络知识传播情况较差，造成了网络知识的鸿沟。

（2）网络重要性普及度低

从调查中可知，面对数字化带来的挑战，有 72.56% 的人认为"不太焦虑"或"不焦虑"，只有约四分之一的人认为"非常焦虑"或"较为焦虑"。据了解，大部分老年人认为不太焦虑的原因有以下几点：首先，该地智能设备建设进度相对缓慢，大部分业务的处理方式仍是线下处理，因此对于老人们来说，是否进行智能设备和网络知识的普及并不重要；其次，对于沅陵县、深溪口及周边村落来说，农业作为该地的重要产业，同时结合本地年轻人外出打工的状况，大部分老年人忙于农事、照顾幼儿等，几乎没有闲暇时间学习有关网络的知识，因此也不会产生焦虑心理。

四、老年人融入数字社会的困境成因分析

（一）个人层面

1. 生理机能下降

身体健康是老年人使用智能设备的必要条件，老年人由于各项身体机能衰退，在手机等智能设备的操作上出现障碍。113 个样本中，有 40 名老人认为身体状况影响其融入数字社会。随着年龄的增加，老年人的视力、听力、记忆力都出现了不同程度的衰退，客观上导致其在学习掌握智能设备的使用技能时需要花费大量的时间与精力，因此大大降低了数字社会对老年人的吸引力，阻碍老年人更好地融入数字社会。

2. 产生抗拒心理

老年人对于智能设备产生抗拒心理是主客观原因共同塑造的结果。主观方面，随着各方面身体机能衰退、学习和认知能力的下降，老年人较容易在面对数字技术时产生强烈的恐惧感和抗拒感，从而在心理上对数字技术的学习有所排斥。客观方面，首先智能设备操作于老年人而言较为复杂，其次互联网环境所要求的信息甄别能力较强，部分老年人在乡镇反诈骗广播的宣传中产生了警惕性，因而持有"不上网就不会被骗"的态度。

（二）家庭层面

子女等家庭成员对老年人的数字反哺对老年人跨越数字鸿沟、融入数字社会发挥着关键作用。子女等家庭成员有更加紧密的联系，能够正向影响数字反哺的发生，而当地中老年人及儿童占比高，青年及中年人多数外出务工，子女关怀不足，数字反哺发生可能性小，因而为推进老年人融入数字社会带来了很大阻碍。而且子女对老年人的数字反哺方法存有问题，子女通常选择替代老年人将比较困难的步骤如账号注册、银行卡绑定、软件下载等直接完成，导致很少有老年人可以自行完整操作全过程，故而老年人对智能设备使用的掌握不是系统的，因此无法举一反三，无法真正地学会智能设备的使用。

（三）社会层面

1. 学习渠道缺失

不难看出，当地对于老年人融入数字社会这一事项的重视程度并不高。当地数字基础设施建设缺乏，政府数字创新性弱，社会支持机制落后，"适老化"的教学服务通道缺失，因此老年人没有渠道从根本上懂得智能设备的操作逻辑。

2. 产品设计缺陷

大多科技公司出于利益考虑在设计网络技术产品时都偏向以使用智能设备更为广泛的年轻人为受众群体，而忽视了对老年人等数字弱势群体的服务，导致老年人在操作这些智能设备时产生过多的无力感，自然缺乏融入数字社会的动力。而就数字产品安全性而言，众多新闻媒体报道的泄露个人隐私、网络诈骗等负面消息与乡镇反诈骗广播宣传，导致了老年人对互联网极度不信任，打击了老年人使用智能设备的积极性。

五、政策建议

（一）社会帮扶

1. 社区工作

应对老年人融入数字社会的难题，首先可以从社区工作入手，进行帮扶工作。社区工作不仅要建立智能设备的学习课堂，还要加强构建社区网络安全防线。在建立社区智能学习课堂方面，社会工作者可以联动乡政府、街道办等开展"银发课堂"，固定时间举办活动，结合区域特点，针对老年人的不同需求，开设不同的智慧助老课程，让老年人可以根据个人喜好、个人水平选择课程学习。结合老年人的学习需求，制作学习小折页、小手册，针对老年人使用频率较高的手机软件制作操作须知，让教学有针对性。在构筑社区网络安全防线方面，可以通过社区张贴海报、开展讲座等方式进行，在构建老年人对数字世界信任的同时提高其网络安全意识。

2. 志愿者帮助

除了当地政府、社区开展的活动之外，也可以组建高校志愿者队伍，选择社会经验较多、智能设备使用情况较好的大学生群体加入，为操作困难的老年人进行指导，在对基本问题进行解决过后，进行部分日常消费、业务办理和娱乐生活有关的数字技术指导。组建线上学习小组，在线上定时为有需求的老年人解答疑惑，按时进行回访，持续关注老人智能设备的掌握情况。

（二）政策支持

各级各地政府应根据本地实际情况，制定与实施老年人运用智能技术的指导方案，如从制度方面强化社区、家庭等主体对老年人信息技术的指导，从制度层面加强对老年人跨越"数字鸿沟"的指导。政府要推动"老龄科技学"的发展，鼓励企业创新与发展老龄科技。虽然已有相关互联网适老化政策的出台，但其中还存在许多不足和落实不到位的情况，实质上操作步骤繁琐等重要问题仍然没有解决，需要政府不断出台相关政策规范商家行为。

并且，为了妥善解决老年群体有效获取社会公共服务问题，国家已出台相关措施表明这些日常生活频繁使用到的服务事项，应保留线下办理渠道。部分老年群体由于自身经济水平、身体机能、接受能力等原因无法使用互联网，为了维护这部分老年人的合法权益，公共服务部门应保留适当线下服务，使公共服务覆盖全体群众。

参考文献：

［1］王泽铭．老年人数字融入的困境及社会工作介入策略研究［D］．重庆：重庆大学，2022.

［2］规划纲要草案：加快数字化发展　建设数字中国［EB/OL］中国政府网（2021 - 03 - 05）［2021 - 03 - 08］．http：//www. gov. cn/xinwen/2021 - 03/05/content_ 5590619. htm.

［3］陈秋苹．智能社会中的老年人生活："数字鸿沟"与弥合之径［J］．淮阴工学院学报，2021，30（4）：15 - 19.

［4］徐诗琦．数字鸿沟下老年人金融权益保护制度研究［D］．合肥：安徽大学，2023.

［5］王璐．开放大学助力老年人破解"数字鸿沟"的路径研究——以宁德为例［J］．互联网周刊，2023（21）：89 - 91.

［6］俞云峰．数字鸿沟如何影响农村家庭消费——来自 CFPS 数据的验证［J］．浙江学刊，2023（5）：186 - 194.

［7］韦艳，杨丽红，郭歆宇．养老资本、内生动力与老年数字鸿沟［J］．西北人口，2024，45（01）：59 - 73.

［8］郭芮希．老年人融入数字社会的问题与对策研究［J］．北方经济，2023（7）：54 - 57.

［9］张未平，范君晖．老年数字鸿沟的社会支持体系构建［J］．老龄科学研究，2019，7（2）：63 - 70.

［10］范五三，黄成欢．农村老年人数字贫困及其治理逻辑［J］．福建工程学院学报，2023，21（5）：487 - 492.

［11］于潇，刘澍．老年人数字鸿沟与家庭支持——基于 2018 年中国家庭追踪调查的研究［J］．吉林大学社会科学学报，2021，61（6）：67 - 82 + 231 - 232.

［12］黄铭心．我国老年人数字融入困境反思［J］．合作经济与科技，2023（21）：170 - 171.

［13］王璐．开放大学助力老年人破解"数字鸿沟"的路径研究——以宁德为例［J］．互联网周刊，2023（21）：89 - 91.

［14］武媛媛．我国老年人"数字鸿沟"破解路径研究［J］．数字通信世界，2021（8）：41 - 43.

校乡连线，"乐"见初"心"
——高校美育助力乡村教育振兴的路径研究

课题组成员：李家成，叶嘉健，刘云杉，龙思思，
　　　　　　易可人
指导老师：邓　验

摘　要： 全面推进乡村振兴战略，人才振兴是关键，而人才振兴的基础在教育。目前，我国乡村教育的发展仍存在着一系列问题。高校作为集产学研于一体的社会单位，具有资源要素高度集中和灵活调动的特点，高校开展送教下乡等帮扶活动，能切实提高乡村教育水平，促进学生综合素质的全面提升。本研究以湖南师范大学（下文简称"湖南师大"）助力绥宁县花园阁村教育振兴为例，从美育入手，采用文献分析、观察、问卷调查、半结构化访谈等方法开展调研。研究分析了在助力过程中，存在的办学条件相对落后、教师投入不足、乡村教育理念较陈旧、家长素质教育意识缺乏等问题，以探讨高校美育助力乡村的有效路径，对地方高校推动乡村教育振兴具有一定参考价值。

关键词： 乡村教育振兴；高校；美育；心理健康教育

一、引言

（一）研究背景

1. 乡村美育与心育

在教育部等十七部门印发的《全面加强和改进新时代学生心理健康工作专项行动计划（2023—2025 年)》中明确指出："以美润心。发挥美育丰富精神、温润心灵作用，实施学校美育浸润行动，广泛开展普及性强、形式多样、内容丰富、积极向上的美育实践活动，教会学生认识美、欣赏美、创造美。"《乡村振兴战略规划（2018—2022 年)》中明确指出，把公共教育等基

础设施建设的重点放在农村，支持乡村教育优先发展，争取让每个乡村儿童都享有公平且高质量的教育。与其他活动不同，教育是塑造人的社会活动，所以乡村振兴不能忽视教育的功能与作用。乡村教育与乡村五大振兴之间关系密切，特别是与乡村文化振兴、人才振兴密不可分。

要积极发挥乡村教育在乡村振兴战略中的基础性作用，需要结合被教育者的发展特点进行规划，尤其要关注乡村留守儿童。乡村留守儿童因成长过程中缺少亲情陪伴，缺乏心理疏导，存在理想信念模糊、情感淡漠疏离、性格敏感极端、精神世界空虚等诸多心理问题。他们虽然和普通孩子一样接受着义务教育，但在心理健康程度和学习行为习惯上和城市孩子有着一定的差距。因此，实现乡村教育振兴不仅要提升教育资源配置和教育质量，更要投入人文关怀，通过全面开展美育、进行心理健康教育等途径提升留守儿童的心理健康水平。

如今，帮助留守儿童树立正确的三观，已成为当前的热点话题。此次实践课程采用音乐结合心育的方式来对乡村儿童进行教学。近年来，不少高校音乐院系推出了与音乐有关的乡村社会实践活动。如 2021—2023 年，湖南师大音乐学院利用暑期组织学生前往 H 村等地，利用自身专业知识，助力乡村实践课程的教学、现场调研、直播助农、拍摄音乐文旅纪录片、组织参与大型音乐汇演等活动，以音乐的形式宣传乡村。一方面，让学生加深了对乡村文化的理解；另一方面，乡村借助各方面的音乐活动提升了知名度，经济得到发展。

（二）研究意义

本文把高校美育与心育如何助力乡村教育振兴作为选题，以湖南师范大学助力 H 村为例，分析助力过程中存在的问题与挑战，并进行分析，探讨出一条有效的高校助力乡村教育的路径，对推进乡村教育振兴及促进高校发挥社会服务职能具有较强的理论意义和实践意义。

1. 理论意义

研究高校美育与心育助力乡村教育振兴的有效路径，有助于总结和归纳乡村教育振兴的成功经验，进一步丰富乡村振兴的理论成果。以高校为切入点，探讨乡村教育振兴的现实经验，有助于丰富和完善乡村振兴的理论体系，加强高校等多元社会力量对乡村振兴的认识。此外，不同于普通的学科教育，研究从美育与心育切入，在借鉴已有研究成果的基础上，对高校助力乡村教育振兴这一研究领域作出应用与延伸，并提供理论借鉴。

2. 实践意义

探讨高校助力乡村教育振兴，既有助于推进乡村振兴工作的开展，又可提升高校服务乡村的能力和水平。挖掘乡村教育对高校的教学资源需求，梳理典型案例，进而归纳高校助力的有效路径，这些探讨可以为其他高校或其他社会力量助力乡村教育振兴提供借鉴。同时，对这一问题开展研究，有助于让高校意识到自身的社会服务职能，了解自己在乡村教育振兴中"做了什么"及"能做什么"，对提升高校的社会服务水平、构建高校助力乡村振兴长效机制具有借鉴意义。

二、研究方法与研究思路

（一）调查方法

1. 文献分析法

本研究主要采用查阅书籍和相关论文的方法，借助中国知网（CNKI）、维普、万方数据库等学术平台，全面了解高校的美育与心育助力乡村教育振兴的相关研究和成果，有效地在前人的基础上吸收、借鉴。

2. 半结构化访谈法

邀请湖南师大驻村工作队队长、教授、实践团老师、村支部书记、乡村教师、学生家长、学生等27人进行访谈，了解并记录湖南师大美育与心育助力乡村教育振兴的实际情况和现存问题。将访谈对象进行匿名、编号处理，并对材料进行系统整理、归纳、分析。

3. 问卷调查法

对81名参加培训课程的学生进行问卷调查。根据调查对象的年龄特点，调整问卷设计和问卷施测方式。由于大多数学生的年龄较小，对问卷的问题进行简化。针对低于四年级的学生采用问答的形式进行施测。

（二）分析方法

1. 统计分析法

结合对案例的深刻分析和访谈的结果，以描述、聚类等方式，让数据更直接地反映高校助力乡村教育振兴发展过程中出现的问题。

2. K-means 聚类分析法

K-means 是一种迭代求解的聚类分析算法，聚类中心及分配给它们的对象就代表一个聚类。本文采用此方法，对乡村儿童的性格类型加以归纳和分析。

（三）研究流程

本研究包含两条调研主线，一条以乡村振兴引路人为访谈对象，另一条以受益者为研究对象。两条主线的材料互相支持，共同反映高校美育与心育助力乡村教育振兴过程中的问题，以提出对策建议，探索高校助力的有效路径。

三、H 村教育现状分析

对所有有关教育的访谈记录进行词云分析，可以发现：一方面，乡村对孩子的教育和性格发展越来越重视，关注点更多集中在孩子身上；另一方面，乡村的教育更多聚焦于学校的传授，而非家庭的引导。这主要是因为大多数父母选择外出打工赚钱，而孩子由爷爷奶奶抚养。村内老年人对孩子进行素质教育的意识较为薄弱。所以，家长将更多希望寄托于学校老师。一个孩子的爷爷在访谈中表示："我们没有能力教孩子学校学的知识，包括各种计算和英文字母。对于唱歌、乐器，我们也不是很懂，看到孩子开心，能学到知识就好。"

（一）H 村儿童的心理健康状况

通过问卷形式，对全班 81 名学生进行调查，发现 48% 的家庭父母双方均外出打工，即有一半的留守儿童。此外，有 25% 的家庭父亲或母亲选择了外出，其中父亲外出（19%）比母亲外出（6%）的家庭要多很多，即在家庭中，父亲更有可能会外出打工，而母亲愿意留在家里进行日常工作。通过对孩子与父母的见面与联系次数进行统计得出，虽然大多数学生每月很难见到父母一次，但是，几乎都会选择频繁地与父母进行线上的联系和沟通。

研究测量了 H 村学生的心理健康状况，发现自卑是乡村儿童面临的比较严重的心理问题。一方面，来自乡村的身份，认为自己的眼界比较狭小而自卑。另一方面，由于大多数孩子童年缺少父母的直接关怀与鼓励，没有形成稳定的自我价值感，因此，更容易自卑。此外，焦虑、敌对、人际关系紧张、抑郁也是乡村儿童容易出现的问题。

对问卷数据进行 K-Means 聚类分析发现，当主题数目为 3 时，聚类效果最好。结合文献资料和现场观察，总结乡村儿童的性格类型，大致可以分为渴求型、回避型和成熟型三类。渴求型的儿童在人际交往上会非常热情，甚至会有很强的控制感和占有欲。他们在情绪调节上比较敏感、多变、难以控制。在语言表达上，他们会通过大声争吵或重复要求与命令的方式来表达自己的观点。相应地，他们在每个维度的得分都比较高，更容易出现困扰。回避型儿童在自卑和敌对两个维度上得分较高。他们在人际中更多选择沉默或逃避，往往会压抑自己的情绪，直至突然爆发。在表达方面，经常闭口不谈、答非所问或心不在焉。成熟型儿童在各方面的得分都相对较低，在人际交往上活泼大方、懂事明理，在情绪上，懂得合理表达情绪，在沟通上，敢于表达自己的想法和感受。

相比于有父母陪伴的乡村儿童，留守儿童所处的环境是更加艰难、孤独的，但是在不同个性、不同机遇和不同家庭影响下，生活于同一环境的个体可能会发展出完全不同的性格。有的人懂事独立，有的人捣乱调皮，这可能受到个人因素、家庭环境因素和社会因素的多重影响。

（二）高校美育与心育助力乡村教育振兴的发展成就

湖南师大在美育和心育上，为 H 村在教育振兴方面的助力可以分为改善日常的教学环境、建设高质量师资队伍、全面提高学生的素质和促进良好村风的形成四个方面。

1. 改善日常的教学环境

在实践团教学期间，为营造更好的教学环境，成员对校内设施进行了布置。图书馆向学校捐赠了大量书籍，为学生搭建了爱心图书角。收集每次学生的手工作品，进行公开展览，让大家共同欣赏。物资设施也是教学环境的组成之一，为每名参加实践课程的学生准备了节目服装和表演道具，比如折纸、笛子等。教学环境更加贴近真实，由最初的教室操场教学，转移到专业舞台的教学，让学生体会真实的表演情境。

2. 建设高质量师资队伍

2021 年 11 月，学校与 H 村所在县签订对口援助协议，通过派教学骨干现场教学、专家培训指导、优质教育资源共享等措施进行帮扶。此外，每年有一定数量的研究生会到县里进行支教。每年暑假期间，大学生暑期实践团也会到 H 村进行支教，深得学生和家长的喜爱与欢迎。

3. 全面提高学生的素质

除了学科教学，暑期实践团开展了以美育和心育为主的系列课程，以全面提高学生的综合素质。一方面，开展美育、心育课程，使乡村儿童能亲身参与体系完整的舞蹈、合唱等课程，有利于提升留守儿童的审美能力和感悟力。另一方面，课程打破传统课程上的固有思维，丰富孩子们的精神世界，让他们的审美基础有了保障，有利于促进学习质量的全面提升。

4. 促进良好村风的形成

湖南师大开展丰富的人才培养活动，从内部教育和宣传中提升村民素养，从外部鼓励人才投身于乡村建设。此外，在实践课程中，学生的审美能力和感悟力得到提升，回到家中，学生也会对家庭产生影响，促进良好家风的形成，进而形成良好村风。

（三）高校美育与心育助力乡村教育振兴的问题与挑战

教育是人力资本的孵化器，是促进人力资本积累及提升生产力发展水平的重要途径。通过教育实现人力资本积累，实现各类人才更好成长，对促进乡村振兴具有驱动作用。但是，在高校助力的过程中，也遇到了一些问题和挑战。

1. 乡村学校办学条件相对落后

尽管乡村学校的硬件设施建设明显改观，但城乡教育资源配置的差距依然存在。其中最为突出的就是"城挤、乡弱、村空"的趋势。乡村学校的办学规模和基础设施与城市差距较大，许多美育与心育的教学活动不能在乡村学校实现，乡村的办学条件成为推进乡村教育振兴必须面对的短板。此外，美育与心育不仅需要很多设施，也需要很多资料和材料，比如相关图书和报刊等，乡村对这些物资的储备量仍不足够。

2. 教师对乡村教育事业投入不足

乡村教师的待遇与城镇教师相比还有较大差距。乡村教师是乡村教育的主要载体之一。现阶段，我国实行的是以县为主的办学体制，即义务教育阶段是由县级政府负责的。教师工资通过支付转移的方式，国家对财力薄弱的县区进行补助，以保障教师工资的发放。但由于各地区经济发展不均衡，各省市经济状况不同，工资标准不同。经济发展相对滞后的县，对于教师工资仅能达标，这也是乡村教师留不住的原因之一。乡村教师工资待遇偏低，缺乏职业吸引力，这是阻碍人才投入乡村教育事业的症结所在。

3. 乡村教育发展理念较为陈旧

相比于学校教育，村民对家庭教育的重视程度不高。家长们普遍认为老师的责任是教书育人，家长只管孩子的吃饱穿暖。但是，孩子的教育是需要家庭和学校共同努力的。家长可能难以辅导孩子完成学习任务，但是可以教孩子如何为人处世，对孩子进行心理健康教育，强化其自身素质。此外，家长们过度地"望子成龙""望女成凤"，过度地强化学习的重要性，忽视了孩子的自身发展规律，忽视孩子其他能力的形成，比如人际交往能力、语言表达能力等。

在家访中，有家长表示："我家孩子就是固执，不听话。""她很胆小，不会与人沟通。"

4. 学生家长的素质教育意识缺乏

家长对学习知识的关注度更高，对美育和心育的教学缺乏认识。有家长表示："我家小孩只学了一个唱歌，唱歌能有什么用？""你学跳这种舞有什么用？"一方面，家长对敞开心扉地暴露自我、表达自我有一种羞耻感，另一方面，家长没有意识到素质教育的重要性，认为这是一件没有意义的事情。当然，也有家长表示："孩子学习了舞蹈之后，变得开朗了。"但总体上，家长对素质教育呈现出不理解的态度。

四、高校助力乡村教育振兴中存在问题的原因分析

（一）城乡社会经济发展水平存在差异

乡村教育财政体制存在弊端。目前，我国乡村教育的经费总量投入有限，乡村义务教育经费投入不足，我国的财政性教育投入虽在逐年增加，但增速缓慢，不利于乡村教育的发展。这主要体现在两个方面：一是教育经费分配结构不合理；二是缺少完善的乡村义务教育财政监督机制。与西方发达国家相比，我国缺少专业的第三方监督机构，在行使监督权利时，容易出现形式主义，随着经费投入的不断加大，会出现很多新问题，监督更加困难。

（二）师资力量的累积与城乡经济水平的发展不平衡

1. 乡村教师的职业吸引力不足

我国乡村义务教育师资力量严重缺乏，乡村教师所学专业与实际应用常常不对口，导致师资很不稳定，尤其是美育与心育相关学科。而乡村振兴发展之时，又迫切需要乡村教师的大量补充来提升乡村教育的办学水平。乡村教师的职业吸引力明显不足，乡村教师待遇长期偏低，极大地降低了乡村教师的工作积极性。

2. 乡村教师的培养机制不健全

政府在对乡村教师的定向培养上缺乏统筹规划，现有的乡村教育师资也很难撑得起当前乡村教育发展的重任。目前，迫切需要加强乡村教师队伍整体素质的培养，既包括培训经费的投入，也包括专业技术能力培训的投入，这些对提升教师培训的质量和规模具有重要作用。

（三）城乡教育价值取向存在差异

一些村民受传统计划经济体制的影响，在教育的价值取向上强调社会本位，对乡村教育的地位和作用认识不足，没有给予充足的重视。提高农村人口整体素质是推动农业生产力发展的最直接动力，而地方政府受 GDP 导向影响，重视发展经济，而使教育的投入让步，乡村教育因此被忽视。

（四）乡村教育结构与经济的飞速发展相失衡

乡村教育结构失衡主要包括两个方面：其一是乡村教师学科结构的失衡，语文、数学等学科教师呈饱和状态，而美育和心育相关学科的教师却严重缺乏，在乡村，一个教师任多门课是非常普遍的现象。其二是乡村教师年龄结构的失衡。大多数的乡村学校教师老龄化严重，中老年教师占大比重，青年教师寥寥无几，缺乏新鲜活力。

五、高校美育与心育助力乡村教育振兴的主要路径

通过前文对湖南师大美育与心育助力乡村教育振兴的发展成就和存在问题的分析，发现在过程中仍存在一些问题。立足于城乡义务教育一体化发展理论，可以通过高校、政府、乡村、社会、村民五位一体的多中心协同合作，来解决乡村在教育振兴上遇到的难题。

（一）促进乡村对教育事业的投入

政府及相关部门应对教育给予充足的认识，提供各种教案、课件、期刊、图鉴等资料。在物资上，可以配备相关乐器，建立钢琴角、心理咨询的沙盘模型，为美育提供相关表演场地，为心育提供隐私性较好的心理咨询场地。此外，也应该为乡村老师提供与城市教师交流的机会，比如举办论坛、讲座等活动。

（二）改善乡村教师队伍的工作机制

1. 健全乡村教师补充长效机制

改善乡村教师供给方式，定向培养乡村教师。实施农村偏远地区学校定

向培养师资计划，执行师范生免费培养政策。同时，建立完善的师范生支教政策，吸引优秀师范生到乡村学校支教，及时补充乡村教师队伍，为乡村教育注入新鲜活力。还要强化乡村教师的业务技能培训，尤其是青年教师和新教师的业务提升培训。相关教育部门应提供多种形式的业务提升平台。同时，要鼓励乡村教师进行学历的提升和深入的学术研修，要给乡村教师提供学历提升的机会和条件。

2. 提高乡村教师的待遇和地位

做好吸引优质人才、保留优质人才、培养优质人才的闭环。认真落实艰苦边远地区津贴等福利政策。设立乡村义务教育专项资金作为特殊岗位津贴，并按照偏远艰苦程度分档设立特殊岗位津贴标准，以保证吸引更多的教师到边远地区任教。可创新尝试对乡村教师实施车补，根据偏远程度给予适当交通补助，激励乡村教师到偏远学校工作。此外，也可以将教师职称评聘及表彰奖励等政策向乡村教师倾斜，吸引更多教育工作者扎根乡村。

（三）强化乡村美育与心育的意识

需要提高村民对自己子女接受教育的积极性，降低辍学率，意识到学习文化知识的重要性，以改善乡村教育工作。在此方面需要加强宣传，减少村民因对美育和心育陌生而产生的羞耻感，也可以让村民加入文化表演中，强化村民对美育与心育的认同感。

（四）优化乡村美育与心育的结构与内容

在结构上，可以根据地方特色，开发校本课程，让学生了解家乡文化，形成稳定的乡土认同。此外，需要将美育与心育有机结合，形成美育与心育教育的完整结构和体系，比如添加可以促进留守儿童身心健康的音乐实践课程。在内容上，高校为乡村开足开齐艺术类课程、心理健康课程。国家课程、地方课程、特色课程与丰富的高校社团及学生活动可以相互交融，协同共育，并在美育与心育教学及活动中丰富经验。可以帮助学校搭建多元化的艺术实践平台、心理健康平台，建立"一体化"长效教育机制，面向全体师生。

最后，需要加强城乡间音乐、心理健康老师的交流与合作。总的来说，让学生课内与课外相贯通，将普及与提高学生相关素质相结合，全方位培养学生的艺术能力和心理素质，让学生在阳光下成长，向美而行，向心而行。

六、展望

高校美育与心育助力乡村教育振兴既是贯彻落实国家政策的体现，也是积极履行社会服务职能的体现。本文对湖南师范大学美育与心育助力乡村教育振兴的路径进行深入研究。未来研究可以增长研究时间，以了解高校美育与心育助力乡村教育振兴的动态发展情况，所得结果更加真实、丰富、可观，以便进行比较，并提出相应的对策和建议。

此外，高校应发挥更加积极的作用，加强与当地政府的沟通，以使政策向人才教育倾斜，以解决当下美育与心育面临的挑战，让美育与心育助力乡村教育振兴，推动乡村振兴战略的进一步发展。

参考文献

［1］艾野. 乡村振兴战略下农村教育人才培养现状及路径——评《乡村振兴背景下中国农村教育发展》［J］. 中国教育学刊，2023（4）：122.

［2］张燕. 乡村振兴背景下农村留守儿童心理健康教育对策探析［J］. 基础教育参考，2022（4）：51 – 52.

［3］徐金海. 教育振兴乡村：逻辑起点与实践路径［J］. 人民教育，2022（10）：39 – 42.

［4］陈文胜，李珺. 全面推进乡村振兴中的乡村教育研究［J］. 湘潭大学学报（哲学社会科学版），2021，45（5）：74 – 79.

［5］张旭. 乡村振兴战略视角下 T 县政府推动乡村教育振兴的路径研究［D］. 大连：辽宁师范大学，2018.

［6］黄欢. 试析音乐实践课程对留守儿童心理健康的影响——以黄州思源实验学校为例［D］. 黄冈：黄冈师范学院，2020.

农村留守儿童权益保护机制内涵和路径研究

——以怀化市沅陵县肖家桥乡为例

课题组成员：吴晴宇，周荣威，周家凤，胡雪媛，
杨诗雨，彭琳雯，张诗云，刘思汝，
廖乐儿

指导老师：邓　验

摘　要： 在乡村振兴战略背景下，农村留守儿童问题得到社会各界的普遍重视。但留守儿童的处境不佳；权益难以得到及时、全面的保护；法治教育存在缺位，权益侵害问题普遍存在。对此，通过在肖家桥乡的实地调查发现，留守儿童权益保护存在家庭、学校、社会、政府等方面的问题。如何以法治教育为核心完善留守儿童权益保护的机制，切实保障留守儿童权益，是本文主要的探究问题。

关键词： 农村留守儿童；权益保护；法治教育

一、引言

（一）调研背景

党的二十大报告提出要全面推进乡村振兴，坚持农业农村优先发展。未来五年，改善乡村社会治理需要妥善解决好留守儿童的问题。在当前乡村振兴过程中，留守儿童的问题是党和人民重点关注的问题，已成为社会基础治理的焦点。近年来，政府、乡镇、学校对留守儿童问题高度重视，取得了一定成效，但是在关爱留守儿童过程中也存在权益保护不足的现象。这在一定程度上会降低关爱留守儿童的有效程度，阻碍留守儿童问题的解决并减缓乡村振兴的发展。解决留守儿童权益保护问题有助于保障农村留守儿童的基本权利，改善乡村法治环境，提高人居治安水平，为乡村振兴提供支持。

（二）调研目的

调查选取湖南省沅陵县肖家桥乡肖家桥九年一贯制学校为调查对象。以期达成四个目的：第一，了解留守儿童视角下对自身权益保护现状的认知与感受；第二，了解家长视角下对留守儿童权益保护路径的认知与感受；第三，探讨现行留守儿童权益保护机制；第四，进一步探究现行机制中所存在的问题，分析原因并提出解决措施。

本研究兼具理论意义和实践意义。一方面，在现有文献当中，以"留守儿童""权益保护"为主题的研究课题较多，但是以"留守儿童权益保护"为主题的研究内容略有不足。本研究关注多方视角对留守儿童权益保护的全过程，以期对相关理论进行补充、扩展，为未来的研究提供一定的问卷资料和文献资料。另一方面，本研究在原有权益保护机制基础上提出优化建议，以期助力留守儿童权益保护方式的有效性，为留守儿童问题的解决贡献一份力量，切实保障留守儿童合法权益，助力乡村振兴。

（三）调研方法

本研究作为定性研究，以实地调查法为主，以文献分析法和比较分析法为辅，采取问卷和访谈两种形式，研究范围面向沅陵县肖家桥乡。

1. 实地调查法

对湖南省沅陵县肖家桥乡进行实地调查，通过问卷、访谈等形式，全面收集有关农村留守儿童权益保护的资料，并系统整理收集到的资料。依据分析研究的项目和内容进行分类，对问卷与访谈结果等进行逐项分析研究。对各项分析结果进行综合分析，探求反映总体的规律性认识。

2. 文献分析法

借助中国知网、斯坦福哲学百科全书（Stanford Encyclopedia of Philosophy，SEP）、谷歌学术等，获取与本次调研相关的资料，通过阅读、整理、总结，对留守儿童、基层乡村法治建设、基本权益有一定的掌握，为展开本次调研奠定理论基础。

3. 比较分析法

运用比较分析的方法，分别考察肖家桥乡不同村落之间的权益保护机制，对二者之间的不同之处、形成机理进行相关分析。

二、留守儿童权益保护概况

（一）留守儿童处境分析

1. 多方因素共同影响，留守儿童处境不佳

在肖家桥乡，我们进行了入户式的问卷调查，结果显示，村内留守儿童数量占不满十六周岁未成年人数量的 1/4 以上。其留守儿童问题的主要特点是：数量多、占比大；各年龄段留守儿童数量分布均匀；男性留守儿童数量略高于女性。大量的留守儿童长期得不到父母的照顾与及时帮助。目前，该地的留守儿童已成为一个亟需重视的群体。

2. 各级政府层层助力，留守儿童困境缓解

在中央层面，国务院及教育部正在从四个方面来解决"外来务工者随迁子女教育难"的问题：一是完善入学政策，保障入学机会；二是扩大资源供给，推进就读公办；三是规范民办义务教育发展，强化教育公平；四是加强关心关爱，促进健康成长。继续落实"两为主、两纳入"、以居住证为主要依据的随迁子女招生入学政策等制度，解决随迁子女入学难问题。

在地方，我们所调研的沅陵县正积极构建县、乡、村三级未成年人保护工作体系，形成"党委领导、政府主导、部门联动、专业协同、社会参与、家庭尽责"的未成年人关爱保护模式，积极推进未成年人保护工作。截至 2023 年 4 月，全县享受城乡低保儿童达 2077 人，共计发放城乡儿童低保金 641030 元；享受困难残疾儿童生活补贴 311 人，发放金额 24880 元；发放重度残疾儿童护理补贴 422 人，33760 元。地方政府通过种种举措努力解决留守儿童问题。

（二）权益保护情况分析

1. 排除在家庭决策之外，留守儿童参与权未得到切实保障

我们在对学生的调查访谈中发现，绝大多数留守儿童都明白其意见应当得到父母或其他家长的尊重，但在实际生活中，大多数情况下家庭做出决策不会征求其意见，其意见即使提出也无法获得家庭的重视。与此同时，因为肖家桥乡经济较为落后，交通不便，留守儿童获取决策信息、参与家庭决策的渠道和形式单一，基本无法行使其参与权，权利未得到切实保障。

2. 学校基础设施落后，仅可保障留守儿童基本发展权、受教育权

在国家普及义务教育及"知识改变命运"理念的影响下，肖家桥乡的留守儿童都能够接受义务教育。为保障所有适龄儿童的受教育权、发展权，肖家桥乡政府建立了肖家桥乡九校，接收所有适龄儿童。但学校仍存在诸多不足：教育设施落后，缺少文体活动设施；学校基础设施建设陈旧，课桌椅等必要设施难以支撑高质量的教育；师资力量不足，拓展课程开设较少；等等。学校目前的条件仅仅能够保障留守儿童的基本发展权、受教育权。

3. 学校、政府联合，切实保障留守儿童受保护权

肖家桥乡政府高度重视包括留守儿童在内的未成年人保护工作：司法所定期开展"普法进校园"活动，宣讲《未成年人保护法》，加强留守儿童权利意识；学校经常开展"防霸凌"班会，从意识上防止歧视、霸凌等现象的出现；妇女联合会经常性救助缺少父母关注的留守儿童，给予关怀；等等。肖家桥乡积极阻绝校园霸凌、家庭暴力等现象的产生，切实保障留守儿童的受保护权。

4. 乡政府受限于资金困境，保护力度仍存不足

乡政府高度重视包括留守儿童在内的未成年人的生存权的保障，经常性开展防溺水教育、防性侵教育等系列活动。2022 年至今，肖家桥乡纳入公安天网工程，在人员密集场所和学校周边主要路口布设 29 个监控探头，时刻关注留守儿童的生命安全。但受限于地方财政及相关人才，目前当地的医疗卫生事业、心理健康事业发展滞缓，无法充分满足留守儿童生存和发展的需要。

（三）现行权益保护机制

1. 以家庭保护为补充，父母过于依赖学校教育

在现行的权益保护机制内，家庭保护往往处于次要地位。父母及照顾留守儿童的（外）祖父母没有能力及时对留守儿童进行保护。学校教育作为家长能够接触到最近、最方便的方式，成为留守儿童权益保护的主阵地。

2. 以学校教育为基本，学校承担职责过大

由于家庭保护的缺位及家长的普遍选择，学校教育承担了大部分留守儿童权益保护的职责，成为留守儿童权益保护的基础。但学校受限于师资力量及资金支持，无法承担起如此责任。

3. 以乡村文化为保护根据，权益保护覆盖面小

在乡村，人们大多以乡村文化的道德评价为根据对行为进行规范，因此在针对留守儿童权益侵害行为时，多以乡村文化为依据进行保护。但该朴素的文化道德观不能涵盖所有应保护的权益，可能就会出现权益受到侵害却无人对留守儿童进行保护的局面。

4. 以基层政府保护为主导，保护力度亟需加强

政府也在积极参与并主导着留守儿童的权益保护。乡政府经常性地开展普法宣传、防性侵、防溺水等主题教育，也建立辅警专责制度对各村留守儿童进行针对性保护。但是，受限于财政、人员，基层干部"一肩挑"，难以对留守儿童的权益进行全面保护。同时缺乏相关人才，一些保护制度无法有效建立。

三、留守儿童权益保护困境成因探究

（一）制度成因：保护力度不足

1. 现行教育制度

由于户籍制度、入学制度的一些限制条件，进城务工的父母难以安排子女在城市接受教育，只能将子女交由（外）祖父母或其他亲戚照顾，留在农村，从而形成留守儿童现象。解决随迁子女的教育问题，对于解决留守儿童问题有极大的帮助。

2. 委托监护制度

由于父母外出务工，留守儿童必然有一个委托的监护人。如何规范委托监护人的行为尚未有相应的制度，亟需完善这一制度，让委托监护人切实履行好职责、保护好留守儿童权益。

3. 行政与司法保护滞后

基层政府的人员、资金不足，各部门职责划分不清，相应制度不够完善，未专门设立针对留守儿童的岗位或人员，留守儿童的权益保护难以得到保障。基层干部人员缺乏，相关专干身兼数职；另外具备留守儿童心理教育能力的专业人才和队伍少之又少，心理教育基本无法开展，对留守儿童的关怀和权益保护力度总体不足。

在司法救济方面，我国虽颁布了诸多未成年保护的相关法律，但对地方的针对性不强，在地方司法实践中难以真正具体化，司法救济难以提供切实保障，其对于留守儿童的保护力度更加不足。

（二）监护人：主体职责缺失

父母作为留守儿童权益保护的第一道防线，由于长期的陪伴缺失、自身受教育水平不高等因素，难以及时、准确地认识到留守儿童的权益受到损害。他们难以及时、正确地保护留守儿童的权益，制止侵害行为，对于子女出现的不良行为难以及时发现，抑或持放任不管的态度，无法做到对留守儿童权益的保护。另外，父母对于陪伴义务认识的不足，也成为其在家庭教育与保护中发挥作用的严重阻碍。留守儿童的成长缺乏父母的教育，其对自身的权益也难以有正确的认识。

（三）观念：乡村淳朴观深入人心

农村地区观念淳朴，重视"以和为贵""得饶人处且饶人"，面对侵害留守儿童权益的行为，大多都采用协商的态度，甚至会出现退让的情况。加之农村空心化严重，村中留下的成年人普遍受教育水平不高，存在着不能辨别侵害行为的情况，又或者面对权益侵害无能为力，放任侵害留守儿童权益的行为。

目前农村的学校普遍存在着师资力量不足、教育经费紧张的问题；并且在村民的观念里，老师应该解决孩子学习成长的问题，对学校寄予了极大期望，学校承担了巨大的责任。但现有的师资力量难以承担如此重大的责任，许多权益保护制度难以落实，对留守儿童权益保护的教育难以开展。另外，学校只针对学生教学，在教育家长保护留守儿童权益的方面较为欠缺，对权益保护路径的促进作用不够全面。

（四）社会：各方参与度不足

当地村民对留守儿童权益保护话题关注度不高。舆论效用不足，缺乏热度高的相关报道。学术界对留守儿童权益保护的关注度也不高，2019年至2023年，关于"留守儿童权益保护"的论文仅有20篇。由于留守儿童权益保护的低关注度，社会各界的参与度也严重不足。面向留守儿童保护的社会组织数量较少、能力欠缺，社会参与的保护作用微弱，亟需号召社会各界积极参与到留守儿童权益保护的活动中来。

四、留守儿童权益保护机制完善路径

（一）坚持以国家保护为主导，完善留守儿童权益保护机制

突显国家保护主导地位，需要结合完善立法和提升执法与司法救济水平两条路径，有效增强对农村留守儿童权益的法律保护。国家应完善教育法律法规，地方应因地制宜制定具有针对性的地方法规、地方规章。在法律实施过程中，合理划分属于不同部门、不同层级的国家机关的职责，落实并不断完善相应责任机制具有重要意义。结合留守儿童问题的实际情况，不断总结立法、执法、司法经验，提高对留守儿童的保护水平。

1. 完善相关法律法规

完善相关法律法规主要包含完善教育法律法规、完善委托监护制度、完善相关地方性法规和地方政府规章三个方面。

其一，应完善以《教育法》为核心的教育法律法规。以《教育法》为核心的教育法律法规明文规定，父母有为自己未成年子女提供接受教育的必要条件的义务，并有义务配合学校对未成年子女进行教育；接受教育者在受教育过程中应当享有平等的权利，包括平等入学、平等升学。为全面保护农村留守儿童的受教育权利，确有必要进一步完善教育法律法规，对于如何为留守儿童提供必要、合理的教育资源保障作出明确且操作性强的详细规定，从而开展相应的教育活动和保护活动。

其二，应明确委托监护制度下的监护责任。《民法典》明确要求父母对未成年子女进行监护，对他们负有抚养、教育、保护等义务。监护人是儿童成长过程中必不可少的角色，国家对监护人资格作出了严格的规定。农村留守儿童由于父母外出务工而难以履行监护职责，为了更好地保护其权益，我国逐步建立了委托监护制度。但目前缺乏相应法律规范来实现对委托人、受托人的监护履行监督的制度设计，以致履行监督不足，难以及时对农村留守儿童监护不到位的情况作出督导和规制。鉴于此，可以考虑建立监督人、监督机构制度。从实际出发，可以推选农村留守儿童的亲友或村干部作为监督人，乡镇政府或民政部门作为监督机构，并由当地基层群众性自治组织、妇

联组织提供协助。

其三，完善专门针对农村留守儿童的地方法规。我国幅员辽阔，区域差异显著是一个必须正视的社会现实。因此，在必要的情况下，可以由相应地方人大及其常委会、地方政府结合当地实际，在职权范围内制定保护当地农村留守儿童受教育权利的地方性法规政策，从而更好地为当地农村留守儿童及其家庭排忧解难、提供保护。

2. 提升行政执法和司法救济水平

法律保护包含立法、执法、司法维度。在有良法可依的前提下，提升行政执法和司法救济水平是将法律文本切实转化为法律实践，将农村留守儿童的应有权利转化为实有权利的必由之路。

其一，提升行政执法水平。应当合理划分不同行政机关的职责，落实完善相应责任机制。在确保各机关在各司其职而又相互配合的前提下，还应当结合农村留守儿童问题的实际情况，不断总结行政执法经验、完善行政执法措施。

其二，提升司法救济水平。应当通过总结办案经验，寻找留守儿童犯罪的成因和特点来建立预防农村留守儿童犯罪的相关制度，从而有效控制农村留守儿童的刑事犯罪率。对于以农村留守儿童作为犯罪人的案件，应采用适合未成年人的司法程序，在调查方面不仅要关注留守儿童的犯罪动机、手段、目的，还要考虑留守儿童的成长环境、家庭情况、学习状况、心理状态等，综合分析其犯罪的主观方面，衡量其违法性与危害性，教育与惩戒相结合。

（二）坚持以家庭保护为基础，夯实留守儿童权益保护基石

父母身为孩子监护人的责任缺失，隔代参与照料呈现常态化趋势，需要强化孩子监护人的法律意识和责任意识。农村留守儿童权益保护问题的改善，归根结底是监护人责任意识和教育意识的改变。

运用教育媒介手段，提高农村家庭的科学育儿水平。家庭平均文化水平的低下，限制了父母家庭教育水平的提升。此外，农村地区整体教育发展环境的不完善，也制约了农村家庭育儿知识的获取渠道。针对农村地区发展现状，普及科学知识，提高整体教育水平，非常必要且重要。发挥各种科学有效的教育媒介作用，改善孩子教育中的科学知识缺乏现状，让父母真正意识到，孩子的教育不仅是经济支持，父母的陪伴与共同成长也同样重要。

（三）坚持以发展教育为促进，普及留守儿童各项基本权益

加强农村社区的文化建设，为留守儿童教育创造良好的外部成长环境。建立农村文化发展长效机制，改善农村地区文化活动内容单一局面，提高农村社区整体文化建设水平。为包括留守儿童在内的孩子们，创造一个条件良好、内容丰富的外部生活环境。农村地区高水平文化人才的不足及文化建设的滞后，制约了农村社区文化建设水平的提升。培养当地文化骨干，丰富文化娱乐生活内容，需要持之有效的发展机制。

建立家庭、学校和社区三者联动的有效机制，共同担负留守儿童教育的重任。首先，教育是一个科学的系统工程，它是由学校教育、家庭教育和社会教育共同组成的教育体系。对于未成年人来说，对社会的应变能力及价值判断能力还没有养成，如何应对社会的变化，来自家庭教育和学校教育两个方面的导向作用非常重要。此外，社会共同支持留守儿童的教育事业，对留守儿童问题的根本改变具有重要意义。

（四）坚持以社会参与为补充，动员参与留守儿童权益保护

社会力量参与留守儿童关爱服务活动的力度需进一步增大。目前，留守儿童关爱服务参与者主要有学校教师、志愿者及社会各单位的工作人员等，如何把这些力量整合起来，统筹发挥合力，实现专业和精准帮扶，丰富优化关爱工作的内容和形式，是今后亟待解决的重要问题。通过调研发现，当前留守儿童关爱服务的社会力量参与程度还不够深刻，儿童服务类的社会组织成长发育不足，客观上影响并制约了农村留守儿童关爱服务向更深层次、更高质量发展。特别是在培育孵化社会组织方面，对儿童服务类的社会工作服务机构、公益慈善组织和志愿服务组织培育得还不够，社会组织的专业化、精细化与精准化服务能力建设还有待持续推进。

设立面向农村地区的社会教育服务专项基金，招募社会民间团队参与农村留守儿童的教育事业。鼓励包括大学生社团、非营利组织在内的各种社会民间力量，积极参与到农村儿童教育事业建设中。建立社会教育服务专项基金，肯定并支持社会服务工作，可以极大促进并提高社会民间团队参与农村儿童教育事业的积极性，外部的参与可以弥补当地文化力量不足的问题。

五、结语

当前我国正处于社会经济高速发展与城市化加速推进的阶段，同时积极推进乡村振兴战略。乡村振兴战略是我国重要的战略举措，旨在推动农村经济发展、改善农民生活和实现城乡共同发展。留守儿童的健康成长和全面发展与乡村振兴战略密切相关，对于构建富有活力的乡村社会、促进农村可持续发展具有重要意义。

根据沅陵县肖家桥乡的调研结果，可以看出农村留守儿童问题由社会转型变迁和城市化进程加快所衍生，仍存在诸多亟待解决的问题。在乡村振兴的背景下，究竟如何更好地保护留守儿童的合法权益，本调查虽已初步提出相关建议，但更深层次的体系完善仍需进一步的研究与思考，更需要当地政府深入了解留守儿童，贴近基层生活，因地制宜，寻找最优的留守儿童权益保护方式，使法律能够充分发挥作用。相信随着全面依法治国和乡村振兴战略的不断推进，我国农村留守儿童权益的法律保护问题将得到有效解决。

第五部分　生态文明发展篇

以"水"为营：乡村水环境
建设的产业生态化研究
——以杨家山村和柏叶村为例

课题组成员：陈　鑫，谢孟曦，余雪仪，罗欣洁，
　　　　　　鲁杨钰
指 导 老 师：李师澳

摘　要：靖港镇位于长沙市望城区西北，地处湘江西岸，是沩水入湘江三角洲地带，为天然良港，水资源丰富，境内有团头湖、千龙湖等多个大小湖泊。因此，对于靖港镇而言，因地制宜围绕水环境做好治理和产业建设工作显得尤为重要。本文以靖港镇内杨家山村和柏叶村为主要调研对象，用层次分析法对两个村庄目前的水环境治理总体绩效进行量化评估，总结了两村在水环境治理和产业建设上的六大特色，以及两村在当前措施下的效益与不足，提出"进一步推动围绕水环境建设的产业生态化发展"道路，建议以打造特色产业、加强技术指导、建立评比机制等方法弥补当前不足，完成"以水为营"带动当地产业发展方案的深耕厚殖。

关键词：水环境建设；产业生态化；量化评估

一、引言

水环境建设是指在传统的以水岸划分为界的基础上，融入规划的理念，在遵循自然规律的前提下，从顶层整合，以生态为基石，协同水利、景观各方面，实现生态治理的景观化与体系化，在系统性上更好地解决问题。这种体系建设强调以生态功能的实现为前提，构建可持续的生态治理系统。

产业生态化是指遵循自然生态有机循环机理，以自然系统承载能力为准绳，对区域内产业系统、自然系统和社会系统进行统筹优化，通过改进生产方式、优化产业结构、转变消费方式等途径，加快推动绿色低碳发展，持续

改善环境质量，提高生态系统质量和稳定性，全面提高资源利用效率，从而促进人与自然和谐共生。

水环境是构成"绿水青山"的基本要素之一，是人类社会赖以生存和发展的重要场所。而产业生态化是实现乡村振兴，践行"绿水青山就是金山银山"理念的重要保障。本文以靖港镇杨家山村和柏叶村为研究对象，旨在探索水环境建设和产业生态化之间的联系，总结相关经验与不足，并提出可行性建议。

本调研报告可行性如下：第一，从水环境建设和产业生态化的理论内涵出发进行分析，理论依据充足；第二，采用数理统计方法进行量化评估，有客观数据支撑；第三，本次调研的两个主要对象村庄在环境质量方面均荣获多项荣誉，典型性强；第四，将两调研地的调研结果进行整合分析，结论可靠。

二、杨家山村和柏叶村的基本情况与建模评估

本次调研的对象主要是靖港镇杨家山村和柏叶村，通过实地考察、问卷调查、实地走访等方式，我们掌握了两村的基本情况，同时使用层次分析法对当地水环境建设情况进行了评估。

（一）村庄基本情况

1. 杨家山村

杨家山村地处长沙市望城区西北部，北靠千龙湖，南临沩水河，西与宁乡交界。全村总面积 8.1 平方千米，共有 8000 多人。近年来，杨家山村村委会积极推动美丽乡村建设，成效显著。杨家山村先后获得了长沙市法治乡村建设示范村、长沙市美丽宜居村庄、望城区优秀党组织、省级卫生村、省级文明村等荣誉称号。

2. 柏叶村

柏叶村地处长沙市望城区西北部，位于宁乡、益阳的交界处，交通便利。全村总面积 7.2 平方千米，共有 4000 多人。柏叶村于 2006 年被确定为长沙市望城区社会主义新农村建设示范村；2021 年 11 月，被中共湖南省委实施乡村振兴战略领导小组办公室授予"湖南省省级乡村振兴示范创建村"称号。同时，柏叶村还是全国循环农业水稻示范基地之一。

（二）水环境建设评估

通过走访调查和实地调研，仅能了解杨家山村和柏叶村水环境建设的大

致情况，主观性较强。为了使评价客观准确，调研团队将走访考察、实地调研及调查问卷所得数据量化，构建指标体系与模型，运用 Excel 和 MATLAB 软件对水环境建设情况进行量化评估。

1. 指标体系与模型

本研究从生态环境质量、水污染控制及公众满意度等角度，构建农村水环境治理绩效评估指标体系，利用层次分析法对杨家山村和柏叶村的水环境建设绩效进行评估。

层次分析法是将决策问题按总目标、各层子目标、评价准则直至具体的备投方案的顺序分解为不同的层次结构，然后用求解判断矩阵特征向量的办法，求出每一层次的各元素对上一层次某元素的优先权重，最后再以加权和的方法递阶归并各备择方案对总目标的最终权重。层次分析法在安全科学和环境科学领域有较多应用。

结合实际调研，针对杨家山村、柏叶村建立了农村水环境治理绩效评估体系框架。目标层为农村水环境治理总体绩效评价，中间层为 8 项子目标层：农村生活污水控制、农村生活垃圾控制、种植业污染控制、养殖业污染控制、饮用水达标提标情况、组织机构建立情况、运行机制建立情况和公众参与情况。最低层为 24 项指标层，不同的子目标层有相对应的指标，具体见表 1：

表 1　农村水环境绩效治理评估指标体系框架

编号	目标层	编号	子目标层	编号	指标层
C_1	农村水环境治理总体绩效评价	D_1	农村生活污水控制	E_1	农村生活污水处理率
				E_2	生态厕所改造率
				E_3	农村环境连片综合治理率
		D_2	农村生活垃圾控制	E_4	生活垃圾分类回收率
				E_5	垃圾定点存放清理率
				E_6	生活垃圾无害化处理率
		D_3	种植业污染控制	E_7	有机肥施用情况
				E_8	秸秆还田情况
				E_9	节水灌溉率比上一年提高率
		D_4	养殖业污染控制	E_{10}	畜禽粪便处理情况
				E_{11}	畜禽污水处理情况
				E_{12}	开放水体水产品养殖情况

（续表）

编号	目标层	编号	子目标层	编号	指标层
C_1	农村水环境治理总体绩效评价	D_5	饮用水达标提标情况	E_{13}	美丽河湖建设情况
				E_{14}	水质达标率
				E_{15}	净水入户率
		D_6	组织机构建立情况	E_{16}	当地农村水环境监测、治理能力建设情况
				E_{17}	当地农村水环境执法能力建设情况
				E_{18}	当地农村水环境宣传能力建设情况
		D_7	运行机制建立情况	E_{19}	是否建立了农村水环境治理管理工作的领导机制
				E_{20}	是否制定了农村水污染控制相关政策、制度和规定
				E_{21}	是否建立了农村水环境治理的专项保障资金
		D_8	公众参与情况	E_{22}	是否建立了农村水环境治理的相关公众参与机制
				E_{23}	对农村水环境治理的相关事宜进行公开情况
				E_{24}	公众对本地区农村水环境治理的满意情况

2. 评估结果

根据已回收的 105 份有效问卷，统计杨家山村和柏叶村 E_1 到 E_{24} 项指标赋分平均分，具体见图 1 和图 2。

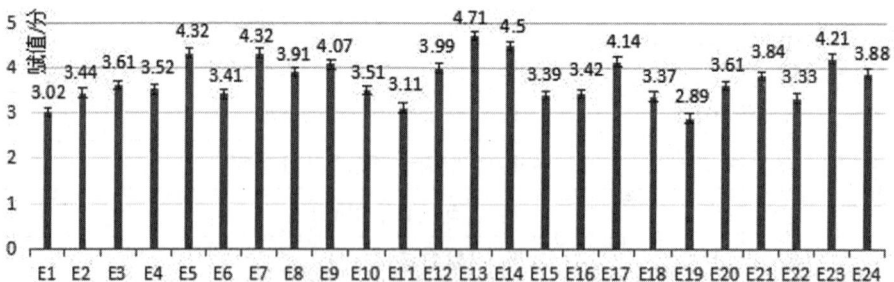

图 1 杨家山村水环境治理绩效评估各指标赋分平均分

图 1 显示，杨家山村评分在区间 [4, 5] 的指标共计 7 项，占 29.17%；评分在区间 [3, 4) 的指标共计 16 项，占 66.67%；评分在区间 [2, 3) 的指标仅 1 项，占 4.17%；无 2 分以下指标。从单项赋值结果与综合评分比较

来看，低于综合评分的有 13 项，占 54.17%，在提升规划中需要重点改善和优化。高于综合评分的有 11 项，占 45.83%，需巩固建设成果。

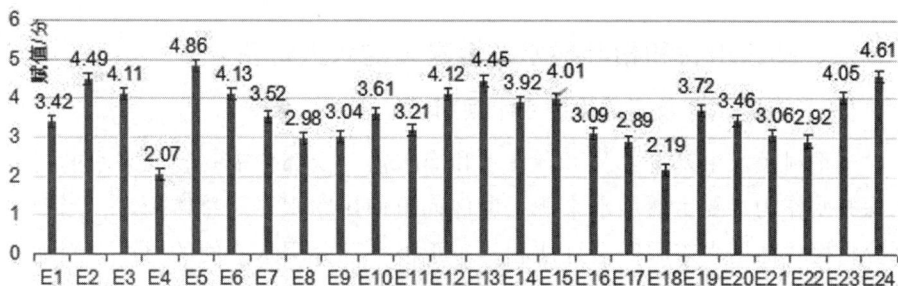

图 2　柏叶村水环境治理绩效评估各指标赋分平均分

图 2 显示，柏叶村评分在区间 [4，5] 的指标共计 9 项，占 37.50%；评分在区间 [3，4) 的指标共计 10 项，占 41.67%；评分在区间 [2，3) 的指标仅 5 项，占 20.83%；无 2 分以下指标。从单项赋值结果与综合评分比较来看，与杨家山村情况相同，低于综合评分的有 13 项，占 54.17%，在提升规划中需要重点改善和优化。高于综合评分的有 11 项，占 45.83%，亦需巩固建设成果。

按照层次分析法计算每个子目标层对相应的指标层的权重，依次加权求和得到杨家山村和柏叶村 D_1 到 D_8 项指标分值，具体见表 2：

表 2　杨家山村和柏叶村子目标层分值

	D_1	D_2	D_3	D_4	D_5	D_6	D_7	D_8
杨家山村	3.23	3.55	4.07	3.37	4.16	3.63	3.43	3.68
柏叶村	3.76	3.66	3.16	3.47	4.02	2.88	3.46	3.53

根据评价标准（0~1 为非常差，1~2 为差，2~3 为较好，3~4 为好，4~5 为非常好），杨家山村有 6 项指标达到好的标准，有 2 项指标达到非常好的标准，说明杨家山村的水环境治理建设较为均衡和全面。柏叶村有 6 项指标达到好的标准，有 1 项指标达到非常好的标准，而 D_6（组织机构建立情况）仅达到较好标准，说明柏叶村水环境治理建设较不均衡，在组织机构建立方面有所不足，需加强建设。

最后，计算目标层对子目标层的权重，加权求和得到杨家山村综合评分为 3.6767，柏叶村综合评分为 3.6160。说明两村水环境治理建设整体达到了好的标准，但仍有较大的进步空间。

本研究受调研时间、经费等因素限制，虽有一定误差，但在一定程度上反映了杨家山村和柏叶村的水环境建设情况，具有一定的参考意义。

三、杨家山村和柏叶村水环境建设的六大特色

（一）自来水普及下的生活用水规划

当地村民家中基本普及了自来水和净水器，少部分未安装自来水的村民以深井水作为主要生活用水来源，但他们也使用净水器。总体而言，当地大部分村民生活用水来源安全且便利。对于极少部分用水不便的村民，当地政府非常重视，并主动给予其帮助。除了用水来源，生活用水的后续处理也是当地水环境建设工作的重头戏。据实地考察和村民反映，该环节还较为薄弱。村民各家各户的生活废水处理是尚待解决的问题。另外，由于村民个体也存在家禽养殖的情况，所以废水处理需要综合规划与努力。

（二）大小沟渠联通下的灌溉系统建设

农村水环境建设离不开灌溉系统的建设，布局合理的灌溉系统对于农田建设具有举足轻重的作用。当地沟渠众多，且规模不一。沟渠水的主要来源是千龙湖水库和宁乡黄材水库。沟渠的主要作用有两个，一是灌溉，二是预防洪涝灾害。杨家山村和柏叶村的沟渠系统都比较发达。现阶段的主要问题是如何保障水质，避免大规模垃圾污染和水质恶化。此外，值得注意的是，杨家山村福寿螺泛滥明显，福寿螺对农作物的破坏极大，加强福寿螺的治理迫在眉睫。

（三）国家级景区加持下的旅游湿地建设

长沙千龙湖生态旅游度假区，位于湖南省长沙市望城区靖港镇，是国家AAAA级景区。自开发以来，千龙湖逐步建成了休闲度假、蔬菜种植、水产孵化、生态山庄等配套体系，成为一座具有综合接待能力的大型度假区。园区内环境优美，生态和谐，是商务会议、休闲度假与拓展培训的理想场所。千龙湖最初的开发建设对周围环境的改善起到了非常大的作用，同时还有效带动了当地居民的就业。现阶段，千龙湖景区要进一步朝着产业生态化的目标迈进。据了解，景区将进一步完善内部生态环境处理办法，加强垃圾分类等环保建设。同时，千龙湖外湖还将进一步发展生态养殖，扩大特色鲍鱼养殖规模。作为当地旅游龙头企业，在促进产业生态化进程上，千龙湖肩负重任。

（四）生态"渔院士"支持下的水产基地建设

当地的水产基地颇具特色，技术含量极高。这里的水产基地获得全国著

名"渔院士"刘少军院士及其科研团队的支持。基地养殖的鱼苗除了普通鱼种外，大多为经刘院士团队培育的优质鱼种，如合方鲫、三倍体鲫鱼、杂交翘嘴鲂等。在刘院士的支持下，当地水产基地的鱼产品销售渠道多元化，因此也具有可观的经济效益。同时水产基地里的乌龟、甲鱼可以及时消耗基地里死掉的鱼，实现资源的充分利用。这种模式符合绿色、循环、共生的理念，是产业生态化的范例。

（五）党群齐心擘画下的新社区建设

党群齐心，其利断金。以吐蛟湖为中心建设文化广场最初是杨家山村民的想法，他们以保护吐蛟湖生态环境为初心，以期建设一个人与自然和谐共生的自然文化广场。当地基层组织在了解相关情况后积极予以响应和帮助，党员干部积极作为，充分发挥先锋模范作用。目前，吐蛟湖文化中心还在建设当中。这一新社区建设模式的最大特点就是村民主动，充分发挥了主人翁意识。这种围绕当地湖泊建设新社区的发展模式是当地水环境建设的一个启发点，但具体实施过程中的困难需要政府和人民齐心协力应对。

（六）绿色生态理念指引下的水稻种植基地建设

"土地平旷，屋舍俨然"既是陶渊明对桃花源的描写，也是柏叶村的真实写照。柏叶村是依托农业发展的村庄，是典型的农业村。然而，它的典型也是别具一格的典型：柏叶村积极顺应绿色发展理念的要求，在生态农业发展的道路上肯下苦功夫、敢下苦功夫，与望城区湘江村达成合作，引进水上水稻种植技术，同时综合鱼类养殖，实现"一水两用，一水两收"的农业增产增收新模式。该模式充分利用资源和空间，鱼类产生的丰富营养物质，足以提供禾苗健康生长，禾苗根还能为鱼类提供食物，同时还承担着净化水质的作用。最终其因水稻种植的生态性，成为全国循环农业水稻示范基地。目前，该基地正在尝试引进其他的鱼类，如甲鱼等，实现更高的收益。在种植与养殖结合的模式下，不会再对水稻施加农药，更生态环保。虽然水上种植的水稻产量尚不能超越传统模式下种植的水稻产量，但因其具备绿色、生态、可循环等特质，其经济价值也更高。

四、杨家山村和柏叶村产业生态化建设成效

在顺应可持续发展要求的背景下，杨家山村和柏叶村在产业生态化上也取得了初步成效，主要体现在以下四个方面。

（一）推动经济发展

柏叶村和杨家山村通过发展循环农业、生态旅游及庭院经济等多种模式对农村产业进行生态化改造。在"望城鲌鱼"等特色产业的推进下，村民的收入不断增长，促进了农村经济的发展，带动了当地的乡村振兴。同时，"企业 + 农户"的模式助力了当地贫困户的脱贫致富。水上水稻、鱼稻共生等绿色种养模式保证了资源的循环利用，促进了产业的可持续发展，为当地经济带来长远效益。

（二）促进环境保护

2019 年 11 月，柏叶村和杨家山村所在的望城区被生态环境部授予第三批"国家生态文明建设示范区"称号。2021 年，柏叶村多地被评为美丽宜居村庄。同年，杨家山村从省定贫困村华丽蜕变为美丽宜居村庄。两村秉承着"既要绿水青山，又要金山银山"的理念，将保护生态环境与发展绿色产业相结合，始终维护当地良好的生态环境。通过畜牧业、水产养殖业与种植业的结合，实现了禽类和鱼类排泄物的高效利用，同时减少了化肥农药的施用，保证了当地水环境的绿色安全。两村在发展的过程中始终把生态环境保护放在第一位，让绿色成为该地亮丽的底色。

（三）完善村庄建设

柏叶村和杨家山村将生态产业的发展与美丽宜居村庄的建设相结合。在实现产业生态化的过程中，当地的基础设施也不断完善，有效提高了居民生活幸福感。相关管理机制的设立也促使居民自觉维护环境卫生，提升了居民自身的文明素养。产业的发展有效缓解了当地就业岗位不足的局面，带动当地人才的回流，为农村发展注入新鲜力量。新兴技术的引进和生态理念的传播改变了普通农户传统的种植方式，为农户适应新农业提供了及时的帮助。

（四）激发文化活力

产业的生态化，尤其是旅游业的生态化，为柏叶村和杨家山村带来了深远的文化效益。当地旅游业充分挖掘优秀历史文化资源，不仅提升了当地人的文化自豪感，还让当地文化真正走出去，让外部经济源泉流进来。比如：一方面，靖港古镇通过重塑古街古风，再造水上繁华，秉承码头商埠文化，恢复古镇"八街四巷七码头"的历史格局，打造湖湘文化特色街区。另一方面，当地深挖古镇历史，梳理古镇的古建筑、老物件，真正做到讲好靖港故事。

五、杨家山村和柏叶村当前发展模式下的不足之处

尽管杨家山村和柏叶村在围绕水环境建设的产业生态化发展道路上摸索出了适合自己的发展方式并取得了一定成效，但在实际应用和操作中仍存在一些不足，主要体现在以下三个方面。

（一）产业生产链不成熟

杨家山村和柏叶村基地发展虽颇具成效，但明显存在产业链不成熟问题：一是基地管理分工不明确；二是基地基础设施建设不够完善；三是与当地政府的沟通合作不紧密，两者没有形成密切的合作链。除此之外，基地水资源充足，做到了循环生态利用水资源，但广阔的水域面积只有部分投入使用并产生经济效益，规模较小。水稻的生产、加工、销售没有形成完整的产业链。

（二）产业特色不鲜明

现杨家山村和柏叶村都积极致力于建设和谐美丽宜居村庄，并取得不错的成效。当地建成了"一基地一果园"。基地是指稻鱼共生水产基地，果园主要种植古巴桃和脐橙两种水果。虽然水产基地和果园都具有一定的技术支撑，但品牌口碑尚未打响，尤其是果园建设缺乏可持续性建设方案，没有鲜明特色。当地支柱产业尚不清晰，应早日建成当地特色产业。

（三）产业生态网络不完善

尽管杨家山村与柏叶村在单个产业范围内实现了产业生态化，但是各个产业之间并未形成彼此联通的生态化。当前产业生态化规模和实现范围还比较小，没能形成较大规模的生态网络，不便于统一管理和建设。企业层面、集群层面、制度层面三者还没有做到有机结合，需共同努力以构建统一的产业生态化网络。

六、对策建议

针对当地水环境建设和产业生态化发展的特点与不足，调研团队建议继续走"以'水'为营——进一步推动围绕水环境建设的产业生态化"道路，并提出了以下四点具体建议。

（一）发展特色产业，合理高效利用资源

产业发展要因地制宜，打造特色品牌，充分利用资源优势。调研团队建

议当地在现有三大基地（水产养殖、水稻种植、果园）的基础上将三大产业进行综合整理，构建联合发展的生态网络，寻求最大公约数，打造集合型特色农业产业，最高效率利用当地资源。

（二）强化技术先导，优化产业亲水结构

技术保障是产业高产之本，技术起到关键作用。杨家山村水产基地采用院士团队的高质量鱼苗，既易于养殖和管理，又有优质口感。依托院士团队的资源和平台，水产基地的经济收益明显更可观。因此，当地要以此为鉴，不仅在鱼苗上要依托高技术，在综合治理上也要采用科学技术，优化基地亲水结构；不仅在水产基地上要引进先进技术，在其他产业上也要尽力引进技术人才。

（三）制定奖惩机制，激发产业内生动力

为促进当地生态化建设落实到位，调研团队建议当地政府可依具体情况制定相关规定，建立合理的奖惩机制，提高群众的自觉性，激发产业的内生动力。为寻求科学化的奖惩体系，当地应该先广泛调查民意，结合具体实际，分区域、分领域、分主体制定评比机制，不能一刀切。

（四）坚持绿色理念，构建绿色产业体系

当地产业生态化发展初见成效，但真正实现可持续发展需要绵绵用力、久久为功。绿色发展既不能一蹴而就，也不能半途而废。当地政府要树立信心，积累经验，在现有产业布局的基础上逐步构建起适合当地的全面绿色产业体系，以产业生态化的步伐实现当地经济和环境的双丰收。

参考文献

[1] 江泽林. 乡村振兴，生态和产业要融合 [N]. 人民日报，2018-03-28 (020).

[2] 刘磊. 水环境治理与产业生态化：困境与路径 [J]. 党政干部学刊，2016 (12)：57-61.

[3] 郭欣. 水乡型古镇的保护与利用研究——以湖南省望城县靖港镇为例 [D]. 长沙：湖南师范大学，2013.

[4] 郭金玉，张忠彬，孙庆云. 层次分析法的研究与应用 [J]. 中国安全科学学报，2008 (5)：148-153.

[5] 殷芳芳，郭慧芳. 基于AHP的浙江省农村水环境治理绩效评估 [J]. 西南师范大学学报（自然科学版），2021，46 (9)：136-146.

旅游发展背景下传统村落
景观保护更新的挑战与对策
——基于十八洞村的调查研究

课题组成员：范苨予，栾　奕，肖能兴，贺彩虹
　　　　　　邵如萍，郑安平，石玉琪
　指导老师：王　钊

摘　要：随着乡村振兴事业的不断推进，传统村落旅游业的发展使乡村经济快速增长的同时，也给当地的原始乡村景观带来了一定程度的挑战。本文以湖南省湘西花垣县十八洞村这一典型旅游型传统村落作为研究对象，综合运用文献研究法、个案研究法、问卷调查法和半结构式访谈法，探寻传统村落旅游业发展与乡村景观保护的平衡点。调研分析发现，十八洞村存在耕地景观遭到破坏、部分建筑风格商业化、村寨旅游发展不平衡导致景观格局混乱等景观问题。通过深入研究背后原因，团队提炼出如村落景观系统规划、旅游生态性控制、景观功能持续更新等对策方法，对十八洞村高质量发展具有重要意义，并为更多同类型传统村落提供有效的借鉴意义。

关键词：旅游业；传统村落；乡村景观

一、引言

（一）研究背景

1. 现实经济状况

在我国实现全面脱贫的背景下，为进一步巩固其成果，乡村振兴战略由此实施。随着我国总体 GDP 的快速增长和人均可支配收入提高，旅游业已然成为重要的新兴经济增长点，而传统村落仅依靠农业难以实现经济的快速发展。因此，借助旅游业进行转型升级成为传统村落经济发展的一个优秀模式。本次调研对象选取湖南地区具有典型性旅游型传统村落——湘西花垣县十八

洞村，其正是依靠旅游业成果实现转型升级的典型代表。

2. 旅游业对传统村落的影响

作为中华优秀传统文化的重要载体，传统村落在进行转型升级的同时，也会对其固有的传统文化及独特景观造成一定的影响。

对自然景观：传统村落在发展旅游业的过程中，不可避免地会对当地自然景观进行一定的改造，从而影响自然生态环境，甚至可能导致水土流失等自然灾害的频发。

对人文景观：伴随旅游业的发展，传统村落古建筑可能会遭到一定程度的破坏，也可能导致传统文化流失或文化同质化，当地居民的生活环境及方式也可能受到不同程度的影响。

（二）研究意义

1. 推广借鉴

由本研究提取出的有关旅游业可持续发展和旅游型传统乡村的景观保护的结论具有普遍性，可为同类型传统村落相关发展提供样本，进而贯彻"建设和美乡村""全面推进乡村振兴"等政策，共建绿色文明家园。

2. 生态保护

普及生态文明理念、积极倡导绿色生活理念，对旅游型传统村落的自然环境保护及可持续发展具有促进与指导意义，进一步助推我国生态保护建设持续发展。

3. 人文保护

本研究强调对当地特有人文景观针对性保护，对古建筑一类现实景观开发性保护，在保持原有传统风貌的基础上，促进村落人文景观的合理发展。

4. 促进旅游

通过传播乡村本土优秀文化，探索当地旅游发展可行性，提高当地旅游景观的知名度，促进当地旅游景观的保护开发，为当地旅游经济的可持续发展提供动力。

（三）研究现状

国际基于文化景观、景观生态学理论、韧性理论等多个视角研究传统村落景观格局现状，并据此提出景观保护更新的对策。国外学者更倾向于用定量模型评估传统村落景观格局现状，据此提出村落景观格局更新与保护的困境与对策，但很少考虑旅游发展背景这一前提限制。国内学者虽多是基于旅游背景下提出传统村落景观格局的更新与保护对策，但对现状的评估多是定性描述，对策构建也主要基于理想状态，对现实面临的困境避而远之。从对学界有关传统村落景观更新保护的研究情况来看，将传统村落景观格局更新保护与乡村旅游发展相结合的研究仅从理论层面探究景观格局更新保护的对策，对其所面临的挑战却少有涉足。

二、研究设计

（一）概念界定

1. 景观的分类

传统村落景观是指在传统村落地域范围内与人类聚居活动有关的景观空间，包括村落生产景观、村落生活与文化景观、村落生态景观。其建筑环境与风貌、村落选址没有较大的变动，保留了大量的历史沿革，具有独特的民俗民风与格局风貌。目前国内外并没有统一的乡村景观分类，但可从三个层面进行具体分类（如图1所示）。

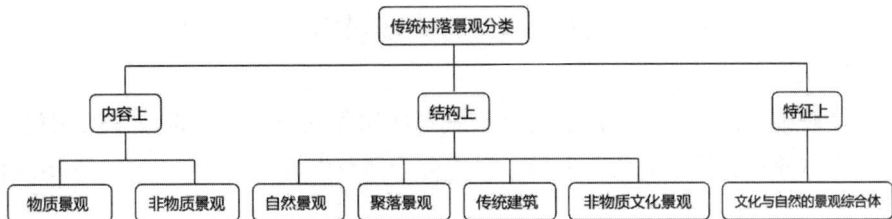

图1　传统村落景观分类结构图

2. 原真性

"原真性"一词翻译于英文词汇"authenticity"，其原义是指原初、真实、可信等含义。古村落的原真性是指村落在建筑风格、环境布局、生态景观等维度上的原真性保存。因此对古村落的原真性保存不仅仅是建筑景观等外形上的延续，更是古村落所在历史冲击下文化价值与社会价值的传承。

（二）研究对象

十八洞村，湖南省湘西土家族苗族自治州花垣县双龙镇下辖行政村，中国传统村落，全村由梨子寨、竹子寨、飞虫寨、当戎寨组成，是一个苗族聚居村落。四个村寨均为保存完好的苗家传统村落，全村有90%以上建筑为传统苗家民居，百年以上的古建筑约占10%。十八洞村也成功入选第一批全国乡村旅游重点村、第四批中国传统村落、第一批国家森林乡村等名录。

（三）研究方法

1. 文献研究法

通过在权威网站、在线期刊数据库、论文数据库等平台搜集有关"景观保护更新"的相关资料，大量阅读期刊和论文，紧跟本领域的研究进展，就本研究领域的研究现状分国外研究现状和国内研究现状进行梳理。在收集文献时，使用理论饱和度进行检测。同时，搜集我国相关政府政策，关注新闻媒体的报道。通过文献研究法，使得调查研究过程更加科学，为调查报告的撰写奠定理论基础。

2. 个案研究法

本文以湖南省花垣县十八洞村为典型案例，围绕"旅游发展背景下传统村落景观保护更新"展开深度调查，通过遥感图与该村落实际地块的对比，深入了解该传统村落旅游业发展后景观的变化，研究该村落居民对传统村落景观变化的主观感知，并针对研究结果提出相关建议与措施。同时，在文献研究的基础上，通过个案研究来检验理论的正确性。通过个案研究法，使得调查研究过程更加合理，为理论提供更多现实依据，让调查报告更具可靠性。

3. 问卷调查法

针对旅游发展背景下传统村落景观现状制作调研问卷，选取十八洞村居民、个体商户、旅游业从业人员、村委会干部等作为调查对象，应用 SPSS 和 Excel 进行分析处理。

4. 半结构式访谈法

（1）访谈设计

表 1　深度访谈样本构成情况

编号	性别	年龄	身份与职业信息	是否为本村人
01	女	32	梨子寨小卖部经营者、泡茶志愿者	是
02	男	35	十八洞村景区工作人员	否
03	女	30	乡村振兴合作社示范中心工作人员	否
04	女	43	梨子寨办税服务点工作人员	是
05	女	53	梨子寨自主经营农家乐经营者	否
06	女	41	当地农民	是

（续表）

编号	性别	年龄	身份与职业信息	是否为本村人
07	女	29	十八洞村驻村工作者	否
08	女	32	创业青年	否
09	男	40	当地农民	是
10	男	70	当地农民	是
11	女	76	十八洞商业小街售货自营人员	是
12	女	16	当地学生	是
13	女	12	当地学生	是
14	男	40	文化传媒有限公司员工	否
15	男	40	农家乐经营者	是
16	女	37	当地农民	是
17	男	50	当地农民	是
18	男	49	当地农民	是
19	男	48	自主经营者	是
20	男	78	当地农民	是
21	女	30	自主经营者	是
22	男	53	村委会干部	是
23	男	52	当地农民	是
24	女	48	农家乐经营者	是
25	女	45	梨子寨手工艺品小卖部老板	是
26	女	29	外来打工村民	否

①访谈对象：为了保证样本数据的科学有效及视角多元化，我们针对十八洞村所在区域的当地农民、自主经营者、村委会干部、景区等单位的工作人员进行访谈并分析不同群体的访谈结果。

②访谈地点：十八洞村民住所及工作场所

③问题设计思路：针对不同群体，设计不同问题，使访谈更具精准性。

面对村委会干部，问题主要侧重于对旅游业发展相关政策的发布与落实、村庄结构的规划与改变等宏观角度。

面对自主经营者和景区等单位工作人员，问题侧重于旅游业的开发、旅游业的发展影响等中观角度。

面对村民，问题侧重于旅游业发展带来的影响、传统建筑与景观的变化、政府采取的实际措施和村庄商业化程度等微观角度。

（2）访谈实施和整理

①访谈实施

团队成员准备相应的访谈提纲，鼓励受访者回答问题并根据访谈对象的具体情况对访谈的程度和内容进行调整。在整个访谈过程中，以录音、录像、现场笔录的形式进行记录。访谈结束后，记录部分受访者的联系方式，以备后续的跟踪调查。

②资料整理与分析

团队一共获得了26份有效深度访谈数据。其中共有5个代表群体，基本能够覆盖十八洞村的人员身份种类。其中大部分人认为旅游业的发展使得耕地变少，但是绿化面积增多，村庄环境得到美化。关于旅游业发展对本地生态、经济、文化等的影响，大约70%的受访者认为产生了正向的影响，且旅游业给村落带来的各方面变化在2014年、2015年、2018年比较明显。

三、现状阐述与挑战分析

（一）十八洞村旅游业发展成果阐述

2013年11月3日，习近平总书记到湖南省花垣县十八洞村考察调研，首次提出了"精准扶贫"重要理念并作出重要指示。此后，十八洞村开始实施精准扶贫战略，因地制宜发展产业，包括特色种植、资源开发和乡村旅游等，成功摆脱贫困。2022年，党的二十大报告进一步提出要全面推进乡村振兴，为十八洞村未来发展指明方向。十年来，十八洞村牢记习近平总书记的嘱托，以"首倡之地"行"首倡之为"，走出了一条可复制、可推广的精准脱贫好路子，成功摘掉贫困帽，蹚出创新富民新路，并做好红色、绿色、古色"三色"文章，走文旅融合发展之路。

1. 经济发展现状：劈波斩浪，多元并进

"跳出十八洞发展十八洞产业"是十八洞村发展的策略，因地制宜、因村施策，发展特色产业，村民人均纯收入由1668元增长至18369元，村集体经济收入从零到突破200万元。十八洞村大力发展猕猴桃、油茶等种植业，建设山泉水厂，发展苗绣产业，不断做大做强乡村旅游优势产业。同时，村里还不断引导外出务工人员和大学生返乡创业，参与乡村旅游发展，大力培育电商直播带头人，实现从"精准扶贫"向"乡村振兴"无缝对接。

随着经济水平提高，十八洞村的生活水平也得到改善。交通更便利，房屋修缮一新，基础设施完善，社会治安改善，村民思想素质提高，摒弃"等靠要"思想，主动参与集体建设。

2. 文化发展现状：守正创新，应时而变

以文塑旅、以旅彰文，十八洞村把"苗"文章做足，让苗文化成为独具特色的旅游标识之一，推出如看苗族歌舞表演、体验苗家习俗活动等活动，将民族元素融入乡村旅游。同时，十八洞村深挖红色文化资源，完善红色旅游配套服务设施。在调研过程中，我们也发现对于旅游业带动了文化传播这一观点，几乎所有的受访者都秉持着赞同的态度。

十八洞村同样成为全国青少年研学实践热门地，2023 年研学人数达 1.7 万人次。其中最具代表性的是蜡染扎染体验馆，集创作、研发、体验为一体。十八洞村积极丰富旅游业态，补充研学业态布局，促进乡村振兴和技艺传承，以文化振兴引领乡村振兴。

3. 生态环境发展：和谐共生，共同发展

十八洞村将"绿水青山就是金山银山"化为生动的现实，拥有独特的自然景观。同时，十八洞村还按照"修旧如旧"原则，保持原有风貌，展现民族特色，保存苗寨风情，将景区打造与"五改"工程相结合，在全村推行"三治三种一创"。同时，十八洞村利用自然生态优势发展生态文化旅游业，开发绿色生态资源，丰富旅游业态，建设田园综合体、溶洞开发等项目，开通旅游公交专线，建成旅游服务设施。

（二）面临的挑战

十八洞村自从 2014—2015 年脱贫期间，村落逐步加强旅游业的发展。2018 年左右大力开发旅游业后，前来参与生态旅游、红色旅游的游客络绎不绝，村民的收入水平和生活质量都有所提升，但同样也面临诸多的挑战。

1. 住房矛盾日益显现，建筑风格出现差异

随着旅游业的发展，十八洞村经济发展速度加快，村民与外界交往程度不断增强，村民们的生活观念已不如过去家族社会那样具有基本上的一致性，其居住观念存在明显的差异，产生了不同的住房要求，更加向往现代居住模式。然而政府为了保持传统村落原有风貌，一律禁止新修砖房，对村民已修

建的一律拆除，村民要求新建房子与政府要求保持旧房子之间的矛盾不断涌出。又由于缺少统一系统的严格控制，部分村民遵守政府限定措施，即使有改建房屋的意愿也并未采取行动，但是也有少数村民已将房屋改建为现代式阁楼或洋房样式，建筑风格开始出现一定的差异，较为混乱，破坏了传统村落景观的统一性及民族特色的纯粹性，这给十八洞村带来了建筑景观风貌层面的挑战。

2. 村寨旅游发展不平衡，景观产生显著差异

本次调研中，团队走访了十八洞村的四个村寨，在走访调研中发现，竹子寨和梨子寨开发建设程度远大于当戎寨和飞虫寨。这一不平衡的出现在于竹子寨和梨子寨具有更加完善的公共基础设施、绿化设施及商业化场所。当地驻村工作人员提到："因为当时总书记去的寨子就是梨子寨，所以其他的寨子相对来说可能会推后发展一点。"梨子寨目前已经成为十八洞村旅游业发展的重点村寨，寨子中民宿、农家乐、银行等建筑层出不穷，竹子寨的农家客栈、蜡染基地等建设也日益增多。而飞虫寨和当戎寨的旅游业发展较为缓慢与滞后，虽有几处为扩大旅游业发展范围而正在施工的建设用地，但整体基础设施建设尚未完善，建筑风格偏向于原始村落。同时还有受访者表示，目前旅游开发集中于从特殊线路展开，对村子其他地方的发展不够重视，四个村寨的旅游业发展现状产生了显著的差异，多个方面的差距在村寨的整体景观格局与风貌上充分体现出传统村落保护与经济发展导致建筑风格迥异的显著矛盾。

3. 耕地景观遭到破坏，自然灾害问题依然存在

由于十八洞村着力开发旅游业，政府几年来逐步向村民征收了许多耕地，村内处于较好地理位置的耕地大面积减少，造成耕地破碎化、农田杂乱化。所剩的耕地大多距离村寨较远，且交通不便、环境恶劣，从而导致目前村民的耕地利用率较低，一些耕地闲置。从乡村景观的层面上，耕地景观已形成不同程度的破碎风貌现状。

十八洞村整体田园风貌由于农田原来传统的农作物种植模式改变而遭到瓦解，过去的水稻、麦田、玉米地等景观逐渐被苗圃、荒地等取代。同时，虽然十八洞村的整体村落绿化环境在村民的感知上逐步提高，但是建设用地的开发、耕地的无人监管导致十八洞村部分耕地与山体出现显著的破坏，如植被缺失、土地裸露等，造成的滑坡等现象虽然较少，但一旦发生，对当地生态景观便会产生较大的影响。

4. 建筑风格商业化，空间景观格局混乱

梨子寨和竹子寨虽然遗存了较为完整的历史建筑群体，但出于对经济利益的追求，农家客栈等民居建设日益增多，建筑风格商业化较为严重，在沿途可以看到许多贩卖商品的摊贩。有居民提到："大家可以看到那个长廊那一块儿，基本上是中老年以上的妇女在那里卖湘西的特产，那些老年人他可能想着坐在家里闲着也是没事，正好这么多人来了，坐在家里是一天，然后坐在那里放一点土特产卖也是一天。"随意摆放商业摊贩点导致空间景观混乱，破坏了传统村落景观的统一性、民族特色的纯粹性。

总体来说，十八洞村作为典型的旅游型传统村落，在目前的旅游开发中，主要采取保持传统村落的原汁原味、尽量减少新建建筑的措施，因此如何适度开发耕地，系统规划村落的发展，避免严重商业化，使村寨景观风貌保持系统性与统一性，以及怎样保持传统村落的原真性，仍然是十八洞村面临的主要挑战。

四、对策建议

（一）十八洞村景观保护途径

1. 合理利用耕地，生态先行，优化传统村落景观环境

生态景观环境的系统打造和耕地的合理开发利用可以提高传统村落空间的质量，为外部活动营造适应的空间，满足审美需求并丰富空间内涵。随着社会的不断进步与十八洞村经济的快速发展，虽然依靠耕种生活的村民逐渐减少，政府也多次征收耕地，做到现存耕地无闲置、农田无废弃、避免杂乱化仍是村落要坚持努力的方向。

2. 修复破损村落景观风貌，延续地域特征

针对十八洞村部分破损的山体风貌、耕地风貌、建筑风貌等进行持续性修复，并确保其空间整体特征的延续性。

山体风貌修复：针对十八洞村部分山体过去存在的土石开采破坏、开垦耕地、生态性缺失等问题，进行系统性的评估，并对需要进行植被恢复的地块采取生态性修复，全面改善传统村落的山体自然风貌。

耕地风貌修复：首要任务是合理划分不同形态与种植不同作物的耕地，减少其破碎度与杂乱化，夯实田埂部分，恢复梯田状态。建议乡镇政府站在生态优先的视角下规划出十八洞村不同村寨的农作物种植指导图。

建筑风貌修复：针对十八洞村从各房屋的分布、年代、风格等角度进行综合评估，制定更加严格、系统的建筑景观规划方案，尤其是对于上百年历史的古房，做好保护与修缮工作。面对少数的废弃房屋，及时采取措施合理处理，保持十八洞村传统村落建筑景观的统一性。

3. 原真性与商业化建设二者协调发展

传统村落的核心价值是原真度，游客的最终目的是追求原真性体验。对于正在加大力度建设的飞虫寨与当戎寨，更应该从源头注意如何使原真性与商业化建设协调发展。在旅游开发的过程中，十八洞村应该充分保留村落的原始面貌，在此基础上加以经济效益的追求，如开设遗产体验店、农家乐、民宿等，做到"遗产原真性"与"商业化建设"两者协调发展，结合统一。

（二）十八洞村景观更新途径

1. 系统规划村落景观，控制旅游生态性

十八洞村应加强从宏观层面上的村落景观系统规划，结合村落整体空间结构、各村寨的联系与其未来的旅游业发展目标，划分出主村保护区、居住扩建区、耕地利用区、山体保护区、建筑开发区等多个类型的区域，通过将各自的内容限定在有限的空间范围内，以确保其整体空间结构的延续，注重传统村落空间格局的完整性。并在保护村落景观的基础上，根据各功能区的地域特征持续合理更新。同时，针对村落内工程建设，建议采用生态性材料，采取合理的形式，保证不破坏污染环境，保持传统村落的生态可持续发展力。

2. 景观功能更新，引领村落活力发展

十八洞村作为典型的旅游型传统村落，要坚持以旅游业的大力发展来带动整体村落的经济结构升级并激发村落活力。需有效整合提升其居住功能、游憩功能和道路交通功能。在保证外部形式的同时，利用新旧共生的设计手法对内部空间进行改造和更新，以满足现代生活的需要，促进十八洞村保持充分的发展活力。

3. 完善落后村寨基础设施建设

在十八洞村全面持续发展旅游业的背景下，完善村落生产、生活、旅游等内容的基础设施建设是乡村整体更新的重要支撑。尤其针对现阶段经济发展落后的飞虫寨与当戎寨，基础设施的完善则更为重要。村落目前正在进行修建游步道、道路交通、田园综合体等建设计划，提升不同村寨的紧密联系与整体村落的经济发展水平。

参考文献

［1］梁金鹏，崔珺，蒋小凡，等．文化景观视角下乡土景观助推乡村振兴实现路径研究——以徽州传统村落为例［J］．黄山学院学报，2023，25（3）：57－61.

［2］王玉圳．文化景观视角下的徽州传统村落整体保护研究进展：系统性综述［J］．安徽建筑，2023，30（5）：3－8.

［3］黄智孟，葛金．城镇化背景下广西侗族传统村落乡土文化景观保护对策研究［J］．砖瓦，2022（1）：68－69＋72.

［4］陶彦松，区智．基于乡村旅游的传统村落景观设计［J］．现代园艺，2023，46（10）：91－93.

［5］刘嵩嵩，孟涛，梁文婷．民宿旅游背景下传统村落景观的保护与更新——以云和县坑根村为例［J］．建筑与文化，2023（5）：150－152.

［6］唐志强，傅红．旅游型传统村落的景观格局动态演变分析——以九寨沟县中查村为例［J］．建筑与文化，2023（2）：225－227.

［7］祝越．地域文化景观视角下传统村落活态更新研究——以南京市高淳区漆桥村为例［J］．装饰，2022（7）：142－144.

［8］张剑．基于可持续性设计的传统村落景观风貌传承与更新研究——以烟墩角村为例［J］．装饰，2017（1）：140－141.

［9］甘晓璟，霍丹，唐建．桂北传统村落文化景观遗产保护与更新——以平岩村为例［J］．建筑与文化，2017（5）：175－176.

［10］薛兆瑞．原真性视角下的古村落存续策略研究［J］．大陆桥视野，2023（1）：113－116.

乡村振兴战略背景下
水环境保护情况调查与分析
——以邵阳市大祥区及其周边地区为例

课题组成员：蒋　冰，税　杰，杨厚圣，黄　柯

指导老师：陈云凡

摘　要： 本研究目的是为推动新时代中国生态文明建设和乡村振兴，探究"河长制"在河流治理中发挥的重要作用，以便进一步保护乡村水环境，提升村民健康水平，促进人与自然和谐共生的现代化。课题组以湖南省邵阳市大祥区檀江街道为调查点，通过问卷调查、河流实地考察、访问访谈、EpiData 和 SPSS 分析等方法，发现目前仍然存在政府对水环境相关保护与治理政策宣传力度不足、相关政策的落实在不同村部不全、政策与措施推行未考虑当地实际环境等问题。基于此，课题组提出促进乡村振兴环境治理保护的重要方法是实现水环境保护与治理的制度化和规范化与因地制宜。

关键词： 乡村振兴；水环境保护与治理；河长制

一、前言

农村水资源是我国广大农村地区居民日常生活、生产不可或缺的重要资源，直接关系到农村生态可持续发展。党的十九大提出乡村振兴战略，始终以生态文明为着力点，将生态宜居列入总要求；同时为落实绿色发展理念，推进生态文明建设，"河长制"自 2017 年以来面向全国推广，生态环境保护机制不断完善。随着乡村振兴战略的实施和推进，我国农村地区经济发展速度明显加快，但农村生活污水、工业废水等排放量也不断增长，导致农村水环境出现严重污染，且形势日益严峻，农村水环境污染防治已成为乡村振兴战略顺利实施面临的重要挑战。因此，课题组针对我国农村水环境污染防治

面临的困境，研究相应的防治对策具有重要意义。为探索一个更好、更完善的流域治理模式，整合乡村振兴战略和流域的污染治理，本研究旨在探讨新时代乡村振兴中水环境保护治理的群众满意度、政府相关政策条例普及程度及群众反馈。

二、调查与研究方法

（一）访谈调查

访谈调查的对象主要是政府部门与沿线居民。政府部门主要负责政策的宣传和执行，是乡村振兴的主要实施方和环境保护的主要责任方，而乡村振兴与乡村环境保护治理均离不开乡村村民。与政府部门人员进行访谈，可深入了解关于河流的规划、监察和监管等的各方面工作；与沿线居民进行访谈，可了解政策施行以来水体生态环境变化对居民生活、工作的影响及其对相关政策的满意程度。

（二）问卷调查

调查对象主要是河流沿线居民，调查问卷保留了 17 个问题，兼有单选、多选和主观题，考虑了填答人的年龄、职业等因素。在问卷发放前，课题组就沿线居民生活地环境保护的相关政策进行了深入了解，充分保证在调研过程中能够对居民提出的问题进行及时有效的解答，增强受访居民的支持与配合度。

最后对调查问卷进行逻辑审核，核选出内容填写完整、符合逻辑的有效问卷后，对每份问卷进行编号。有效问卷共计 289 份，所以编号为 1～289，最后利用 EpiData 进行数据的最终录入。

（三）研究方法

1. 文献研究法

搜集相关文献和论文资料，结合调查，对相关理论进行归纳总结，支撑自己的观点。

2. 社会调查法

基于水环境保护所推行的相关政策与沿线居民生活现状，结合以"河长制"为主的水环境保护政策的真实执行情况，总结得出水环境保护政策执行中存在的实际问题，从政府部门、沿线居民、因地制宜等多个角度，提出推动乡村振兴背景下水环境保护相关政策有效落实执行的对策。

三、调查结果及分析

（一）基本人口学信息

本次调研共收集问卷 300 份，其中有效问卷 289 份，有效问卷占比 96.33%。

在各个年龄、不同文化水平、不同职业阶层中展开调研，可以全方位反映当地居民对水环境保护治理满意度和政府相关政策条例普及度。

（二）当地水环境基本状况

1. 水体生态系统基本状况

2018 年 1 月，中共中央、国务院颁布的《关于实施乡村振兴战略的意见》提出了乡村振兴战略实施的重要意义和总体要求等内容，并提出要以绿色发展引领乡村振兴。同年 9 月，中共中央、国务院印发了《国家乡村振兴战略规划（2018—2022 年）》，明确提出乡村振兴战略实施的关键是生态宜居。随着乡村振兴战略的实施和推进，我国农村地区经济发展速度明显加快，但农村生活污水、工业废水等排放量也不断增长，导致农村水环境出现严重污染，且形势日益严峻。基于在邵阳市大祥区檀江街道的实地考察和问卷调研情况，我们对当地的水体生态系统基本状况进行了评估和分析。以下是主要的调研结果。

（1）当地居民对周边水体质量的评价

通过对当地水体质量居民反馈结果的分析，我们发现有 19.38% 的居民认为其生活周边的水体"清澈无味"；认为其周边水体属于"轻度污染（有鱼虾、可游泳）"的居民占比则达到了 56.06%；但仍有 16.95% 的居民认为其周边的水体环境存在"中度污染（颜色不正常、大部分鱼虾消失、可灌溉）"；仅 7.61% 的居民认为其周边的水体为"重度污染（垃圾漂浮、水体黑臭）"。从当地居民的反馈情况来看，大部分居民对生活周边的水体质量评价较高。

（2）实地考察当地水环境的基本情况

在实地考察中调研小组发现，当地水环境的整体质量较优，河段中央水面清澈，无明显垃圾，但在河道沿岸仍发现少量黑臭水域与排污管道，部分水域还出现了少量福寿螺，在与居民生活区域临近的河道旁调研组还发现了少量的生活垃圾及死亡鱼类。

（3）水环境污染来源

进一步分析当地水环境主要的污染来源发现：有 39.44% 的居民认为"生活污水排放"是污染的主要来源；还有 22.50% 的居民认为"工业企业排污"是污染的主要来源；另有 10.72% 的居民认为"施用农药化肥"是导致区域水环境污染的主要原因；调研对象中有 27.34% 的人认为有"其他"的污染源导致当地水环境的污染。

2. 人类活动情况

乡村振兴战略背景下，我国农村水环境污染防治工作尚处于起步阶段，农民由于受教育水平低，对水环境污染防治知识的掌握有限，因而进行的一些活动对水环境影响较大。基于乡村振兴战略背景下我国农村水环境保护的现状，我们通过走访调查和问卷分析，得出了以下调研结果。

（1）公众认知

我们就居民对于农村生产废弃物的不合理排放这一问题的认识程度进行了调查研究。调查结果显示：有 32.87% 的居民对此问题"认识清晰"；还有 46.37% 的居民对此问题"认识较清晰"；不过仍有 13.49% 的居民对这一问题"没有认识"；仅有 7.27% 的居民对这一问题"从未听说"。

我们还就"如何看待日常生活产生的污水对水环境质量评估的重要程度"这一问题进行了调查走访，结果显示：有 81.66% 的居民认为日常生活产生的污水对水环境质量评估"非常重要"；还有 15.92% 的居民认为其"一般重要"；仅 2.42% 的居民认为其"不重要"。

（2）影响水环境状况的主要人类活动分析

在对共 289 位居民询问"生活周边河流的人类活动"时：有 198 位居民认为"河边垂钓"是发生在该地水域附近的主要人类活动；123 位居民将"河道丢物"视为影响水环境状况的主要人类活动；认为"洗衣洗菜"是主要人类活动的居民有 117 位；仅 33 位居民认为"露天烧烤"是该水域的主要人类活动。

（3）居民饮用水的选择及周边疾病发生情况

关于居民饮用水选取的调查结果显示：当地居民选取"纯净水（桶、瓶装水）"为主要饮用水来源的人数占比达到 54.67%；有 23.18% 和 8.65% 的居民分别选择"烧开水"和将自来水"净化后饮用"为主要饮用水来源；还有 12.11% 的居民以井水为主要饮用水；另有 1.38% 的居民选择"其他"来源的饮用水。

我们进而调查了水环境周边居民的疾病发生情况，统计结果显示：水环境周围有 37.72% 的居民认为，受环境因素影响当地居民高发"胃癌、肝癌、食管癌、结肠癌和膀胱癌"等恶性疾病；还有 31.83% 的居民认为受环境因素影响当地高发"急性消化道疾病、霍乱、病毒性肝炎、伤寒和痢疾等"疾病；此外，30.45% 的居民认为当地受环境因素影响高发"其他"类型的疾病。

（三）居民对当地水环境及治理政策的了解及反馈

1. 居民对当地水环境状况的了解情况

调查中发现：当地居民认为生活污水排放对于水环境质量评估十分重要；且被询问最大水污染源时，认为是生活污水排放的占比达 45.33%；认为是施用农药化肥、工业企业排污、其他污染的占比分别为 12.11%、25.61%、31.83%。这反映了当地居民具有较强的环保意识，政府的政策推广具有较好的群众基础。

2. 居民对水环境治理政策的了解程度

"河长制"，即由地方各级党政主要负责人担任"河长"，负责组织领导相应河湖的管理和保护工作的制度。

在与当地居民交流中，我们发现有少部分居民不知晓河长制。在知晓河长制的居民中，认为"河长制"的推行对于河流治理有明显改善的占比 25.60%，认为较为改善的占比 40.14%，认为无明显改善的占比 34.26%。从该问题反馈可以看出，"河长制"工作的布置和落实有提升的空间。

3. 居民对水环境治理的观点与态度

（1）居民对水环境治理点的观点

从"您认为河流生态环境保护中最重要的是"的问题统计中得知，当地居民在"社会宣传、道德约束、加强立法"三者中认为"加强立法"是最重要的，占比 53.63%，其余二者占比分别为 36.68% 和 26.30%，其他占比 11.07%。

（2）居民对水环境治理的态度

在此次调查中，我们设计了一个情景式提问——"若有排污口向本地河流排放污水，您的态度是"，以此分析当地居民对参与水环境治理的态度。统计结果表明，有 44.98% 的受访者会密切关注并想办法做一些事情去改善；

有46.37%的受访者会关注相关问题但不知道如何采取行动；仅有8.65%的受访者会假装不知道。

因此该地绝大部分居民都很关心并且想要为水环境保护与治理提供力所能及的帮助。对此政府可以加强生态环境保护知识的宣传，让"绿水青山就是金山银山"的理念深入人心。

四、对乡村振兴战略下水环境保护的建议

（一）政府要加大对水资源环保政策的宣传力度

一是提高认识，加强指导。专门成立水环境保护宣传活动领导小组，高度重视宣传活动，精心筹划、认真组织、抓好落实，具体工作需由相关单位密切配合，积极做好政策宣传活动。

二是精心策划，突出重点。结合实际，设计有鲜明特质的宣传品，在宣传内容上着力回答人民群众最关心的问题，真正使人民群众看得懂、听得进、记得住、用得好。

三是做好总结，推进工作。及时总结宣传活动情况和成果，将宣传活动的成果转化为推进工作的强大动力。

（二）加强污染处理设备建设，推动城乡环保事业发展

乡村振兴不仅要大力促进地区社会经济发展，还要注意环保，实现可持续发展，增强沿岸工厂污染处理的能力，完善优化环保经办机构。构建一个干净又富饶的新农村，离不开环保事业的推动。污染处理设备耗资巨大，政府需要为企业提供对应的政策支持和经济帮扶。

一是河流治理政策制定方面，应制定积极的政策，引进资金，推动地区经济发展，并制定相关优惠政策推动乡村污染治理设施的建设和完善，平衡水资源的利用。

二是从政府角度来看，要不断加大力度，增加强制性措施，调整政府组织机构，整体联动水利局、环保局等各个部门，完善和优化污染整治经办机构。

三是从社会角度来看，沿河工厂需要自觉地将生产的污染物经处理后，达到标准再排放；也要把环保意识贯彻于整个生产线中，增强工人环保意识、业务水准和职业操守，实现经济利益与环境利益兼得。

（三）推进政府各部门整体联动，与群众合作，实现经济与环境共赢

首先，在水环境保护与治理工作过程中，政府、企业和村民的合作尤其重要。政府应主动联系工厂，加强联系与合作，共同商讨制订水环境保护与治理工作的计划与方案，对其给予政策支持。同时，也应该多与村民沟通，了解民间意愿，与村民共同建立合作组织，共同执行和监督水环境治理政策的实施与落实。

其次，要加强政府有关职能部门的沟通。与水利行政部门沟通，确保水利设施的建设；与环保部门沟通，关注环境保护与治理的措施；与宣传部门沟通，尽可能增加对环保政策的正面宣传，在资源保护区和辐射区域树立"实干""坚定"的形象。

最后，要沟通与当地村民的关系。外来企业要积极参加乡村活动，支持乡村工作，促进社会效益的实现。

（四）健全环保监管政策，加大执法力度

乡村振兴战略背景下水环境保护与治理工作的成效，关键在于强化监管和严格执法。

从法律层面应积极制定和完善环境保护法律法规，为乡村的水环境保护提供法制保障。政府应该建立严格的监管机制，设立专门的检举号码，通过加强对环保法规和工作标准的培训、评估、检查等手段，促进水环境保护措施的落实与执行，确保生态环境的保护。企业与居民也应该担任起监督的义务，看到有破坏环境的行为，及时向政府举报监督。

参考文献

[1] 孙丰凯，郭烨烨，徐茜. 我国农村水污染防治实施过程的共性问题与对策研究 [J]. 中国资源综合利用，2021，39（4）：186-188.

[2] 毛光瑞，李宛真，井家林. 我国农村水污染防治过程中存在的问题及对策 [J]. 商洛学院学报，2021（1）：97.

[3] 林龙. 论《水污染防治法》在农村水污染防治方面的不足与完善 [J]. 农业经济，2015（5）：52-54.

[4] 吴贞兰. 马克思主义治水理念指导下的中国农村水环境治理研究——评《农村水环境治理》[J]. 灌溉排水学报，2022，41（12）：151.

[5] 于晓曼，薛冰，耿涌，等. 中国农村水环境问题及其展望 [J]. 农业环境与发展，2013，30（1）：10-13.

资源枯竭型城市转型提质
路径的实施情况调查与研究
——以娄底市冷水江市为例

课题组成员：项悦悦，唐湘铸，彭心怡，姜　恬，
　　　　　　张逸化

指导老师：陈　佳

摘　要： 全球资源日益紧缺，资源枯竭及其带来的环境问题变得显著，诸多资源枯竭型城市已走向城市转型路径。但转型方向与实施过程存在诸多风险与不可控因素，最终转型实施效果仍有待考证。基于此背景，通过文献调查、问卷调研、半结构化访谈等方法，对娄底市冷水江市由资源枯竭型城市实施转型提质的效果及居民对本市转型发展预期符合度展开调研。研究发现居民对资源依附心理强烈，在政府解决人才缺口问题后，社会较偏好于绿色创新、旅游和新兴产业发展。由此建议：居民摒弃传统依赖，关注转型新就业，致力绿色低碳，逐步恢复城市活力；企业宽口径求贤，精细化养才以引领创新发展，纵向拓展产业链；政府宏观把握产业态势，架起城市发展桥梁。

关键词： 资源枯竭型城市；城市转型；结构方程

一、引言

（一）研究背景与意义

传统资源城市通常依赖有限的自然资源，经济活动主要集中在资源开采、加工和利用上，最终导致资源枯竭和环境污染。2009 年，国务院发布了第二批 32 个资源枯竭城市名单，这些城市因资源枯竭而面临产业衰退、经济结构失衡、环境破坏和人口流失等问题。随着全球资源稀缺和环境压力增加，这

些城市可能面临严重的经济、社会和环境挑战。

为应对这一问题，本文紧随党的二十大创新驱动发展和绿色发展的部署，通过赴娄底市冷水江市的三下乡活动，对当地政府、企业和居民区等进行调研，以了解该地区转型提质的情况和效果。冷水江市因"世界锑都""江南煤海""有色金属之乡"等美誉而知名，但由于高能耗、高排放、高污染的资源开采方式，该市在 2009 年被列为资源枯竭型城市。2016 年，市第十次党代会决定实施"六大提质工程"的战略决策。2021 年，新一届市委明确了未来 5 年的转型总体奋斗目标，强调实施高质量转型发展战略，并致力推进"1 +5"城市建设。

为深入了解冷水江市转型提质的实施情况和效果，调研组成员通过随机走访居民、发放调查问卷、采访企业等方式，对该地资源状况、转型路径实施过程、生态治理效果、居民期待等进行多方面的调研。本文旨在利用调研获得的信息进行深入分析，探讨当地转型提质路径的有效性和可行性。最终，希望通过"由小及大"的方式，为解决资源枯竭城市转型提质发展问题提供长期并可执行的建议，为城市绿色可持续发展贡献力量。

（二）调查方法

本次调研任务主要采取三种方式进行调研：文献调查法、问卷调查法、半结构化访谈法。

1. 文献调查法

为初步了解冷水江市现有的资源状况和目前转型路径的实施效果，对冷水江市目前发展存在的问题有更好的了解并能够更好地设计问卷，在调研之初我们查阅了大量国内外相关文献，拓宽了调查研究的深度与广度。通过对已有文献的仔细研读和多次讨论，本研究确定了调研的主题——资源枯竭型城市转型提质路径的实施情况调查与研究。

2. 问卷调查法

收集、整理与分析相关文献后，结合冷水江市的情况，我们设计出了资源枯竭型城市转型提质路径的实施情况的调查问卷。在进行预调查之后，调研组成员对问卷进行了修改，分别在冷水江市的冷水江街道、锡矿山街道、布溪街道、渣渡镇随机发放问卷，并在学校的家长群内进行线上问卷的发放，共发放调查问卷 583 份，其中有效问卷 490 份，有效问卷回收率为 84.1%。

3. 半结构化访谈法

针对调研主题，调研组成员拆解调研需求，将其转化为具体的访谈问题，并切实考虑提纲整体逻辑，访谈问题衔接等方面情况，设计好了一套以企业人员为访谈对象的访谈提纲。在访谈过程中，访问人员充分发挥自身的创造性，在提纲的基础之上，根据访谈时访谈对象回答的效果，自主判断和决定访谈的重点内容。

（三）调查内容和目的

1. 调查内容

本次调查从居民对冷水江市矿产资源认知现状入手，分别从居民和企业的角度了解冷水江市转型路径的实施状况，从客观数据和居民评价方面对其进行综合评分。调查内容主要包括以下 5 个方面：居民对矿产资源认知现状、转型路径实施现状、转型发展综合评价、居民对冷水江市发展的期望、企业访谈。我们基于以上角度对调查问卷和访谈提纲进行了设计，并开展研究。

2. 调研目的

本研究通过调查冷水江市居民对当地矿产资源的认知水平，并分析政府在实施转型政策上的落实情况，结合公布的数据，建立指标评价模型来评价近年来冷水江市转型发展的效果。从居民角度探究冷水江市转型路径的实施过程和对本市发展的期望，利用结构方程模型根据居民对冷水江市各方面的评价，来分析各方面之间的关系，为政府决策提供参考，运用企业访谈对定量数据进行补充。最终，根据研究结果为居民、企业和政府提供转型发展的建议。

二、调查结果

（一）矿产资源认知现状

在问及本市现有矿产资源的存储情况时，有 68.2% 的被调查者认为本市的矿产资源濒临枯竭或已经枯竭，不清楚现有存储情况的占 26.1%。认为矿产资源依旧丰富，且对矿产资源的未来发展保持中立或积极态度的占 5.7%。不关注矿产资源发展的占 14.3%，不清楚存储状况又不关注矿产资源发展的占 7.3%。

为了解依靠矿产资源发展的企业在本市居民心目中的形象，本问卷就企业对水资源、经济发展等 7 个方面的影响进行调查。其中超过半数居民认为依靠矿产资源发展的企业对水资源、土地资源、空气质量、身心健康、贫富差距有消极影响。而认为对经济发展、就业机会有积极影响的占大多数。以上说明居民认为依靠矿产资源发展的企业破坏了生态环境，同时危害自身的身心健康，拉大了贫富差距，但是这些企业又促进了经济发展，提供了较多就业机会。

虽然有 28.6% 的受访者认为本市矿产资源型企业污染严重，给生态环境带来了消极影响，但是依旧有 41.6% 的受访者支持这些企业继续发展，认为它们带动了当地的经济发展，因此推测大部分居民认为这些企业在经济发展和提供就业机会方面的利大于破坏环境所带来的弊。

（二）转型路径实施现状

在政府大力宣传转型提质的大背景下，受访者对企业的落实情况满意程度为：认为一般的占 59.2%，认为非常满意的仅占 0.8%，这表明，在居民心中，企业对政府提出政策的实施效果一般。有 61.2% 的居民认为政府非常有必要采取更严格的措施来监管污染环境的企业，说明部分企业的环保措施在民众看来实施效果不佳。

从本问卷的数据来看，有 68.6% 的受访者非常愿意或愿意参与更多关于不可再生资源转型提质的活动和倡议，说明居民对不可再生资源转型提质这一政策是非常支持的。但是有 32.2% 的受访者不愿意支付额外的费用在冷水江市的转型提质上，有 20.8% 的受访者愿意每月花费 1～5 元来支持本市的转型，愿意花费 5～10 元、10～20 元、20～50 元和 50 元及以上的比例分别为 18.8%、12.7%、8.2% 和 7.3%。

（三）转型发展综合评价

1. 客观数据评价

对于资源枯竭型城市转型发展评价指标体系的构建，许多专家学者多从经济发展、生态环境等方面来选取指标。本研究所构建的指标体系既要求保护生态环境，又要求体现经济发展和居民生活质量的提高，同时考核政府扶持力度，全面反映资源枯竭型城市转型绿色发展的各方面要素。因此，本文选取的二级指标分别为：经济发展、生态环境、居民生活、政府扶持力度，其对应的三级指标如表 1 所示。

表1 冷水江市转型发展评价指标体系及权重

一级指标及权重/%	二级指标及权重/%	三级指标	权重/%
A_1冷水江市转型绿色发展综合指数（100）	B_1经济发展（28.81）	C_1人均可支配收入/元	8.96
		C_2社会消费品零售总额/亿元	8.60
		C_3全年地区生产总值/亿元	11.25
	B_2生态环境（28.89）	C_4森林覆盖率/%	8.04
		C_5污水处理率/%	9.30
		C_6人均公园绿地面积/平方米	11.55
	B_3居民生活（28.17）	C_7城镇人均可支配收入/元	9.04
		C_8每万人拥有公交车辆/标台	10.93
		C_9人均拥有道路面积/平方米	8.20
	B_4政府扶持力度（14.20）	C_{10}固定资产投资/亿元	7.90
		C_{11}公共财产预算支出/万元	6.30

在计算每年综合得分之前，需要得到各指标的权重大小。为了使评价结果更加客观，本文采用熵值法获取指标权重，最后的权重结果如表1所示。本文的数据来源于《湖南统计年鉴》和《冷水江市国民经济和社会发展统计公报》。其中熵值法的数据标准化方法为极差标准化。

利用熵值法得到权重后，计算2015—2021年转型发展的综合得分，最后的结果如图1所示。冷水江资源枯竭型城市转型发展综合得分大体呈上升趋势，2021年达到最大值70.3，说明冷水江市在资源枯竭后城市转型发展态势良好。

2. 居民评价

为探究冷水江市的转型提质在居民心目中的落实情况，本文从问卷数据出发构建结构方程模型，试探讨各潜在变量与居民幸福感及居民环保自觉度之间的关系，其中环保自觉度和居民幸福感都能在一定程度上体现冷水江市的转型提质效果。基于文献研究，本文依据30个观测变量构建了6个潜在变量，如表2所示。

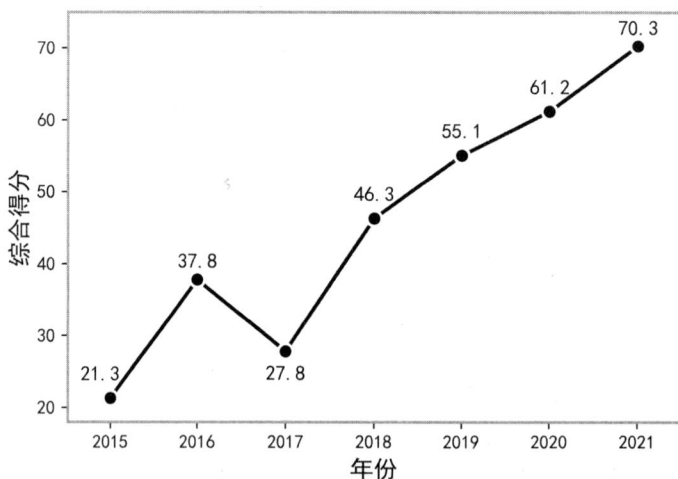

图1 冷水江市2015—2021年城市转型发展综合得分

表2 潜在—观测变量对应表

潜在变量	观测变量
生活便捷度	基础设施
	交通出行
	社区/村委会服务水平
	教育资源水平
	医疗服务水平
经济发展潜力	物价水平
	日常消费水平
	自主创业机会
	就业机会
	就业发展空间
社会和谐度	邻里关系
	人际社交
	社会治安
	社会福利
生态环境	绿化情况
	空气质量
	水资源质量
	垃圾处理状况
	工业、生活噪声处理状况

（续表）

潜在变量	观测变量
环保自觉度	购买环保产品
	节约使用能源
	减少一次性物品的使用
	绿色低碳出行
	自发宣传环保理念
	垃圾分类
	检举污染行为
	爱护花草
居民幸福感	生活幸福感
	本人在当地发展倾向
	希望子女在当地发展倾向

我们根据文献研究，使用 AMOS 软件绘制出结构方程模型图，如图 2 所示。

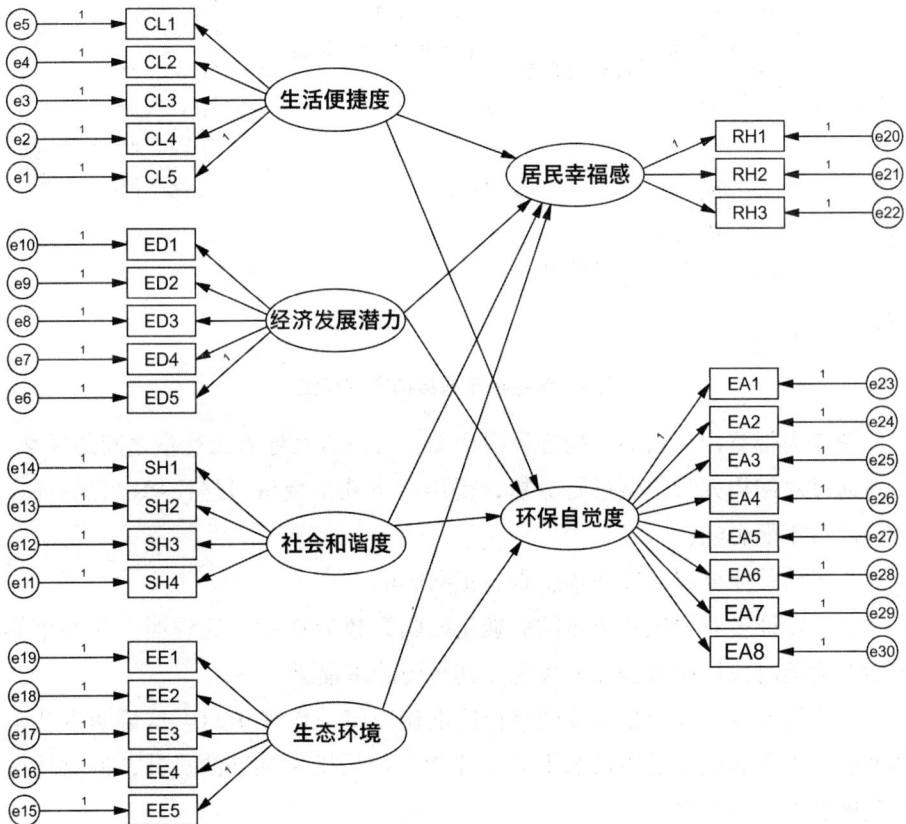

图 2　结构方程模型图

我们使用 AMOS 软件对上述结构方程模型进行拟合优度检验，大部分拟合指标符合结构方程模型的标准，可以认为模型具有不错的适配度。

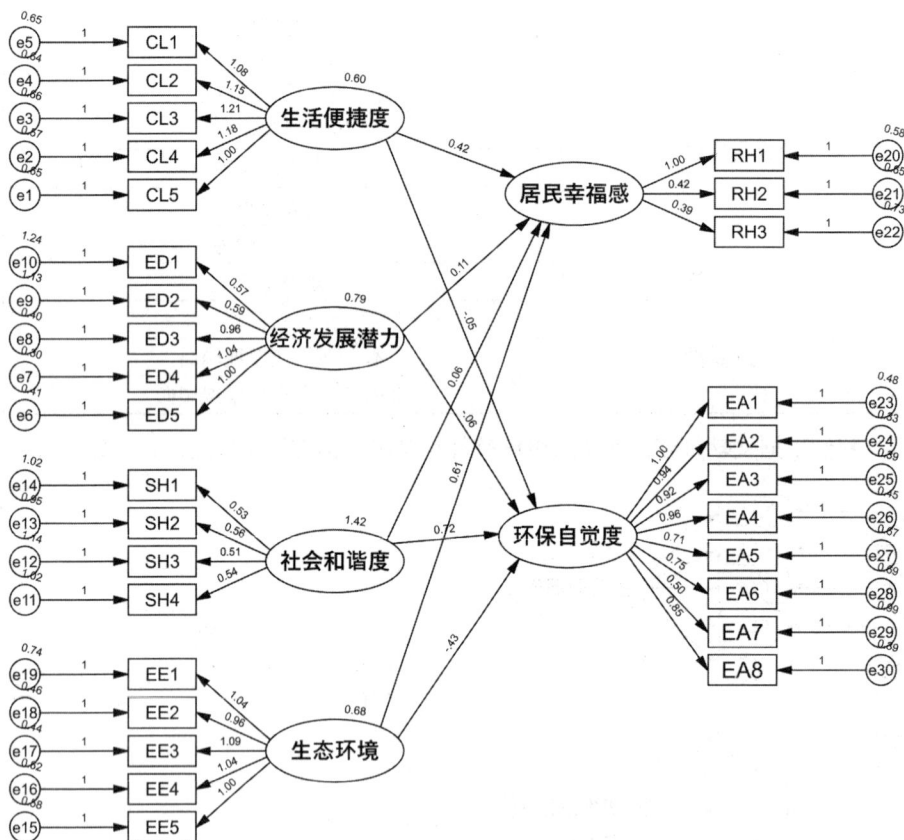

图3　带路径系数结构方程模型

图 3 为带路径系数的结构方程模型图，可以直观地看出变量之间的联系。

通过对结构方程模型进行分析，得出以下几个变量对居民幸福感或环保自觉度有正面影响：

①生活便捷度对居民幸福感具有正向影响

生活便捷度对居民幸福感的标准化回归系数为 0.42。这说明一座城市的生活便捷情况往往很大程度上决定了其居民的幸福感。

生活便捷度对环保自觉度的路径标准化回归系数为 0.11。这说明生活不断便捷在提升居民生活质量水平时往往伴随着居民幸福感的提升，但对环保自觉度的提升相对滞后。

②经济发展潜力对居民幸福感具有正向影响

经济发展潜力对居民幸福感有显著的正向影响，其标准化回归系数为0.11。这说明，当居民认为该城市物价水平较为合理或就业形势较好时，其会有较高的幸福感。

③社会和谐度对居民幸福感、环保自觉度具有正向影响

社会和谐度对居民幸福感的标准化回归系数为1.42。这说明社会和谐度对居民幸福感有较大的正向影响，对当地居民来说安定的社会环境最能决定其幸福感。

社会和谐度对环保自觉度的路径标准化回归系数为0.72。这说明对于当地居民来说，社会和谐度会增强其环保自觉度，这是由于对社会风气十分和谐的地区，居民会更在意公共卫生的情况并自发地宣传环保理念。

④生态环境对居民幸福感具有正向影响

生态环境对居民幸福感的标准化回归系数为0.68。这说明好的生态环境往往会促成更高的居民幸福感。

而以下三个变量对环保自觉度有负面影响：

①生活便捷度对环保自觉度具有负向影响

生活便捷度对环保自觉度的标准化回归系数为-0.05。这说明对于当地居民来说，生活的便捷程度并没有带来环保自觉度的提升，相反还一定程度上导致了其对环境保护的漠视。

②经济发展潜力对环保自觉度具有负向影响

经济发展潜力对环保自觉度的标准化回归系数为-0.06。这也说明了对当地居民来说，好的就业情况及物价水平反而会对环保自觉度起反作用。

③生态环境对环保自觉度具有负向影响

生态环境对环保自觉度的标准化回归系数为-0.43。这说明好的生态环境变差，居民环保自觉度会提高，相反会让其自觉度降低。

（四）居民对冷水江市发展的期望

上文已探究了冷水江市的转型提质落实情况，但仍需进一步分析冷水江居民就不可再生资源转型提质对政府的建议。于是本文统计了居民对当地企业发展的看法，部分人支持冷水江市大力发展新兴产业和旅游业，共占比48.36%，支持第一、二产业的占比仅30.66%，其中支持采矿业的仅4.1%，这充分说明了当地居民对于转型提质的迫切期待和支持，也在一定上程度反映了前几十年发展中采矿业独大的形式对现今经济结构带来了一定的负向

影响。

为了给政府一些切实的建议，本文基于冷水江市现状和文献研究确定了 6 个维度的问题，根据居民对其排序结果，分析其重要程度，以给相关部门更加具体化的建议。

本文定义变换函数 $f(x) = 1 + e^{-x}$，将定序数据 $[1, 2, 3, 4, 5, 6]$ 数据转换成 $[1.3679, 1.1353, 1.050, 1.0183, 1.0067, 1.0025]$，该做法使评分更加均衡和科学，计算公式如下：

$$score^j = \frac{\sum_{i=1}^{6} cnt_i^j \times w_i}{n}, \quad j = 1, 2, \ldots 6$$

其中 cnt_i^j 表示第 j 个建议排名为 i 的次数，n 为样本量的个数。

利用线性加权对其进行评分，结果如表 3 所示。

表 3　线性加权评分结果表

建议	评分	排名
提供更多相关的政策和法规，如环境保护等	1.1914	1
落实人才引进政策，加大对人才的重视程度	1.1071	2
鼓励创业和多种新型产业发展	1.0952	3
加强节能减排的教育和宣传	1.0773	4
加大监管和执法力度	1.0694	5
促进居民参与本市资源转型提质行动	1.0401	6

由表 3 可知，评分最高的是"提供更多相关的政策和法规，如环境保护等"，其次为"落实人才引进政策，加大对人才的重视程度"，评分最低为"促进居民参与本市资源转型提质行动"。这说明政府除了提供相关政策和法规外，还应该积极落实人才引进政策，让优秀的人才为冷水江市转型提质之路注入源源不断的动力。

（五）企业访谈分析

作为定量材料的补充，对冷水江市锑都环保公司进行了企业访谈。通过对访谈的分析，总结出以下几方面重要内容。

1. 资源的回收利用——企业转型提质的基础

受访企业主要经营砷碱渣无害化处理，不同于填埋、焙烧等传统方式，该企业对废渣中的砷、碱、锑进行提取，将其做成产品。回收利用废弃材料，增加了资源的附加值，有利于可持续发展。

冷水江市曾因锡矿山而享有"世界锑都"的美誉，拥有丰富的矿产资源，但各企业长时期、粗放式的开采和冶炼，造成了矿产资源的大量浪费，资源优势的潜力并未得到充分释放。对于资源枯竭型城市的转型和企业向更高质量发展而言，大力推动资源的回收利用，是十分有必要的。

2. 开发新产品，延伸产业链——企业转型提质的重要发展方向

在资源回收利用的基础上，受访企业延伸产业链，研发下游产品。企业将锑加工成阻燃剂和催化剂，计划提取高纯的三氧化二砷用于医疗行业，不断朝"制品高端化"方向努力，期望在资源回收基础上再度激发资源潜力。

目前，国内砷产量过大、用途局限、有毒，是行业内的"卡脖子"问题，业内人员表示："85%的砷和有色金属伴生，不解决砷的问题，有色金属行业没有前途可言，有'砷'方有色。"因此，对当地企业向更高质量发展而言，扩宽砷的应用领域、开发新的制品极为关键。

3. 遵循发展要求，创新发展理念——企业转型提质的核心

受访企业提到，砷如果流入外部环境中，将造成极大污染，故必须进行砷碱渣无害化处理。在处理过程中，需要接触有毒物质，但该公司仍坚持运作生产线。受访者说："虽然要和有害物质打交道，但这有利于生态环境，属于公益性质的服务，所以要坚持干下去。"企业有情怀，可以促使其在转型提质道路上走得更远。

理念决定行动，于企业而言，建设好企业理念，满足"双碳""无废"等绿色发展要求，方能在转型提质道路上走得更好、更稳。

4. 稳定外部资金的注入——企业转型提质的保障

受访企业提及：在砷碱渣无害化处理过程中，人体可能会受到伤害，招揽人才有一定困难；进一步研发需要先进的生产设备；生产线属于公益服务，不盈利。以上问题都急需资金来处理，但由于前景不明朗，企业本身不敢投入太多，导致这一生产线陷入"缺人、缺钱、缺设备"的困难境地。受访者表示："没有外部资金注入，砷碱渣无害化处理生产线运作不下去。"企业争取到的政府建设资金，缓解了这些难题，为其创新先进工艺提供了重要支持。

"缺钱、缺人、缺设备"是矿产企业落实转型提质要求时遇到的常见问题。稳定的资金注入成为企业在转型提质道路上迈进的重要影响因素。

三、结论与建议

（一）结论

1. 居民认知不足，资源依附心理强烈

冷水江市是典型的资源型工矿城市，长期"靠山吃山，靠水吃水"的矿产依附心理扎根居民内心，使得部分居民仍保持对矿产资源的依赖，甚至极少关注资源变化，造成居民就业观保守，形成"惰性文化"，加大了政府转型政策实施的难度。

2. 社会需安稳，人才待重视

从结构方程模型中发现，安定的社会环境和良好的社会关系最能决定居民的幸福感，同时培养和留住人才的相关政策也是居民的强烈期待。居民生活幸福，城市人才黏性强，从而才能形成城市竞争软实力优势，推动城市转型发展，实现更加全面的转型提质。

3. 绿色创新仍是转型驱动力

数据结果表明，居民在生活中绿色低碳意识薄弱，企业也忽略了资源回收利用。然而在传统老工业基础上注重绿色创新发展，延伸产业链来扩宽企业转型提质发展空间是推进当地更高质量发展、把资源优势转化为经济优势的重要途径。

4. 旅游、新兴产业是万众所盼

根据最终调查统计，近半成居民支持冷水江市大力发展旅游业和新兴产业，这反映了当政府与企业做出转型决策时能获得大多数居民的认同。因此，政府和企业可以通过对这两方面产业提供政策与经济支持来实现经济发展和居民幸福感提升的双赢局面。

（二）建议

1. 居民摒弃传统依赖，关注转型新就业

居民应了解现行矿产资源的有限性和其对环境的消极影响，积极关注政府对未来发展的决策和政策，把握多元化经济结构下其他行业的发展前景和就业机会，抓住政府提供的培训机会，主动学习新技能，增强自身的竞争力。

2. 全民致力绿色低碳，逐步恢复城市活力

居民坚持低碳生活，减少碳排放，为冷水江市的可持续发展贡献力量。企业应高效利用资源，对粗加工做"减法"，对精深加工做"加法"，大力发

展资源深加工项目，将绿色发展植根于企业生产之中。

3. 宽口径招揽求贤，精细化培养英才

政府加强产学研合作，与高校院所研发机构组建联合体，推动企业吸收人才以进行技术创新；优化营商环境与基础建设，以激励更多创业者、投资者、消费者参与其中，推动行业的发展和市场的扩大。在此基础上，进一步加强校企合作的深度与广度，积极开展校企合作，企业主动分享新情况、研究新问题，以提升高校科研选题的针对性，满足市场需求。

4. 引领创新发展理念，纵向拓展产业链

企业集中研发下游产品和产业链项目建设，瞄向产业链的纵向拓展，向新材料方向、高端材料积极靠拢和布局，进行矿产品高端化项目建设，提升产品附加值，把资源优势转化为经济优势。

5. 政府把握产业态势，架起城市发展桥梁

在整个转型过程中，政府应发挥自身宏观调控的作用。首先加大对转型提质的宣传，从观念上加强居民对转型后经济发展规律的认同感。同时应重视教育和人才培养、吸收和黏附政策，增强转型产业发展的人才优势，帮助失业人员重新融入社会和劳动市场。

对内，政府成立转型经济高质量发展领导小组，简化办事流程、提高审批效率，不定期召开工作推进会议，即时获悉、协调解决居民和企业在转型期间面临的问题。对外，政府应倡导"双碳""无废"等绿色发展理念，助力全市在转型提质道路上走得更好、更稳。

参考文献

[1] 夏梦茹，崔云霞，徐璐，等. 典型资源枯竭型城市转型绿色发展评价研究——以徐州市贾汪区为例 [J]. 环境生态学，2021 (5)：6–12.

[2] 罗正茂，陈洋，高红贵. 我国地级资源枯竭型城市转型评价与区域差异研究 [J]. 湖北师范大学学报（哲学社会科学版），2020 (4)：69–76.

[3] 张思源. 新时代高职生全面发展自我评价对职业价值观的影响研究——基于 SEM 结构方程模型的实证分析 [J]. 北京财贸职业学院学报，2023，39 (3)：59–64.

[4] 周妙宇. 深化供给侧结构性改革背景下发展红色工矿旅游的思考——以冷水江锡矿山为例 [J]. 中国民族博览，2022 (15)：105–108.

后　记

　　《湖南师范大学 2023 年大学生暑期社会调研报告荟萃》是由湖南省高校思想政治工作创新发展研究中心（湖南师范大学基地）、湖南师范大学团委、湖南师范大学马克思主义学院共同牵头，各二级学院协同组织大学生利用暑假，深入社会调研后撰写的成果。

　　大学生们坚持实践活动开展与理论成果撰写相结合，紧紧围绕后发展地区数字化发展道路创新、文化和旅游深度融合发展模式与实现路径、乡村振兴背景下的基层治理创新、中国式现代化进程中的乡村文化变迁、高质量发展阶段中等收入群体成长路径、生态环境保护的社会机制等重大理论和实践问题展开研究，形成了 242 篇调研成果。

　　2023 年 11 月 7 日，校团委和马克思主义学院联合举办了"2023 年大学生暑期社会实践调研报告评审会"。评审会由王辉副校长担任组长，校团委书记陈天嵩、副书记胡滢，马克思主义学院党委书记陈红桂、副院长赵子林等 10 位老师参与评审，马克思主义学院副院长谭吉华教授主持评审会。经专家盲审会审后，从中精选出 29 篇编辑出版。陈云凡、罗薇、邓验、杨果、陈佳五位教师又对 29 篇调研报告的修改完善进行了精心指导，梁琪、赵尔金娜、佟瑶、莫玉涵、陈宝菁等同学对调研报告进行了编排整理与详细校对，整个调研报告荟萃最终由谭吉华、陈天嵩定稿，邓盛老师、曾默为老师负责出版相关工作的推进，同时得到了湖南师范大学社会主义核心价值观研究院"大数据时代社会主义核心价值观传播模式创新研究"项目组的支持。湖南师范大学出版社社长吴真文、责任编辑吕超颖给予的大力支持，在此一并致以诚挚的谢意！

湖南省高校思想政治工作创新发展研究中心（湖南师范大学基地）

湖南师范大学马克思主义学院

共青团　湖南师范大学委员会